Obwohl Paul Auster und J. M. Coetzee seit Jahren gegenseitig ihre Bücher lasen, lernten sich die beiden Schriftsteller erst im Februar 2008 auf einem australischen Literaturfestival kennen. Nicht lange nach seiner Rückkehr nach New York erreichte Paul Auster ein Brief, in dem Coetzee ihm vorschlug, regelmäßig Briefe auszutauschen, es wäre ein Vergnügen, und vielleicht »können wir aneinander, so Gott will, ein paar Funken schlagen«.

Begeistert schlug Auster vor, dass sie in einen offenen Dialog treten sollten, der jedes Thema berühren dürfte, das die beiden interessiert. »Genau die Form des Austausches«, schrieb er, »den wir hätten, wenn wir in der gleichen Stadt leben würden. Aber nicht einfach ein Plausch am Mittagstisch – sondern etwas Gründlicheres.«

Über drei Jahre hinweg griffen sie in ihren Briefen beinahe jedes Thema auf: von Sport zum Vatersein, von Literatur zum Film, von Philosophie zur Politik, von der Finanzkrise über Tod, Erotik, Heirat und Freundschaft bis zur Liebe.

Die Korrespondenz bietet unerwartet persönliche Einblicke und scharfsichtige Selbstporträts. Doch auf jeder Seite sind Gedankenaustausch und Abschweifungen getragen von der gegenseitigen Freude an ihrer Freundschaft.

J. M. Coetzee, der 1940 in Kapstadt geboren ist und von 1972 bis 2002 als Literaturprofessor in seiner Heimatstadt lehrte, gehört zu den bedeutendsten Autoren der Gegenwart. Er wurde für seine Romane und sein umfangreiches essayistisches Werk mit vielen internationalen Preisen ausgezeichnet, u. a. zweimal mit dem Booker Prize, 1983 für ›Leben und Zeit des Michael K.‹ und 1999 für ›Schande‹. 2003 wurde ihm der Nobelpreis für Literatur verliehen. Coetzee lebt seit 2002 in Adelaide, Australien.

Paul Auster wurde 1947 in Newark, New Jersey, geboren. Er studierte Anglistik und Vergleichende Literaturwissenschaft an der Columbia University und verbrachte danach einige Jahre in Paris. Zum Bestsellerautor wurde Auster mit der New York-Trilogie, berühmt durch die Filme ›Blue‹ und ›Smoke in the Face‹. 2006 wurde ihm der Prinz-von-Asturien-Preis verliehen. Paul Auster veröffentlichte zuletzt ›Winterjournal‹. Er lebt in Brooklyn, New York.

Weitere Informationen, auch zu E-Book-Ausgaben, finden Sie bei www.fischerverlage.de

J. M. COETZEE
PAUL AUSTER

VON HIER NACH DA

BRIEFE

2008 — 2011

Aus dem Englischen von
Reinhild Böhnke und
Werner Schmitz

FISCHER Taschenbuch

Reinhild Böhnke übersetzte die Briefe von J. M. Coetzee,
Werner Schmitz diejenigen von Paul Auster.

Deutsche Erstausgabe
Erschienen bei FISCHER Taschenbuch
Frankfurt am Main, Juni 2014

Die Originalausgabe erschien 2013 unter dem Titel
›Here and Now‹ bei Viking Penguin Group (USA) Inc., New York,
Faber and Faber Ltd, London, und Harvill Secker, London
© 2012 J. M. Coetzee (nur für die Briefe von J. M. Coetzee)
© 2012 Paul Auster (nur für die Briefe von Paul Auster)
By arrangement with
Peter Lampack Agency, Inc., USA, for J. M. Coetzee
Carol Mann Literary Agency, USA, for Paul Auster
Für die deutschsprachige Ausgabe:
© S. Fischer Verlag GmbH, Frankfurt am Main 2014
Satz: Dörlemann Satz, Lemförde
Druck und Bindung: CPI books GmbH, Leck
Printed in Germany
ISBN 978-3-596-19687-6

VON HIER NACH DA

BRIEFE

2008 – 2011

Lieber Paul,

ich habe über Freundschaften nachgedacht, wie sie entstehen, warum sie so lang halten – einige von ihnen, länger als die leidenschaftlichen Beziehungen, für deren blasse Imitationen sie manchmal (fälschlicherweise) gehalten werden. Ich war dabei, Dir über all das einen Brief zu schreiben, und wollte mit der Beobachtung anfangen, dass es erstaunlich ist, wie wenig über das Thema geschrieben wurde, wenn man bedenkt, wie wichtig Freundschaften im gesellschaftlichen Leben sind und wie viel sie uns bedeuten, besonders in der Kindheit.

Aber dann fragte ich mich, ob das wirklich stimmt. Bevor ich mich also hinsetzte und schrieb, ging ich in die Bücherei, um eine schnelle Kontrolle durchzuführen. Und siehe da, ich hätte mich nicht gründlicher irren können. Der Katalog der Bücherei beinhaltete ganze Bücher über das Thema, Dutzende von Büchern, viele davon ziemlich neu. Aber als ich einen Schritt weiter ging und mir diese Bücher näher ansah, gewann ich meine Selbstachtung einigermaßen wieder. Ich hatte doch recht gehabt, jedenfalls teilweise: Was die Bücher über Freundschaft zu sagen hatten, war meist nicht besonders interessant. Freundschaft bleibt anscheinend etwas rätselhaft: Wir wissen, dass sie wichtig ist, aber warum Menschen Freunde werden und Freunde bleiben, können wir nur vermuten.

(Was meine ich, wenn ich sage, was darüber geschrieben wurde, ist nicht besonders interessant? Man vergleiche

Freundschaft mit Liebe. Es gibt Hunderte interessante Dinge über die Liebe zu sagen. Zum Beispiel: Männer verlieben sich in Frauen, die sie an ihre Mütter erinnern, oder vielmehr, die sie sowohl an ihre Mütter erinnern als wiederum nicht, die gleichzeitig ihre Mütter sind und es nicht sind. Stimmt das? Vielleicht, vielleicht auch nicht. Interessant? Mit Sicherheit. Nun zur Freundschaft. Wen wählen sich Männer zu Freunden? Andere Männer ungefähr des gleichen Alters, mit ähnlichen Interessen, zum Beispiel Interesse für Bücher. Stimmt das? Vielleicht. Interessant? Mit Sicherheit nicht.)

Gestatte mir, die wenigen Überlegungen zur Freundschaft anzuführen, die ich bei meinen Besuchen in der Bücherei als wirklich interessant herausgefiltert habe.

Punkt 1: Man kann sich nicht mit einem unbelebten Objekt anfreunden, sagt Aristoteles (*Ethik*, Kapitel 8). Natürlich nicht! Wer hat das jemals behauptet? Dennoch interessant: Plötzlich erkennt man, woher die moderne linguistische Philosophie ihre Anregung bekam. Vor 2400 Jahren demonstrierte Aristoteles, dass, was wie ein philosophisches Postulat aussieht, nichts weiter als eine grammatische Regel sein kann. Im Satz »Ich bin befreundet mit X«, sagt er, muss X ein belebtes Substantiv sein.

Punkt 2: Man kann Freunde haben, ohne sie sehen zu wollen, sagt Charles Lamb. Das stimmt; und das ist auch interessant – noch eine Hinsicht, in der freundschaftliche Gefühle erotischen Beziehungen unähnlich sind.

Punkt 3: Freunde, oder zumindest Männerfreunde in der westlichen Welt, reden nicht über ihre Gefühle füreinander. Man vergleiche das mit der Schwatzhaftigkeit von Liebenden. So weit ist das uninteressant. Aber wenn der Freund stirbt, welche Schmerzensausbrüche: »Weh mir, zu spät!«

(Montaigne über La Boétie, Milton über Edward King). (Frage: Ist die Liebe schwatzhaft, weil Begehren von Natur aus ambivalent ist – Shakespeare, *Sonette* –, während Freundschaft wortkarg ist, weil sie geradlinig ist, ohne Ambivalenz?)

Zum Schluss eine Bemerkung von Christopher Tietjens in Ford Madox Fords *Parade's End (Keine Paraden mehr)*: dass man mit einer Frau ins Bett geht, um mit ihr reden zu können. Daraus ist zu schließen, dass eine Frau zur Geliebten zu machen nur der erste Schritt ist; wichtig ist der zweite Schritt, sie zur Freundin zu machen; aber mit einer Frau befreundet zu sein, mit der man nicht geschlafen hat, ist praktisch unmöglich, weil zu viel Unausgesprochenes in der Luft liegt.

Wenn es tatsächlich so schwer ist, irgendetwas Interessantes über Freundschaft zu sagen, dann wird eine weitere Erkenntnis möglich: Anders als Liebe oder Politik, die nie das sind, was sie zu sein scheinen, ist Freundschaft, was sie zu sein scheint. Freundschaft ist transparent.

Die interessantesten Gedanken über Freundschaft kommen aus der Antike. Warum ist das so? Weil die Menschen in der Antike nicht annahmen, der philosophische Standpunkt müsse von Natur aus ein skeptischer sein, und daher nicht voraussetzten, dass Freundschaft etwas anderes sein müsse, als sie zu sein schien, oder umgekehrt zum Schluss kamen, dass Freundschaft, wenn sie ist, was sie zu sein scheint, kein angemessener Gegenstand philosophischer Betrachtung sein könne.

Herzliche Grüße
John

Lieber John,

über diese Frage habe ich im Lauf der Jahre oft nachgedacht. Ich kann nicht behaupten, zum Thema Freundschaft eine klare Meinung entwickelt zu haben, aber nach Deinem Brief (der einen Sturm von Gedanken und Erinnerungen in mir ausgelöst hat) sollte ich es vielleicht einmal versuchen.

Ich beschränke mich zunächst auf Männerfreundschaften, Jungenfreundschaften.

1) Ja, es gibt Freundschaften, die geradlinig und transparent sind (um Deine Ausdrücke aufzugreifen), aber nach meiner Erfahrung kommen die selten vor. Das mag mit einem anderen Ausdruck zu tun haben, den Du verwendest: wortkarg. Du sagst mit Recht, Männer (zumindest im Westen) neigen nicht dazu, »miteinander über ihre Gefühle zu reden«. Ich würde noch einen Schritt weiter gehen und hinzufügen: Männer neigen nicht dazu, über ihre Gefühle zu reden. Punkt. Und wenn man nicht weiß, wie der Freund sich fühlt, oder was er empfindet, oder warum er etwas empfindet, wie kann man dann ehrlicherweise sagen, dass man seinen Freund kennt? Und doch haben Freundschaften in diesem Nebel des Nichtwissens oft jahrzehntelang Bestand.

Mindestens drei meiner Romane handeln direkt von Männerfreundschaften, sind gewissermaßen Geschichten *über* Männerfreundschaften – *Hinter verschlossenen Türen*, *Leviathan* und *Nacht des Orakels* –, und in jedem Fall wird dieses Niemandsland des Nichtwissens unter Freunden zur Bühne, auf der das Drama seinen Lauf nimmt.

Ein Beispiel aus dem Leben. Seit fünfundzwanzig Jahren ist einer meiner besten Freunde – vielleicht der engste Freund meines Erwachsenenlebens – einer der ungesprächigsten Menschen, die ich kenne. Er ist elf Jahre älter als ich, aber wir haben vieles gemeinsam: Wir sind beide Schriftsteller, beide irrsinnig sportbegeistert, beide lange mit bemerkenswerten Frauen verheiratet und – ganz entscheidend und besonders schwer zu erklären – haben unausgesprochene, aber gemeinsame Auffassungen davon, wie man leben sollte – eine Ethik der Männlichkeit. Und dennoch, so sehr mir dieser Mensch am Herzen liegt, so sehr ich bereit bin, ihm in Zeiten der Not mein letztes Hemd zu geben, sind unsere Gespräche fast ausnahmslos oberflächlich und nichtssagend, absolut banal. Unsere Kommunikation beschränkt sich auf knappe Grunzlaute, eine Art Steno-Sprache, die jedem Außenstehenden unverständlich sein muss. Was unsere Arbeit betrifft (für uns beide die treibende Kraft in unserem Leben), so sprechen wir praktisch nie davon.

Als Beispiel dafür, wie sehr dieser Mann sich bedeckt hält, eine kleine Anekdote. Vor ein paar Jahren wurden die Fahnenabzüge eines neuen Romans von ihm erwartet. Ich sagte ihm, wie sehr ich mich darauf freute, das zu lesen (manchmal schicken wir uns unsere fertigen Manuskripte, manchmal warten wir auf die Fahnen), und er sagte, ich würde bald ein Exemplar bekommen. Eine Woche später kamen die Fahnen mit der Post, ich machte das Päckchen auf, blätterte darin herum und sah, dass das Buch mir gewidmet war. Natürlich war ich gerührt, ja, tief bewegt – aber worauf ich hinauswill: Mein Freund hat das nie mit einem Wort erwähnt. Nicht der kleinste Hinweis, nicht die leiseste Andeutung, nichts.

Was will ich damit sagen? Dass ich diesen Mann kenne und

nicht kenne. Dass er trotz dieses Nichtkennens mein Freund ist, mein bester Freund. Wenn er morgen eine Bank überfallen würde, wäre ich schockiert. Andererseits, wenn ich erfahren würde, dass er seine Frau betrügt, dass er irgendwo in einem Apartment eine junge Geliebte versteckt hält, wäre ich zwar enttäuscht, aber nicht schockiert. Alles ist möglich, und Männer haben Geheimnisse, auch vor ihren besten Freunden. Würde mein Freund Ehebruch begehen, wäre ich enttäuscht (weil er seine Frau betrogen hätte, und die habe ich sehr gern), aber ich wäre auch gekränkt (weil er sich mir nicht anvertraut hätte, was bedeuten würde, dass unsere Freundschaft nicht so gut wäre, wie ich gedacht hatte).

(Ein Geistesblitz. Die besten und dauerhaftesten Freundschaften gründen auf Bewunderung. Sie ist das wesentliche Gefühl, das zwei Menschen auch über lange Jahre zusammenhält. Man bewundert jemanden für das, was er macht, was er ist, dafür, wie er seinen Weg durch die Welt findet. Wer seinen Freund bewundert, der macht ihn größer, erhebt ihn, stellt ihn über sich selbst. Und wenn der andere einen selbst ebenfalls bewundert – und damit dich größer macht, erhebt, über sich selbst stellt –, hat man einen perfekten Gleichstand. Beide geben mehr, als sie empfangen, beide empfangen mehr, als sie geben, und in diesem gegenseitigen Austausch gedeiht die Freundschaft. Aus Jouberts *Notizen* (1809): »Nicht nur seine Freunde, sondern auch seine Freundschaften muss er in sich pflegen. Sie müssen behütet, gedüngt und gewässert werden.« Und noch einmal Joubert: »Wir verlieren die Freundschaft derer, die unsere Achtung verlieren.«)

2) Jungen. Die Kindheit ist die intensivste Periode unseres Lebens, weil wir das meiste, was wir in dieser Zeit tun, zum ersten Mal tun. Ich habe dazu nur eine Erinnerung anzubie-

ten, aber die scheint mir zu verdeutlichen, wie unendlich wichtig uns Freundschaft ist, wenn wir jung sind, auch sehr jung. Ich war fünf Jahre alt. Wie Billy, mein Freund, in mein Leben getreten ist, weiß ich nicht mehr. In meiner Erinnerung ist er ein kauziger, fröhlicher Bursche mit festen Ansichten und einem hochentwickelten Talent für Unfug (woran es mir in erschreckendem Ausmaß mangelte). Er hatte einen schweren Sprachfehler, und wenn er etwas sagte, waren die Worte so entstellt, so verstopft von dem angesammelten Speichel in seinem Mund, dass kein Mensch ihn verstehen konnte – außer dem kleinen Paul, der als sein Dolmetscher agierte. Meistens streiften wir durch die Vorstadtstraßen unseres Viertels in New Jersey, immer auf der Suche nach toten Tieren – hauptsächlich Vögel, manchmal auch Frösche oder Streifenhörnchen, die wir dann in dem Blumenbeet an meinem Haus beerdigten. Feierliche Rituale, selbstgemachte Holzkreuze, Lachen verboten. Billy verabscheute Mädchen und weigerte sich, die Seiten in unseren Malbüchern, auf denen weibliche Gestalten zu sehen waren, bunt auszumalen; und er glaubte fest daran, dass sein Teddybär grünes Blut in den Adern hatte, denn seine Lieblingsfarbe war Grün. *Ecce* Billy. Wir waren etwa sechseinhalb oder sieben, als er und seine Familie woandershin zogen. Ich war am Boden zerstört und sehnte mich wochen-, wenn nicht monatelang nach meinem verschwundenen Freund. Schließlich gab meine Mutter nach und erlaubte mir den kostspieligen Anruf in Billys neuem Haus. Worüber wir gesprochen haben, weiß ich nicht mehr, aber an meine Gefühle dabei erinnere ich mich so deutlich wie an mein Frühstück heute früh. Ich empfand dasselbe wie später als Heranwachsender, wenn ich mit einem Mädchen telefonierte, in das ich mich verliebt hatte.

In Deinem Brief unterscheidest Du zwischen Freundschaft und Liebe. Wenn wir sehr jung sind, vor Beginn unseres erotischen Lebens, gibt es diesen Unterschied nicht. Da sind Freundschaft und Liebe eins.

3) Freundschaft und Liebe sind nicht eins. Männer und Frauen. Der Unterschied zwischen Ehe und Freundschaft. Ein letztes Zitat von Joubert (1801): »Wähle keine Frau zur Ehefrau, die du, wäre sie ein Mann, nicht zum Freund nehmen würdest.«

Eine ziemlich absurde Formulierung, finde ich (wie kann eine Frau ein Mann sein?), aber man versteht schon, was er meint, und im Wesentlichen ist es nicht fern von Deiner Bemerkung über Ford Madox Fords *Keine Paraden mehr* und der drolligen Behauptung, dass man »mit einer Frau ins Bett geht, um mit ihr reden zu können«.

In der Ehe geht es vor allem um Gespräche, und wenn Mann und Frau keinen Weg finden, Freunde zu werden, hat die Ehe kaum eine Überlebenschance. Freundschaft ist eine Komponente der Ehe, aber die Ehe ist ein sich stetig weiterentwickelndes Gerangel, ein *work in progress*, ein unablässiges Erfordernis, in sich zu gehen und sich im Verhältnis zum anderen neu zu erfinden, wohingegen reine Freundschaft (ich meine jetzt Freundschaft außerhalb der Ehe) eher statisch ist, höflicher, oberflächlicher. Wir sehnen uns nach Freundschaft, weil wir gesellige Wesen sind, geboren von anderen Wesen und dazu bestimmt, bis zu unserem Tod unter anderen Wesen zu leben, und doch, wenn man an die Streitereien denkt, die auch in den besten Ehen gelegentlich ausbrechen, die heftigen Meinungsverschiedenheiten, die hitzigen Beleidigungen, die zugeknallten Türen und zerschlagenen Teller, wird einem rasch klar, dass ein solches Verhalten in den gesitteten Räumen der Freundschaft nicht toleriert würde. Freundschaft, das bedeutet gute Manieren, Freundlichkeit, Stetigkeit der Emotionen. Freunde, die sich anschreien, bleiben selten Freunde. Verheiratete Männer und Frauen, die sich anschreien, bleiben normalerweise verheiratet – oft sogar glücklich.

Können Männer und Frauen Freunde sein? Ich denke schon. Solange auf beiden Seiten keine physische Zuneigung besteht. Sobald Sex dazukommt, ist alles aus.

4) Fortsetzung folgt. Andere Aspekte von Freundschaft müssen ebenfalls diskutiert werden: a) Freundschaften, die welken und sterben; b) Freundschaften zwischen Menschen, die nicht unbedingt gemeinsame Interessen haben (Arbeitsfreundschaften, Schulfreundschaften, Kriegsfreundschaften); c) die konzentrischen Kreise von Freundschaften: die engsten Vertrauten; die weniger Vertrauten, die man dennoch sehr gern hat; dann die, die weit entfernt leben; die angenehmen Bekanntschaften, und so weiter; d) all die anderen Punkte in Deinem Brief, zu denen ich noch nichts gesagt habe.

Herzliche Grüße aus dem heißen New York,
Paul

12. September 2008

Lieber Paul,

entschuldige, dass es mit einer Reaktion auf Deinen Brief vom 29. Juli so lange gedauert hat.

Dorothy ist in Europa (Schweden, Großbritannien) unterwegs gewesen und hat an wissenschaftlichen Konferenzen teilgenommen. Der letzte Abschnitt der Reise war ein ziemlicher Albtraum – sie bekam Bronchitis und musste ihre Reisepläne innerhalb Großbritanniens absagen. Gestern nun ist sie gestürzt und kann sich kaum bewegen. Ich erwarte ihre Rückkehr nach Australien nächste Woche.

Die gute Nachricht ist, dass sie mich nach Estoril [Portugal] begleiten wird. Wir freuen uns beide darauf und auf das Wiedersehen mit Dir und Siri.

Herzliche Grüße
John

Lieber Paul,

»Die besten und dauerhaftesten Freundschaften gründen auf Bewunderung«, schreibst Du.

Ich wäre vorsichtig, das als allgemein gültig anzunehmen – auf Frauen scheint es mir noch weniger zuzutreffen als auf Männer –, aber ich stimme dem dahintersteckenden Gefühl zu. Platon beschreibt unseren Wunsch, von unseresgleichen geachtet zu werden, als einen Ansporn, uns auszuzeichnen. In einem noch immer von Darwin, Nietzsche und Freud beherrschten Zeitalter gibt es die Tendenz, den Wunsch, geachtet zu werden, auf etwas weniger Idealistisches zu reduzieren – auf den Willen zur Macht zum Beispiel oder den Drang, unsere Gene weiterzugeben. Aber wenn man den Wunsch, geachtet zu werden, als eine der ursprünglichsten Triebkräfte der Seele ausmacht, führt das, wie mir scheint, zu wertvollen Einsichten. Es legt zum Beispiel nahe, warum Sport – Betätigungen, für die es im Rest der Schöpfung keine Entsprechung gibt – für Menschen, besonders für Männer, so wichtig ist. Männer laufen schneller oder kicken den Ball weiter, nicht weil sie damit hübsche Mädchen mit guten Genen beeindrucken und dazu bringen wollen, sich mit ihnen zu paaren, sondern weil sie hoffen, dass ihresgleichen, andere Männer, mit denen sie in gegenseitiger Bewunderung verbunden sind, sie bewundern werden. Ähnliches trifft, mutatis mutandis, auch auf andere Betätigungsfelder zu.

Ich bin auch der Meinung, dass es schwer ist, jemanden als Freund zu betrachten, sobald er/sie sich in den Augen des anderen unehrenhaft verhalten hat. Vielleicht kann das erklären helfen, warum Ehrenkodexe bei ansonsten unmoralischen kriminellen Banden gepflegt werden: Die Bande kann nur so lange zusammenhalten, wie ihre Mitglieder den Kodex befolgen und sich nicht unehrenhaft in den Augen der anderen verhalten.

Du schreibst über Freundschaften in der Kindheit. Vor kurzem ist mir der Gedanke gekommen, wie freizügig wir als Eltern, besonders als Eltern kleiner Kinder, diese wissen lassen, was wir von ihren Freunden halten – ob wir einen neuen Freund gutheißen oder ihn als »schlechten Umgang« betrachten. Wenn ich mein Leben als Vater noch einmal leben müsste, wäre ich in dieser Beziehung vorsichtiger. Es ist unfair dem Kind gegenüber, es raten zu lassen, was an dem neuen Freund ihn für die Eltern unerwünscht sein lässt. Was den Freund unangenehm macht, spielt sehr oft für das Kind überhaupt keine Rolle: Klassendünkel zum Beispiel oder irgendein Gerücht über die Eltern des Freundes. Manchmal ist gerade die Eigenschaft, die den neuen Freund so reizvoll macht – ein besseres Bescheidwissen in sexuellen Dingen zum Beispiel –, das, was die Eltern stört.

Bei der Freundschaft zwischen Männern und Frauen erscheint mir merkwürdig, dass es heutzutage der normale Gang der Dinge ist, dass Mann und Frau eher erst ein Liebespaar und später Freunde werden als erst Freunde und später ein Liebespaar. Wenn diese Verallgemeinerung zutrifft, müssen wir dann Freundschaft zwischen Mann und Frau in gewissem Sinn für etwas Höheres halten als erotische Liebe, als eine Stufe, zu der sie nach bloßen sexuellen Erlebnissen miteinander aufsteigen können? Es gibt gewiss Menschen, die diese Meinung haben: Der Verlauf der erotischen Liebe ist unberechenbar, sagen sie, sie ist nicht beständig, sie kann sich unversehens in ihr Gegenteil verwandeln; während Freundschaft dauerhaft und gleichbleibend ist und die Freunde anspornen kann, bessere Menschen zu werden (wie Du beschrieben hast).

Ich glaube, wir sollten uns hüten, allzu schnell diese Behauptung und die sich daraus ergebenden Folgen zu akzeptieren. Es ist beispielsweise eine weitverbreitete Auffassung, dass es für einen Mann und eine Frau, die lange Freunde gewesen sind (»bloße« Freunde), unklug ist, den Schritt zu körperlicher Liebe zu vollziehen. Mit einer Freundin zu schlafen, ist ein lahmes Erlebnis, ist die allgemeine Auffassung; eine gute Freundin hat nicht das Element des Geheimnisvollen, das der Eros verlangt. Stimmt das wirklich? Gewiss liegt doch die Verlockung des Inzests zwischen Bruder und Schwester genau darin, von dem allzu Bekannten zum geheimnisvollen Unbekannten vorzudringen.

Inzest war einmal ein großes Thema in der Literatur (Musil, Nabokov), ist es aber offenbar nicht mehr. Ich frage mich, warum. Vielleicht weil die Vorstellung, dass Sex eine quasi-religiöse Erfahrung ist – und Inzest deshalb eine Herausforderung der Götter ist –, sich verflüchtigt hat.

Herzliche Grüße
John

Lieber John,

bitte sag Dorothy, sie soll vorsichtiger sein. Bronchitis ist schon schlimm genug, aber ein Sturz ist schrecklich. Hoffentlich hat sie sich nichts gebrochen. Siri und ich freuen uns sehr, dass sie im November nach Portugal mitkommen kann.

Ich war auf Reisen – und werde in ein paar Tagen schon wieder aufbrechen. Ungünstige Zeit, Dir ausführlich zu antworten, aber ich verspreche, dies unmittelbar nach meiner Rückkehr Mitte Oktober zu tun.

Eigenartig, dass Du in Deinem Brief das Thema Bruder-Schwester-Inzest anschneidest. Genau dazu kommt es in meinem neuen Buch (und wird dort weitläufig abgehandelt) – und in der Tat ist der Sex für die beiden eine quasi-religiöse Erfahrung (um mich Deiner Worte zu bedienen). Bin ich also hoffnungslos altmodisch? Gut möglich.

Was Bewunderung betrifft, so habe ich mich auf Männerfreundschaften bezogen. Aber mehr davon nach meiner Rückkehr …

Ein Händedruck,
Paul

Lieber John,

ich wollte Dir schon früher schreiben, bin aber mit einer üblen Darmgrippe nach New York zurückgekommen, die mich bis heute früh ans Bett gefesselt hat. Zum Glück habe ich die siebzehn hektischen Reisetage gut hinter mich gebracht und bin erst am letzten Abend krank geworden, nachdem alles Wichtige erledigt war. Zweifellos vorhersehbar. Man lebt nur noch von Adrenalin, und sobald kein Nachschub mehr kommt, wird einem klar, dass man sich überanstrengt hat. Auf Portugal freue ich mich, das wird eine Atempause, eine Zeit der Ruhe und Sammlung, fast so gut wie Urlaub.

In Deinem letzten Brief erwähnst Du Sport – »Betätigungen, für die es im Rest der Schöpfung keine Entsprechung gibt …«, was mich an einige kurze Gespräche über Sport erinnert, die wir vorigen Sommer auf unserer Fahrt durch Frankreich geführt haben. Hättest Du Lust, darauf näher einzugehen? Ich habe Deine »[Vier] Anmerkungen zum Rugby« von vor dreißig Jahren gelesen. Provokativ und gut argumentiert, aber wenn Du noch einmal darauf zurückkommen möchtest, bin ich gern dabei. (Mein letzter kleiner Beitrag zu dem Thema ist »Der beste Ersatz für Krieg« in *Collected Prose*, eine Auftragsarbeit für das *New York Times Magazine* für eine Ausgabe über das Millennium. Der Auftrag lautete: Schreiben Sie – so kurz wie möglich – über das beste Spiel der letzten tausend Jahre. Ich habe mich für Fußball entschieden.)

Mögliche Diskussionsthemen: 1) Sport und Aggressivität; 2) Sport ausüben und anderen dabei zusehen; 3) Phänomenologie – und Mysterien – der Fangemeinden; 4) Einzelsportarten (Tennis, Golf, Schwimmen, Bogenschießen, Boxen, Leichtathletik) und Mannschaftssportarten; 5) der langsame, unausweichliche Niedergang des Boxens. Parallel dazu: das allgemeine Desinteresse an Leichtathletikrekorden. Vor vierzig, fünfzig Jahren wartete die ganze Welt gespannt auf den ersten Hochsprung über 2,20 Meter, den ersten Fünf-Meter-Stabhochsprung, den nächsten Unter-vier-Minuten-Rekord auf der Meile. Warum interessiert das heute kaum noch? 6) Sport als Drama, als Fabel, das Spannende daran; 7) Sport in festem Zeitrahmen (Football, Basketball, Rugby) und Sport ohne zeitliche Beschränkung (Baseball, Kricket); 8) Sport und Kommerz; 9) Sport und Nationalismus; 10) *Homo ludens*.

Mit besten Wünschen,
Paul

Liebe Siri,*

wie geht es Dir? Ich erhole mich gerade erst von der Grippe, die das Preisrichterteam in Portugal erwischt hat. Ich habe mich elend gefühlt. Hoffentlich hat es Dich verschont.

Welches Vergnügen es gewesen ist, so viel Zeit mit Dir und Paul zu verbringen, brauche ich Dir nicht erst zu sagen.

Ich hänge einen Brief an, der die umwerfende Einsicht enthält, die ich Dir und Paul während unserer letzten Tage in Cascais versprochen habe. Würdest Du ihn bitte ausdrucken und Paul geben? Ich schätze altmodische Briefe mit Briefmarken darauf außerordentlich, aber in diesem Fall habe ich das Gefühl, so lange außer Gefecht gewesen zu sein, dass ich die Energie des Internets einspannen muss.

Liebe Grüße
John

---

* E-Mail an Siri Hustvedt (Austers Frau)

BRIEF AN P. A.

Lieber Paul,

irgendwann Ende 2008 ist etwas im Bereich der Hochfinanz passiert, was, wie uns mitgeteilt wurde, zur Folge hatte, dass die meisten von uns nun ärmer sind (das heißt, ärmer in finanzieller Hinsicht) als vor ein paar Monaten. Was nun genau passiert ist, ist uns nicht völlig erklärt worden und ist vielleicht nicht exakt bekannt: Es wird unter Experten erregt diskutiert. Doch niemand stellt in Frage, dass etwas passiert ist.

Die Frage ist, was war das eigentlich? War es etwas Reales, oder war es so ein imaginäres Etwas mit realen Folgen wie die Erscheinung der Jungfrau Maria, die Lourdes in ein blühendes Touristenzentrum verwandelt hat?

Lass mich zunächst einige wirkliche Ereignisse aufzählen, die zur Folge haben könnten, dass wir – als Nation, als Gesellschaft, nicht bloß als verstreute Individuen hier und da – eines Tages plötzlich ärmer aufwachen könnten.

Eine Heuschreckenplage könnte unsere Ernten vernichten.

Es könnte eine jahrelange Dürre herrschen.

Eine Viehseuche könnte unsere Herden zugrunde richten.

Ein Erdbeben könnte Straßen, Brücken, Fabriken und Häuser zerstören.

Eine fremde Armee könnte in unser Land einfallen, unsere Städte plündern, unsere Schätze rauben, unsere Nahrungsvorräte abtransportieren und uns zu Sklaven machen.

Wir könnten in einen endlosen ausländischen Krieg hineingezogen werden, in den wir Tausende starker junger Männer schicken müssten, während wir unsere restlichen Ressourcen in den Erwerb von Rüstungsgütern stecken müssten.

Eine ausländische Kriegsflotte könnte die Vorherrschaft über die Meere erlangen und unsere Kolonien daran hindern, uns Schiffsladungen von Lebensmitteln und von Edelmetallen zu schicken.

Durch Gottes Gnade ereilten uns 2008 keine solchen Katastrophen. Unsere Städte blieben unversehrt, unsere landwirtschaftlichen Betriebe intakt, unsere Geschäfte sind voller Waren.

Was also ist passiert, das uns ärmer gemacht hat?

Die Antwort, die wir bekommen, ist, dass bestimmte Zahlen sich geändert haben. Bestimmte Zahlen, die sonst hoch waren, fielen plötzlich, und das hat zur Folge, dass wir ärmer sind.

Aber die Zahlen 0, 1, 2, … 9 sind bloße Zeichen, nicht anders als die Buchstaben a, b, c, … z bloße Zeichen sind. Es konnten also nicht die fallenden Zahlen an und für sich sein, die uns ärmer gemacht haben. Das musste von etwas bewirkt worden sein, was die fallenden Zahlen anzeigten.

Aber was genau war es, das durch die neuen, niedrigeren Zahlen angezeigt wurde und uns ärmer machte? Die Antwort ist: ein anderes Zahlenwerk. Die schuldigen Zahlen standen für andere Zahlen, und diese anderen Zahlen standen für wieder andere Zahlen, und so weiter.

Wo endet diese Rückführung bei den Signifikanten? Wo ist das Ding selbst, das sie bezeichnen: die Heuschreckenplage oder die ausländische Invasion? Ich kann es nirgends sehen. Die Welt ist wie zuvor. Nichts hat sich geändert außer den Zahlen.

Wenn nichts wirklich passiert ist, wenn die Zahlen keine Realität widerspiegeln, sondern im Gegenteil sich einfach auf andere Zahlen beziehen, warum, so frage ich, müssen wir dann das Urteil annehmen, dass wir jetzt ärmer sind und anfangen müssen, uns so zu verhalten, als seien wir ärmer? Warum, frage ich, sollten wir nicht dieses spezielle Zahlenwerk verwerfen, Zahlen, die uns unglücklich machen und sowieso keine Realität widerspiegeln, und neue Zahlen für uns erfinden, vielleicht Zahlen, die zeigen, dass wir reicher als früher sind, obwohl es besser sein könnte, wenn wir Zahlen erfinden, die uns exakt so darstellen, wie wir sind, mit unseren gut gefüllten Vorratskammern und unseren dichten Dächern und unserem Hinterland voller produktiver Fabriken und landwirtschaftlicher Betriebe?

Die Antwort, die ich auf diesen Vorschlag erhalte (diesen »naiven« Vorschlag), ist ein mitleidiges Kopfschütteln. Die Zahlen, mit denen wir konfrontiert sind, die Zahlen, die wir geerbt haben, beschreiben tatsächlich die realen Zustände, wird mir gesagt; die interne Logik der Entwicklung dieser Zahlen von höheren zu niedrigeren, von Anfang 2008 zu Ende 2008, beschreibt eine reale Verarmung, die stattgefunden hat.

Wir haben also ein Patt. Einerseits Menschen wie ich, die nicht glauben, dass real etwas geschehen ist, und einen anschaulichen Beweis für das Gegenteil verlangen. Andererseits die Bescheidwisser, die immer mit dem Spruch kommen: »Du verstehst offensichtlich nicht, wie das System funktioniert.«

In Buch 7 von *Der Staat* fordert uns Platon auf, uns eine Gesellschaft vorzustellen, in der die Menschen ihre wachen Stunden damit verbringen, nebeneinander in einer dunklen

Höhle zu sitzen und auf Wände (Bildschirme) zu starren, auf denen verschiedene flackernde Schattenbilder zu sehen sind. Keiner von ihnen ist je außerhalb der Höhle gewesen, keiner kennt etwas anderes als die flackernden Bilder auf ihren Bildschirmen. Alle akzeptieren ohne Frage, dass das, was sie auf den Bildschirmen sehen, alles ist, was es zu sehen gibt.

Eines Tages steht zufällig einer dieser Menschen auf und stolpert nach draußen. Seine an das Licht nicht gewöhnten Augen sind geblendet, doch er erblickt flüchtig Bäume, Blumen und eine Vielzahl anderer Formen, die nicht im Geringsten den flackernden Bildern ähneln, an die er gewöhnt ist.

Er schützt seine Augen und kehrt zu seinen Gefährten zurück. Der Ort, an dem wir leben, ist in Wirklichkeit eine Höhle, sagt er, und es gibt eine Welt außerhalb der Höhle, und diese äußere Welt ist ganz anders als die innere. Dort draußen findet das wirkliche Leben statt.

Seine Gefährten lachen höhnisch. Du armer Tor, sagen sie, erkennst du einen Traum nicht, wenn du einen erlebst? Das hier ist wirklich (sie deuten auf die Bildschirme).

Es ist alles bei Platon (427–348 v. u. Z.), bis zu den gekrümmten Schultern, den flackernden Bildschirmen und der Kurzsichtigkeit.

Viele Grüße
John

PS: Ich bin mir durchaus bewusst, dass ich mit dem Vorschlag, neue, »gute« Zahlen für die alten, »schlechten« Zahlen zu erfinden und sie in allen Computern der Welt zu installieren, nichts Geringeres vorschlage, als die Entsorgung des alten, schlechten ökonomischen Systems und seine Ersetzung durch ein neues, gutes System – mit anderen Worten die Einführung universeller ökonomischer Gerechtigkeit. Das ist ein Projekt, zu dessen Umsetzung unsere gegenwärtigen Führer weder in der Lage noch wirklich willens sind.

Lieber John,

Dein »Brief an P. A.« ist in Siris Computer aufgetaucht, und sie hat ihn mir ausgedruckt. Ich weiß nicht, wann er geschrieben oder abgeschickt wurde, und sollte ich Tage oder Wochen zu spät antworten, verzeih mir bitte.

Bevor ich auf Platons Höhle und den völligen Zusammenbruch der Kultur, wie wir sie kennen, zu sprechen komme, möchte ich Dir und Dorothy sagen, was für ein enormes Vergnügen es war, diese Tage in Portugal mit Euch zu verbringen. Die Sonne, die Gespräche, die Mahlzeiten, die geruhsame Gangart – unvergesslich. Ja, wir hatten ein paar grauenhafte Filme zu überstehen, aber die Gelegenheit, wenigstens einen großartigen Film zu sehen, hat unsere Qual doch hinreichend kompensiert.

BRIEF AN J. C.

Ich denke, unser Thema ist das Vermögen der Fiktion, die Wirklichkeit zu beeinflussen, und die größte Fiktion unserer Welt ist das Geld. Ist Geld etwas anderes als wertloses Papier? Wenn dieses Papier wertvoll geworden ist, dann nur, weil sehr viele Menschen sich entschieden haben, ihm Wert beizumessen. Das System lebt von Vertrauen. Nicht von Wahrheit oder Realität, sondern von kollektivem Glauben.

Die von Dir genannten Zahlen sind aus diesem Glauben erwachsen. Die Zahlen stehen für das Papier, und bei größeren Finanztransaktionen (Börsenhandel und Bankgeschäfte im Gegensatz zu, sagen wir, Lebensmittel einkaufen) ist das Papier verschwunden und zu Zahlen geworden. Zahlen kommunizieren mit Zahlen, und wir sind ins Reich reiner Abstraktion geworfen. Du spielst daher mit Recht auf Platons Höhle an. Die Zahlen sind die Schatten an der Wand. Oder wie Siris Vater zu sagen pflegte: Es gibt zwei Arten von Menschen auf der Welt. Die, die für ihr Geld arbeiten, und die, deren Geld für sie arbeitet.

Inzwischen sind wir in eine Phase eingetreten, wo die Zahlen uns Angst zu machen beginnen. Ich stimme Dir zu, die Krise scheint unwirklich, losgerissen von allen greifbaren Tatsachen. Banken kollabieren wegen törichter, riskanter Wetten auf zukünftige Hypothekenkosten (Zahlen kommunizieren mit Zahlen), die Rettung verschlingt zigmilliarden, und plötzlich gerät das System (der kollektive Glaube an die von uns erschaffene Fiktion) ins Wanken. Gestern noch alles ruhig; heute Panik allenthalben.

Leider führt diese Panik, die nicht mehr und nicht weniger in der Realität gründet als die Ruhe von gestern, zu sehr greifbaren Resultaten – das Äquivalent Deiner Heuschreckenplage, Deiner Seuche.

Ich rede von der sogenannten Kreditklemme. Banken haben solche Angst, dass sie kein Geld mehr verleihen. Nehmen wir an, Du besitzt eine kleine Fabrik, die Sessel herstellt. Um Dein Geschäft am Laufen zu halten, musst Du neue Maschinen anschaffen, und weil Du nicht genug Geld hast, sie zu bezahlen, gehst Du zur Bank und willst einen Kredit aufnehmen. Die Bank lehnt ab, und weil Dein Betrieb ohne die neue Ausstattung nicht weitermachen kann, bist Du gezwungen, die Hälfte Deiner Arbeiter zu entlassen, Konkurs anzumelden und den Laden endgültig dichtzumachen.

Allein im vorigen Monat haben mehr als eine halbe Million Arbeiter in Amerika ihren Job verloren. Die Panik hat zu einer sich ständig verschärfenden Arbeitslosigkeit geführt, und Menschen ohne Arbeit sind wahrhaftig arm – ungeachtet des verbreiteten Eindrucks, wie Du schreibst, dass unsere Vorratskammern gut gefüllt sind.

Die Krise endet nur, wenn die Panik endet. Aber was die Panik beenden könnte, ist mir schleierhaft.

Deine Idee, eine neue Art von Zahlen zu erfinden, könnte ein Anfang sein. Eine andere Lösung, die mir neulich einfiel, könnte so aussehen, dass die Regierungen ungeheure Mengen Geld drucken und jedem einzelnen Menschen auf der Erde etliche zehntausend Dollar in die Hand geben. Da steckt sicher ein Fehler drin (übersehe ich die Möglichkeit einer galoppierenden Inflation?), aber wenn ich nicht irre, werden die Rettungsaktionen doch genau auf diese Weise finanziert: indem man mehr Geld druckt.

Herzlich
Paul

Lieber John,

erst gestern, eine Woche nach dem Absendedatum, tauchte der Begleitbrief zu Deinem »Brief an P.A.« in Siris Computer auf. Irgendwie muss sie den übersehen haben (im digitalen Leben sind wir ein hoffnungsloses Paar); freut mich sehr, dass Dir Portugal genauso gut gefallen hat wie mir; nur schade, dass Dich dann die Grippe erwischt hat. (Ich hatte Anfang Herbst eine ziemlich schlimme und weiß, wie unangenehm diese Mikroben sein können.) Aber ich nehme an, Du bist längst wieder auf dem Damm. Die messerscharfe Präzision Deines Briefs könnte ein Kranker nicht zustande bringen.

Dein Verweis auf das Filmfestival hat mich an eine kuriose Geschichte erinnert, die ich Dir gern erzählen möchte. 1997 war ich Mitglied der Jury in Cannes. Zufällig feierte das Festival in diesem Jahr sein fünfzigjähriges Jubiläum, und die Organisatoren hatten beschlossen, so viele frühere Preisträger wie möglich einzuladen und zu einem großen Gruppenfoto zu versammeln. Aus irgendeinem Grund wurden die Jurymitglieder dazugenommen – und so bin auch ich auf diesem Bild mit über hundert Personen gelandet.

Ich habe dieses Foto jetzt vor mir, und unter den Regisseuren erkenne ich Antonioni, Almodóvar, Wajda, John Boorman, David Lynch, Tim Burton, Jane Campion, Altman, Wenders, Polanski, Coppola, die Coen-Brüder, Mike Leigh, Bertolucci und Scorsese. Schauspieler, unter anderem: Gina Lollobrigida (!), Lauren Bacall, Johnny Depp, Vittorio Gassman, Claudia Cardinale, Liv Ullmann, Charlotte Rampling, Bibi Andersson, Vanessa Redgrave, Irène Jacob, Helen Mirren, Jeanne Moreau und Anjelica Huston.

Bevor wir uns für das Foto aufstellten, gab es einen Cocktail-Empfang, der ungefähr eine Stunde dauerte. Ich glaube nicht, dass ich jemals in einem Raum gewesen bin, der stärker mit menschlicher Elektrizität aufgeladen war. Ein Gefühl, als ob jeder Einzelne dort jeden anderen kennenlernen und mit ihm sprechen wollte, als habe die von einer solchen Zusammenballung erregte Begeisterung diese Stars und Legenden in einen Haufen hyperaktiver Schulkinder verwandelt.

Ich wurde etlichen Leuten vorgestellt, konnte mit einigen kurze Gespräche führen, und dann gab ich in diesem kreisenden Chaos plötzlich Charlton Heston die Hand. Von allen Anwesenden der, mit dem zu reden ich am wenigsten Interesse hatte. Nicht nur, dass ich ihn für einen schlechten Schauspieler hielt (steif, wenig überzeugend, aufgeblasen), auch seine politischen Ansichten waren mir zuwider. Du weißt wahrscheinlich von seinem Engagement für die National Rifle Association und seinen abstoßenden rechtsradikalen Verlautbarungen, die von der amerikanischen Presse anscheinend immer gern aufgenommen wurden. Aber was sollte ich machen? Es war weder die Zeit noch der Ort, ihn zu attackieren: Ich saß in der Falle. Heston hatte natürlich keine Ahnung, wer ich war, aber auch er, angesteckt von der Elektrizität im Raum, war bester Laune und schien sich gern mit mir zu unterhalten. Das heißt, er sprach, und ich hörte zu, und in den nächsten zehn oder fünfzehn Minuten erging er sich in Erinnerungen an seine früheren Cannes-Besuche, seine langjährige Filmkarriere und wie wunderbar er diese Versammlung fand und wie klein er sich in Gegenwart all dieser bemerkenswert talentierten Menschen fühlte. Trotz meiner Vorurteile musste ich mir eingestehen, dass er in mancher Hinsicht ein »absolut netter Bursche« war.

Das Festival endete ein paar Tage danach, und ich flog nach New York zurück. Zwei oder drei Tage später flog ich nach Chicago. Ich hatte meinem amerikanischen Verleger versprochen, an der jährlichen Book-Expo-Veranstaltung teilzunehmen und dort aus meinem Buch zu lesen, das im Herbst erscheinen sollte. Ich kam an einem Samstag an. Nachdem ich im Hotel eingecheckt hatte, nahm ich ein Taxi zum McCormick Center – ein riesiges Gebäude, wie ich feststellen musste, vielleicht so groß wie fünfzig Flugzeughallen, und jeder Quadratzentimeter vollgestopft mit Verlagsständen, Hunderte und Aberhunderte Stände, womöglich Tausende. Als ich endlich den Stand von Henry Holt gefunden hatte, platzte mir fast die Blase. Jemand erklärte mir den Weg zur Toilette (mindestens anderthalb Meilen weit weg), und ich marschierte hastig einen Gang nach dem anderen hinunter, vorbei an unzähligen Verlagsständen, und als ich mein Ziel schon vor mir sah, warf ich einen Blick nach rechts, und wer saß dort an einem Tisch und signierte Bücher? Charlton Heston, eben der Charlton Heston, den ich eine Woche zuvor in Cannes kennengelernt hatte. Auf dem Plakat über ihm stand: National Rifle Association. Selbstverständlich bin ich nicht stehen geblieben, um Höflichkeiten auszutauschen. Der »absolut nette Bursche« war wieder in seinem Element, und ich hatte nicht das Bedürfnis, mit ihm zu reden. Trotzdem war ich ziemlich fassungslos. Wie groß ist die Wahrscheinlichkeit, fragte ich mich, jemandem erst auf einem Filmfestival in Frankreich zu begegnen und nur wenige Tage noch einmal auf einer Buchmesse in Chicago?

Ich gab meine Lesung und flog am nächsten Morgen nach Hause. Sonntag. Am nächsten Tag, Montag, war ich in Manhattan zum Mittagessen mit der französischen Schauspielerin Juliette Binoche verabredet, die noch überlegte, ob sie eine Rolle in dem Film *(Lulu on the Bridge)*, an dem ich gerade arbeitete, annehmen sollte. (Das ist eine andere Geschichte – und viel zu kompliziert, um jetzt darauf einzugehen.) Kurz nach 12 Uhr mittags kam ich in ihrem Hotel an, The Mark – einem kleinen, eleganten, sehr teuren Haus an der Madison Avenue. Ich meldete mich beim Empfang, und während ich wartete, dass J. B. nach unten kam, schlenderte ich im Foyer herum. Sonst war niemand da. Niemand außer dem Empfangschef und mir. Nach etwa einer Minute ging die Aufzugstür auf, und ein Mann trat heraus: ein großer alter Mann, der ein wenig gebückt und mit schlurfenden kleinen Schritten ging. Er bewegte sich auf mich zu, und mit einem Mal erkannte ich, wen ich da vor mir hatte ... Charlton Heston.

Er sah auf, nahm mich wahr und blieb stehen. Erkennen flackerte in seinen Augen. Er drohte mir lächelnd mit dem Finger und sagte: »Ich kenne Sie doch von irgendwoher?«

»Wir haben uns vorige Woche in Cannes getroffen«, sagte ich. »Wir haben uns vor dem Gruppenfoto kurz unterhalten.«

»Ah, natürlich«, sagte er jetzt aufrichtig lächelnd und hielt mir die Hand hin. »Wie schön, Sie wiederzusehen.«

Von Chicago sagte ich lieber nichts.

Er fragte nach meinem Befinden. Gut, sagte ich, sehr gut. Und Sie?, fragte ich, wie ist es Ihnen ergangen? Gut, sagte er, sehr gut, und schlurfte an mir vorbei und durch die Drehtür auf die Straße.

Wie soll ich das deuten, John? Passiert Dir so etwas auch, oder bin ich der Einzige?

Paul

Liebe Siri,[*]

ich habe zwei Fragen (zwei Bitten), die erste an Dich, die zweite an Paul. Würdest Du die zweite bitte weiterreichen?

(1) Ich habe mich verpflichtet, eine Rezension über die neue Ausgabe von Samuel Becketts Briefen der Jahre 1929–1940 zu schreiben. Mitte der 30er Jahre war Beckett in Therapie bei Wilfred Bion. Ich glaube, Du weißt eine ganze Menge über Bion, habe ich recht? Gibt es ein gutes Buch oder einen Artikel, die mir eine Vorstellung von Bions Herangehensweise an die Therapie vermitteln können?

(2) Die fragliche Edition basiert offenbar auf einer scharfen Trennung zwischen Becketts literarischer Korrespondenz und seiner privaten Korrespondenz. Von der Letzteren wurde nichts aufgenommen. Die Herausgeber scheinen auch entschlossen, nichts zu Becketts Privatleben zu äußern. Eine Folge davon ist, dass der Leser der Briefe kaum eine Vorstellung hat, warum Beckett beständig zwischen Dublin, Paris, Hamburg und London hin und her reist (meist ist Eros die Triebkraft, vermutet man).

Die Herausgeber bedanken sich auch überschwänglich bei Becketts Neffen und dem Beckett Estate.

Meine Frage ist: Hast Du Erfahrungen mit Edward

---

[*] E-Mail an Siri Hustvedt

Beckett gemacht? Gibt es ein erkennbares Programm hinter der Art und Weise, in der er das Beckett'sche Textkorpus kontrolliert?

Viele Grüße
John

Lieber Paul,

die »Weltfinanzkrise«, über die ich das letzte Mal geschrieben habe, scheint entschlossen, sich im neuen Jahr fortzusetzen. An diesem Punkt sollte ich wohl besser meine Rolle als Kommentator der ökonomischen Zustände aufgeben. Es erinnert mich an Ezra Pound, dessen Verrücktsein während der Depression der 1930er Jahre anfing, als er überzeugt war, Einblicke in das Funktionieren der Ökonomie zu haben, für die andere, in Fiktionen befangen, blind waren: Auf der Stelle verwandelte er sich in »einen Dorferklärer«, wie das Gertrude Stein nannte, in Onkel Ez.

Auf der Halbkugel hier ist es Hochsommer, und ich habe den größten Teil des Sonntags damit zugebracht, vor dem Bildschirm (Schatten der Wall Street!) zu sitzen und den dritten Tag eines fünftägigen Kricketspiels zwischen den Nationalmannschaften von Australien und Südafrika zu verfolgen. Ich war ganz vertieft, ich war emotional beteiligt, ich habe mich nur widerstrebend losgerissen. Um mir das Spiel anzusehen, habe ich die zwei oder drei Bücher, die ich gerade lese, weggelegt.

Kricket wird seit Jahrhunderten gespielt. Wie bei allen Spielen gibt es nur eine gewisse Anzahl von Spielzügen, die man machen kann, nur eine gewisse Anzahl von Resultaten, die man erzielen kann. Es ist sehr wahrscheinlich, dass der Spielverlauf vom Sonntag, den 28. Dezember 2008 in Melbourne, in jeder wesentlichen Beziehung dem Verlauf eines Kricketspiels an einem anderen Tag und Ort gleicht. Mit dreißig Jahren muss jeder ernsthafte Zuschauer Déjà-vu-Momente haben – mehr als Momente, ausgedehnte Abschnitte. Und das zu Recht: Es ist alles schon dagewesen. Während man über ein gutes Buch das eine sagen kann – es wurde vorher noch nie geschrieben.

Warum also meine Zeit damit verschwenden, zusammengesunken vor einem Bildschirm jungen Männern beim Spiel zuzusehen? Denn es *ist* eine Zeitverschwendung, muss ich zugeben. Ich habe eine gewisse Erfahrung (Erfahrung aus zweiter Hand), aber sie nützt mir offensichtlich zu nichts. Ich lerne nichts. Ich gewinne dabei nichts.

Klingt das irgendwie vertraut für Dich? Berührt das eine Saite bei Dir, die Du wiedererkennst? Ist Sport einfach wie Sünde: Man missbilligt es, doch man erliegt der Verlockung, weil das Fleisch schwach ist?

Viele Grüße
Dein John

Lieber John,

Siri wird Dir wegen Bion gesondert schreiben ... aber was Becketts Neffen angeht, habe ich leider keinen direkten Kontakt mit ihm. Als ich vor einigen Jahren die Centenary Edition [von S. B.'s Werken] vorbereitete, erzählte mir allerdings der Lektor der Grove Press, Edward freue sich sehr über das Projekt und sei ganz und gar damit einverstanden. Wenn Du mit ihm Kontakt aufnehmen willst, könnte ich das über meinen britischen Verlag Faber & Faber ohne weiteres in die Wege leiten. Wie Du weißt, hat der seit Jahren die Rechte an Becketts Stücken, vor kurzem aber hat Stephen Page, der junge Direktor, John Calder auch die Rechte an Becketts Prosa abgekauft. Edward war mit Sicherheit an den Verhandlungen beteiligt.

Soweit ich das beurteilen kann, erklärt sich Edwards ein wenig schrulliges Verhalten, wenn es um die Erlaubnis zur Aufführung oder Veröffentlichung der Werke seines Onkels geht, durch sein Bemühen, S. B.'s Wünsche zu respektieren und sich etwa so zu verhalten, wie es der ein wenig schrullige S. B., wäre er noch am Leben, in solchen Fällen tun würde. Aber diese Unterscheidung zwischen literarischer und privater Korrespondenz kommt mir ziemlich sinnlos vor. Vor Jahren wurde ich von der Herausgeberin von S. B.'s Briefen kontaktiert (einer Professorin von der Emory University, wenn ich nicht irre) und schickte ihr Fotokopien sämtlicher Zettel und Briefe, die ich von Beckett bekommen hatte. Wie sie es darstellte, hatten sie vor, die gesamte Korrespondenz zu veröffentlichen, und machten sich auf viele Jahre Arbeit gefasst. Nun scheint der erste Band endlich fertig zu sein.

Welcher Verlag? Und für wen schreibst Du die Rezension?

Was Becketts Reisen angeht, so glaube ich nicht, dass Liebe die Triebfeder war. Knowlsons Biographie ist eine gute Informationsquelle für dieses Hin und Her. Viele Einzelheiten habe ich vergessen, aber soweit ich weiß, kam Beckett das erste Mal nach Paris, um dort nach seinem Examen am Trinity eine Dozentenstelle anzutreten. Nach ein oder zwei Jahren kehrte er nach Dublin zurück, wo er eine Zeitlang lehrte und immer depressiver wurde. Nach London ging er vor allem, um sich von Bion behandeln zu lassen (glaube ich jedenfalls). Seine Reisen nach Deutschland galten hauptsächlich Museumsbesuchen. Die einzige Frau, die er dort kannte, war eine Peggy Sinclair (Tochter eines angeheirateten Verwandten, seine erste Flamme – jung an TB gestorben).

Ich fürchte, nichts davon wird Dir weiterhelfen, aber Du könntest bei Knowlson nachschlagen, ob die Fakten sich mit meinen Erinnerungen decken. Wenn ich nicht irre, wird Bion dort ausführlich abgehandelt.

Dir und Dorothy ein gutes neues Jahr!
Paul

Lieber Paul,

vielen Dank, dass Du mich bezüglich Becketts Neffen korrigiert hast. Mir schien es, als würden die Herausgeber der neuen *Briefe* eine allzu scharfe Trennlinie zwischen dem Literarischen und dem Persönlichen ziehen, und ich hatte – fälschlicherweise – vermutet, dass das Estate dahinterstecken könnte.

Der Verlag ist Cambridge. Meine Rezension wird in der *NY Review of Books* erscheinen.

Zu Charlton Heston: Es kommt mir nicht seltsam vor, dass Du, weil Du in Filmzirkeln tätig bist, häufig mit einer anderen Person aus diesen Kreisen zusammentriffst. Bizarr ist allerdings, dass es ausgerechnet Charlton Heston sein muss. Es hört sich allmählich wie einer der Träume aus Freuds Traumbuch an.

Herzliche Grüße
John

Hôtel d'Aubusson
Paris
10. Januar 2009

Lieber John,

Dein markiger, geistreicher Brief vom 30.12. erreichte mich zwei Stunden vor der Abfahrt zum Flughafen. Jetzt bin ich wieder in Europa, im eisigen Paris, exakt zwölf Uhr mittags, und sitze in meinem Hotel, unfähig, das Nickerchen einzulegen, das ich mir vorgenommen hatte, um die Folgen einer schlaflosen Nacht abzuwenden. Entschuldige das komische Briefpapier, entschuldige den lausigen Kugelschreiber. Pariser Hotelzimmer sind aus unerfindlichen Gründen nicht mit Schreibmaschinen ausgestattet.

Ich bin mehr als froh, dass wir unsere ökonomischen Grübeleien einstellen. Für das Thema bin ich einfach nicht qualifiziert. Natürlich wünsche ich nichts sehnlicher, als dass alle Menschen glücklich sind. Jeder sollte eine befriedigende, erfüllende Arbeit haben, jeder soll genug verdienen, um dem Schreckgespenst der Armut zu entgehen, aber ich habe keine Ahnung, wie solch hehre Ziele zu erreichen sein könnten. Und daher werde ich nichts mehr dazu sagen.

Ein paar letzte Worte zu Charlton Heston. Du argumentierst, diese Zufallsbegegnungen seien möglich geworden, weil wir beide in Filmzirkeln verkehrten, uns in denselben Kreisen bewegten. Tatsache ist aber, dass nur die erste Begegnung mit Film zu tun hatte. Die zweite trug sich auf einer Buchmesse in Chicago zu, die dritte in einem New Yorker Hotelfoyer. Daher meine Verwirrung, meine Verblüffung, mein Gefühl, dass diese Begegnungen vollkommen unwahrscheinlich waren – als seien dies Ereignisse (wie du andeutest) nicht aus der wirklichen Welt, sondern aus einem Traum.

Vorige Woche habe ich wieder einmal *Verbrechen und Strafe* gelesen, zum dritten oder vierten Mal. Dabei fielen mir Plot-Kunstgriffe auf, die mich an die Charlton-Heston-Geschichte erinnerten. Die unwahrscheinlichsten Leute leben plötzlich Tür an Tür miteinander. Dunjas Verlobter ist *zufällig* im selben Gebäude wie Sonjas Stiefmutter. Der Mann, der sie (Dunja) beinahe ruiniert hätte, lebt *zufällig* in der Wohnung neben Sonja. Unglaubwürdig? Ja, aber sehr effektiv, wenn man die Atmosphäre eines Fiebertraums erzeugen will, und eben dies verleiht dem Buch seine ungeheure Kraft. Damit möchte ich wohl sagen, dass uns in der wirklichen Welt Dinge widerfahren, die aus einem Roman sein könnten. Und wenn Fiktives sich als wirklich entpuppt, müssen wir unsere Definition von Wirklichkeit vielleicht überdenken …

SPORT IM FERNSEHEN

Ich stimme Dir zu, das ist eine sinnlose Aktivität, eine absolute Zeitverschwendung. Und doch, wie viele Stunden meines Lebens habe ich genau damit vertan, wie viele Nachmittage habe ich vergeudet, wie Du am 28. Dezember? Die Summe ist mit Sicherheit erschreckend, und schon der Gedanke daran ist mir peinlich.

Du sprichst von Sünde (im Scherz), richtiger wäre vielleicht *schuldbewusstes Vergnügen* oder einfach nur *Vergnügen*. Bei mir ist es so, dass ich die Sportarten mag und regelmäßig sehe, die ich als Kind betrieben habe. Man kennt und versteht das Spiel von Grund auf und weiß daher das Können, die oftmals unglaubliche Meisterschaft der Profis richtig einzuschätzen. Eishockey, zum Beispiel, ist mir total gleichgültig –

weil ich das nie gespielt habe und nichts davon verstehe. Dazu kommt bei mir noch, dass ich mich auf bestimmte Mannschaften konzentriere. Je besser man die einzelnen Spieler kennt, desto mehr nimmt man Anteil, und diese Vertrautheit *steigert die Fähigkeit, Langeweile zu ertragen*, alle diese öden Minuten, in denen so gut wie nichts passiert.

Zweifellos besitzen Spiele eine starke narrative Komponente. Wir folgen dem Hin und Her des Wettstreits, bis wir wissen, wie das Spiel ausgegangen ist. Gewiss, ein Buch lesen ist etwas anderes – zumindest wenn es um Bücher geht, wie Du und ich sie zu schreiben versuchen. Aber auf Genreliteratur könnte es zutreffen. Thriller oder Krimis, zum Beispiel …

[Soeben kommt unangemeldeter Besuch, ein Freund wartet unten auf mich. Ich muss weg, aber nachher geht's weiter.]

3 Stunden später:

… solche Bücher sind immer gleich, endlos wiederholt, Tausende subtile Variationen der immer gleichen Geschichte, und dennoch hat das Publikum einen unstillbaren Hunger darauf. Als sei jeder dieser Romane die Wiederaufführung eines Rituals.

Der narrative Aspekt, ja, der uns bis zum Finale, bis zum Schlusspfiff, bei der Stange hält; aber insgesamt neige ich eher dazu, Sport als eine Form von Aktionskunst anzusehen. Du beklagst das Déjà-vu-Hafte so vieler Spiele und Partien. Aber geschieht nicht das Gleiche, wenn Du Dir im Konzertsaal Deine Lieblingssonate von Beethoven anhörst? Du kennst das Stück längst auswendig, aber Du willst hören, wie dieser spezielle Pianist es interpretiert. Es gibt eine Menge Allerweltspianisten und -sportler, und dann kommt einer, der Dir den Atem verschlägt.

Kann es sein, dass schon einmal zwei Spiele *exakt* gleich

verlaufen sind, Spielzug für Spielzug? Schon möglich. Alle Schneeflocken sehen sich ähnlich, aber jeder weiß, dass jede Einzelne einzigartig ist. Über sechs Milliarden leben auf diesem Planeten, und angeblich haben nicht zwei davon denselben Fingerabdruck. Ich habe Hunderte – wenn nicht gar Tausende – Baseballspiele gesehen, und in fast jedem gab es irgendeine Kleinigkeit, die ich in keinem anderen Spiel gesehen habe.

Neues bereitet Vergnügen, aber auch Bekanntes bereitet Vergnügen. Das Vergnügen, etwas zu essen, das man mag, das Vergnügen an Sex. Ganz gleich, wie exotisch oder komplex die erotischen Vorlieben sein mögen, ein Orgasmus ist ein Orgasmus, und wir freuen uns darauf, weil es uns in der Vergangenheit Vergnügen bereitet hat.

Dennoch kommt man sich reichlich dumm vor, wenn man einen ganzen Tag vor dem Fernseher gesessen und jungen Männern dabei zugesehen hat, wie sie sich gegenseitig über den Haufen rennen. Die Bücher liegen ungelesen auf dem Tisch. Man weiß nicht, wohin die Stunden entschwunden sind, und noch schlimmer, Deine Mannschaft hat verloren. Und jetzt bin ich in Paris und weiß, dass ich, wenn morgen die New York Giants ein wichtiges Spiel in den Play-offs gegen Philadelphia zu absolvieren haben, nicht werde zusehen können – und bedaure das sehr.

Mit bestem Gruß über Ozeane und Kontinente
Paul

Lieber Paul,

offenbar behandelst Du Sport hauptsächlich als ästhethische Angelegenheit und das Vergnügen der Zuschauer am Sport hauptsächlich als ästhetisches Vergnügen. Diese Herangehensweise finde ich fragwürdig, und das aus mehreren Gründen. Warum ist Fußball ein großes Geschäft, während Ballett – dessen ästhetischer Reiz ganz bestimmt größer ist – subventioniert werden muss? Warum interessiert man sich nicht für einen »sportlichen« Wettkampf zwischen Robotern? Warum interessieren sich Frauen weniger für Sport als Männer?

Die ästhetische Herangehensweise ignoriert das Verlangen nach Helden, das durch den Sport befriedigt wird. Dieses Verlangen ist bei Jungen in einem Alter, in dem sie eine blühende Phantasie haben, am leidenschaftlichsten; ich vermute, dass es der Rest dieser jugendlichen Phantasie ist, der das erwachsene Interesse für Sport nährt.

Soweit ich auf den ästhetischen Aspekt des Sports reagiere, sind es Momente voll Anmut/Gnade (*grace*: welch komplexes Wort), auf die ich reagiere, Momente oder Bewegungen (wieder ein interessantes Wort), die nicht rational geplant werden, sondern wie eine Art Segen von oben herab auf die sterblichen Spieler kommen, Momente, in denen alles richtig läuft, alles sich zusammenfügt, wenn die Zuschauer nicht einmal Beifall spenden wollen, sondern nur schweigend dankbar sind, dass sie das miterleben durften.

Aber welcher Sportler möchte Komplimente für seine Anmut auf dem Spielfeld bekommen? Selbst Sportlerinnen würden schroff reagieren. Anmut, Grazie: weibische Begriffe.

Wenn ich in mein Herz blicke und mich frage, warum ich an meinem Lebensabend immer noch – manchmal – bereit bin, mir stundenlang Kricket im Fernsehen anzusehen, muss ich berichten, dass ich, wie absurd, wie wehmütig auch immer, weiter auf heroische Momente, auf noble Momente warte. Anders gesagt ist die Grundlage meines Interesses eher ethischer als ästhetischer Natur.

Das ist absurd, weil der professionelle Sport heute am Ethischen nicht interessiert ist: Er reagiert auf unser Verlangen nach dem Heroischen nur mit dem Schauspiel des Heroischen. »Wir baten um Brot, und ihr habt uns Steine gegeben.«

Die Allgegenwart des Interviews nach dem Spiel. Der Mann, der uns ein oder zwei Stunden lang beinah verlassen hätte und in den Bereich aufgestiegen wäre, wo die Helden wohnen – nur einen Schritt vom Göttlichen entfernt –, wird gezwungen, seinen bloß irdischen Status wieder anzunehmen, das heißt, er wird rituell gedemütigt. »Gut«, wird er zu sagen gezwungen, »wir haben dafür hart gearbeitet, und es hat sich ausgezahlt. Es war eine Mannschaftsleistung.«

Man arbeitet nicht, um ein Held zu werden. Das heißt, was man zur Vorbereitung auf den heroischen Wettkampf tut, ist keine »Arbeit«, gehört nicht zum Alltag von Produktion und Konsum. Die Spartaner kämpften und starben in Thermopylä gemeinsam; sie waren alle Helden, doch sie waren keine »Heldenmannschaft«. Eine Heldenmannschaft ist ein Oxymoron.

Viele Grüße
John

Lieber John,

ich glaube nicht, dass wir uns da uneins sind. Mein Brief aus
Paris war hauptsächlich eine Reaktion auf Deine Bemerkungen über Sport im Fernsehen (ein überschaubares Thema,
ein kleiner Unterpunkt in der Riesendiskussion über Sport
im Allgemeinen) und die Frage, warum wir, angeblich erwachsene Männer, aus freien Stücken einen kompletten Sonn-
tagnachmittag damit vertrödeln, den im Grunde sinnlosen
Aktivitäten junger Sportler auf weit entfernten Sportplätzen
zuzusehen. Es ist ein mit Schuldgefühlen beladenes Vergnügen, und nach dem Abpfiff sind wir oft innerlich leer und machen uns Vorwürfe.

Im umfassendsten Sinne kann man das Thema Sport wohl
in zwei größere Rubriken aufteilen: aktiv und passiv. Auf der
einen Seite gibt man sich selber einer sportlichen Betätigung
hin. Auf der anderen Seite sieht man anderen dabei zu. Da
mir scheint, dass unsere Debatte sich um Letzteres dreht,
werde ich mich fürs Erste auf diesen Aspekt beschränken.

Der von Dir genannte ethische Aspekt ist besonders für
sehr junge Menschen wichtig. Man verehrt seine Götter und
möchte ihnen nacheifern; in jedem Wettkampf geht es um
Leben und Tod. In meinem fortgeschrittenen Alter hat sich
dieses Gefühl der Verbundenheit deutlich abgeschwächt;
wenn ich mir heute ein Spiel ansehe, dann mit ziemlich großem Abstand, eher an »ästhetischem Vergnügen« interessiert
als daran, meine Existenz durch die Taten anderer bestätigen
zu lassen. Um nicht allzu sehr darauf herumzureiten, lass uns

die Perspektive des alten Mannes fürs Erste ausblenden. Gehen wir an den Anfang zurück und versuchen uns zu erinnern, wie das in der fernen Vergangenheit mit uns war.

Mir gefällt, wie Du das Wort »heroisch« verwendest; zweifellos hilft das beim Nachdenken über diese Art von Besessenheit, die mit dem Erwachen des Bewusstseins unausweichlich anfängt. Aber was bedeutet das Heroische im Zusammenhang mit der frühen Kindheit? Bei kleinen Jungen geht es wohl hauptsächlich um eine Ahnung von Männlichkeit, von sexueller Identität, darum, sich darauf vorzubereiten, ein Mann zu werden … und nicht eine Frau.

Ich habe zwei Kinder großgezogen – einen Jungen und ein Mädchen – und habe fasziniert (und oft amüsiert) beobachtet, wie sich mit etwa drei Jahren ihre sexuelle Identität ausprägte. In beiden Fällen begann dies exzessiv, mit übertriebener Nachahmung dessen, was es heißt, Mann zu sein oder Frau zu sein. Der Junge schwärmte für Superman und den Unglaublichen Hulk, Phantasiewesen, die mit magischen, alles besiegenden Kräften ausgestattet waren. Das Mädchen (mit zwei fragte sie, ob und wann ihr ein Penis wachsen würde) schwärmte von Partyschuhen, winzigen High Heels, Ballettröckchen und Plastikdiademen, von Ballerinas und Märchenprinzessinnen. Das Übliche, sicher, aber weil Jungen und Mädchen eine Weile brauchen, bis sie verstanden haben, dass sie Jungen und Mädchen sind, sind ihre ersten Schritte in Richtung sexueller Identität notwendigerweise extrem und auf die Symbole und Äußerlichkeiten ihres Geschlechts fixiert. Sobald die Frage entschieden war (etwa mit fünf?), konnte das Mädchen, das bis dahin nie etwas anderes als Kleider tragen wollte, auch mal eine Hose anziehen, ohne zu befürchten, sich in einen Jungen zu verwandeln.

Als amerikanischer Junge in den frühen fünfziger Jahren begann ich meine Nachahmung des Männlichen als Cowboy. Auch da ging es ausschließlich um Äußerlichkeiten – die Stiefel, der Hut, die Revolver im Halfter. Weil ein Cowboy, der etwas auf sich hält, unmöglich Paul heißen kann, bestand ich darauf, wann immer ich mein Wild-West-Kostüm trug, dass meine Mutter mich *John* nannte – und reagierte einfach nicht, wenn sie es vergaß. (Du warst nicht zufällig auch mal ein amerikanischer Cowboy, John?)

Aber dann – wann genau, weiß ich nicht mehr, aber wohl irgendwann zwischen dem vierten und fünften Lebensjahr – ergriff mich eine neue Leidenschaft, begeisterten mich neue Symbole, eine neue Welt, in der ich meine Männlichkeit unter Beweis stellen konnte. Football (in der amerikanischen Version). Ich hatte das noch nie gespielt, kannte kaum die Regeln, aber irgendwie (durch Zeitungsfotos?, durch Übertragung von Spielen im Fernsehen?) gelangte ich zu der Überzeugung, Footballspieler seien die wahren Helden der modernen Zivilisation. Wieder ging es nur um Äußerlichkeiten. Ich wollte gar nicht Football spielen, ich wollte mich nur als Footballspieler verkleiden, einen Footballdress besitzen, und meine immer so duldsame Mutter gab nach und kaufte mir einen. Helm, Schulterpolster und zweifarbiges Trikot, die spezielle Kniehose, dazu ein lederner Football – jetzt konnte ich mich im Spiegel betrachten und *so tun*, als sei ich ein Footballspieler. Es gibt sogar Fotos, Dokumente der imaginären Heldentaten dieses kleinen Jungen in seinem makellosen Dress, der nie mit einem echten Footballfeld in Berührung kam, der niemals außerhalb der kleinen Wohnung mit Garten, in der er mit seinen Eltern lebte, getragen wurde.

Irgendwann fing ich natürlich an, Football zu spielen – und

Baseball. Mit fanatischer Hingabe, sollte ich hinzufügen, und je mehr ich mich für das aktive Spiel interessierte, desto mehr interessierten mich auch die Spiele der Großen, der Profis. In Portugal habe ich Dir von meinem dreisten, halb wahnsinnigen Brief an Otto Graham erzählt (er war der beste Quarterback seiner Zeit, der Star der Meistermannschaft der Cleveland Browns), mit dem ich ihn zur Feier meines achten Geburtstags eingeladen hatte – und seiner freundlichen Antwort, wo er erklärte, warum er nicht kommen könne. Seit ich Dir das erzählt habe, komme ich nicht mehr davon los, denke darüber nach, suche nach weiteren Einzelheiten, versuche meine damaligen Motive besser zu verstehen. Zum Beispiel weiß ich noch, dass ich mir ausführlich ausgemalt habe, wie Otto Graham uns zu Hause besucht und wir zwei im Garten mit einem Football Fangen spielen. Das war die Geburtstagsparty. Keine anderen Gäste – keine anderen Kinder, nicht einmal meine Eltern –, nur ich mit meinen bald acht Jahren und der unsterbliche O. G.

Ich sehe jetzt, ich *weiß* jetzt mit völliger Gewissheit, dass dieser Tagtraum für den Wunsch stand, mir einen Ersatzvater zu schaffen. Im Amerika meiner kindlichen Vorstellung sollten Väter mit ihren Söhnen Fangen spielen, aber mein Vater tat das nur selten, stand mir nur selten so zur Verfügung, wie ich mir vorstellte, dass es sein sollte, und daher lud ich einen Footballhelden *in mein Haus* ein – in der vergeblichen Hoffnung, er könne mir geben, was mein Vater mir nicht gab. Sind alle Helden Ersatzväter? Scheinen Jungen deswegen ein größeres Bedürfnis nach Helden zu haben als Mädchen? Ist die jugendliche Fixierung auf Sport auch nur ein weiteres Beispiel für den im Unterbewussten wirkenden Ödipuskomplex? Ich bin mir nicht sicher. Jedenfalls muss das manische Verhalten der Sportfans – nicht aller, aber eines sehr großen Teils von ihnen – doch irgendwo aus den tiefsten Tiefen der Seele kommen. Hier geht es um mehr als bloß momentane Zerstreuung oder Unterhaltung.

Ich will nicht behaupten, Freud sei der Einzige, der dazu etwas zu sagen hat, aber zweifellos hat er etwas zu dem Thema beizutragen.

Mir fällt auf, dass ich auf Deine Bemerkungen oft mit Geschichten von mir selbst reagiere. Beachte bitte: Es geht mir dabei nicht um mich selbst. Ich gebe Fallbeispiele, Geschichten, die von jedermann handeln könnten.

Herzlichen Gruß
Paul

Lieber Paul,

Du schilderst die Fixierung von Jungen auf Sporthelden und unterscheidest das dann von der erwachsenen Haltung, die das Ästhetische im sportlichen Schauspiel sucht.

Wie Du bin ich der Auffassung, dass Sport im Fernsehen anzuschauen eine Zeitverschwendung ist. Doch es gibt Momente, die keine Zeitverschwendung sind – Momente, wie sie zum Beispiel in den Glanzzeiten von Roger Federer hin und wieder aufgetaucht sind. Aus der Perspektive des von Dir Gesagten prüfe ich solche Momente, rufe sie mir wieder ins Gedächtnis – wie Federer einen Rückhandvolley cross schlägt, zum Beispiel. Ist es wirklich oder nur das Ästhetische, frage ich mich, das mir solche Momente lebendig vor Augen führt?

Ich glaube, beim Zuschauen gehen mir zwei Gedanken durch den Kopf: (1) Wenn ich doch bloß meine Jugend damit zugebracht hätte, meine Rückhand zu trainieren, statt ..., dann hätte auch ich solche Bälle schlagen können und Menschen auf der ganzen Welt zu atemloser Bewunderung veranlasst; gefolgt von: (2) Selbst wenn ich meine ganze Jugend hindurch meine Rückhand trainiert hätte, wäre ich nicht imstande gewesen, einen solchen Ball zu schlagen, nicht im Wettkampfstress, nicht willentlich. Und daher: (3) Ich habe gerade etwas gesehen, dass gleichzeitig menschlich und übermenschlich ist; ich habe gerade etwas wie das sichtbar gemachte menschliche Ideal gesehen.

Mit dieser Abfolge von Reaktionen will ich darauf hinweisen, wie der Neid zuerst sein Haupt erhebt und dann getilgt wird. Am Anfang beneidet man Federer, geht dann dazu über, ihn zu bewundern, und zum Schluss spielen weder Neid noch Bewunderung eine Rolle, sondern man ist begeistert über die Offenbarung, was ein Mensch – einer wie du und ich – leisten kann.

Und das ähnelt, wie ich finde, sehr meiner Reaktion auf Meisterwerke der Kunst, denen ich viel Zeit gewidmet habe (indem ich über sie nachgedacht und sie analysiert habe) und es bis dahin gebracht habe, dass ich eine recht genaue Vorstellung davon bekam, was zu ihrer Herstellung nötig war: Ich sehe, wie es gemacht wurde, doch ich hätte es niemals selbst machen können, es übersteigt meine Fähigkeiten; doch es wurde von einem Mann wie ich gemacht (und hin und wieder von einer Frau); welche Ehre, zu der Spezies zu gehören, für die er (manchmal sie) als Beispiel dient!

Und an diesem Punkt kann ich nicht mehr zwischen dem Ethischen und dem Ästhetischen unterscheiden.

Darf ich als Fußnote zu meinen Bemerkungen über die gegenwärtige Bankenkrise einen Kommentar von George Soros, auf den ich gestoßen bin, zitieren? »Das wichtigste Merkmal der gegenwärtigen Finanzkrise ist, dass sie nicht durch irgendeine externe Erschütterung hervorgerufen wurde. ... Die Krise wurde durch das System selbst erzeugt.« Soros erkennt vage, dass eigentlich nichts geschehen ist – das Einzige, was sich verändert hat, sind die Zahlen.

Herzliche Grüße
John

Lieber John,

zu Deinem Zitat von George Soros folgende Sätze aus den Fahnen eines Buchs, das ich kürzlich bekommen habe und das demnächst bei der Columbia University Press herauskommen soll; geschrieben hat es ein Freund von mir, Professor Mark C. Taylor: »Seit Ende der 1970er entwickelt sich eine neue Form des Kapitalismus – Finanzkapitalismus. In früheren Formen des Kapitalismus (industrieller und Konsumkapitalismus) hat man Geld gemacht durch Kauf oder Verkauf von Arbeitskraft oder materiellen Gütern. Im Finanzkapitalismus hingegen wird Reichtum durch den Umlauf von Zeichen geschaffen, die praktisch bis ins Unendliche durch nichts als andere Zeichen gedeckt sind. Die Finanzmärkte sind zu einem raffinierten Schwindel geworden, und die Drahtzieher sind moderne Vertreter von Melvilles gerissenen Bauernfängern ...«

*

Eine neue Wendung in der Beckett-Geschichte, die Dich amüsieren könnte. Vor zwei Wochen erhielt ich eine Einladung zu einem neuen Literaturfestival im September in der Nähe von Dublin, das von da an jährlich stattfinden soll; und ich soll – stell Dir vor – den ersten Samuel-Beckett-Vortrag halten. Ich habe tagelang hin und her überlegt und die Einladung schließlich angenommen. Hoffentlich war das kein Fehler. Irgendwie wünschte ich, wir zwei könnten das gemeinsam machen.

Nun habe ich mir vorige Woche den ersten Band von Becketts Briefen angeschafft und lese seitdem mit düsterer Faszination darin herum. Nie habe ich einen Briefband mit einem derart überladenen, unhandlichen Anmerkungsapparat gesehen. Ich verstehe jetzt Deine Bedenken, dieses Buch zu rezensieren. Die Unterscheidung zwischen »Arbeit« und »Leben« hat dazu geführt, dass allzu viel unter den Tisch gefallen ist; ich finde das enttäuschend und (gestehe) streckenweise ziemlich langweilig. Freue mich schon auf Deinen Artikel.

*

Wenn Du willst, können wir das Thema Sport beenden, obwohl ich noch eine Menge zum zweiten Teil der Frage zu sagen hätte (aktiv Sport ausüben, statt anderen dabei zuzusehen): die Wonnen des Wettstreits; die unabdingbare, höchste Konzentration, die einen gelegentlich befähigt, die Schranken des eigenen Bewusstseins zu übersteigen; die Zugehörigkeit zu einer Mannschaft; dass man lernen muss, Fehlschläge hinzunehmen, und zahlreiche weitere Punkte. Vielleicht werde ich mich später einmal hinsetzen und diesen Brief zu schreiben versuchen, auch wenn wir dann mitten in einem anderen Thema sind. Die Sache interessiert mich immer noch sehr.

Die Begeisterung, mit der Du von Federer in seinen Glanzzeiten schreibst, kann ich nur zu gut verstehen. Unglaublich, dass ein Mitmensch so etwas leisten kann, dass wir (als Spezies) nicht nur die Würmchen sind, als die wir häufig erscheinen, sondern gelegentlich auch geradezu Wunder vollbringen können – im Tennis, in der Musik, in der Dichtung, in der Wissenschaft –, und dass Neid und Bewunde-

rung sich in eine Empfindung überwältigender Freude auf-
lösen. Ja, ich stimme Dir vollkommen zu. Und genau hier
kommen Ästhetisches und Ethisches zusammen. Ich habe
kein Gegenargument, denn oft habe ich exakt dasselbe empfunden.

Mit ganz besonders herzlichen Grüßen
Paul

Lieber Paul,

bevor Du mir erzählst, was Du von den Freuden des Wettkampfs hältst, muss ich eine Vorbemerkung machen.

Mit Anfang zwanzig war ich von Schach besessen. Jahrelang hatte ich meine Arbeitszeit damit zugebracht, Maschinensprache für Computer zu schreiben, und war von diesem Prozess so vereinnahmt worden, dass ich manchmal das Gefühl hatte, in einen Wahnsinn abzugleiten, bei dem das Gehirn von mechanischer Logik vereinnahmt wird.

Ich war so vernünftig, mich von den Computern zu lösen, und ging dann in die USA, um zu promovieren. An Bord des Schiffes auf der Atlantiküberfahrt (ja, in jenen Tagen konnte man, wenn man wenig Geld hatte, zur See reisen – die Überfahrt dauerte fünf Tage) beteiligte ich mich an einem Schachwettkampf und schaffte es bis zur Endrunde, in der ein Student der Ingenieurwissenschaften aus Deutschland mit Namen Robert mein Gegner sein sollte.

Unsere Partie begann um Mitternacht. Bei Tagesanbruch hockten wir immer noch über dem Schachbrett. Robert hatte eine Figur mehr, doch ich meinte einen taktischen Vorteil zu haben. Die paar letzten Zuschauer um das Schachbrett verzogen sich – sie wollten die Freiheitsstatue sehen. Robert und ich waren allein.

»Ich gebe dir ein Remis«, bot Robert an. »Okay«, sagte ich. Wir erhoben uns, schüttelten uns die Hände, packten das Schachspiel weg.

Er hatte eine Figur mehr, aber ich hatte den Vorteil: Ein Remis war ein fairer Kompromiss, oder?

Wir legten an. Ich war in der legendären Stadt New York. Aber die Wettkampfstimmung wollte nicht von mir weichen, eine Stimmung der zerebralen Erregung, fiebrig und ein wenig krank, wie eine reale Gehirnentzündung. Ich interessierte mich nicht für meine Umgebung. Irgendetwas summte in mir weiter.

Meine Frau und ich gingen durch den Zoll und arbeiteten uns zur Bushaltestelle durch. Wir mussten verschiedene Busse nehmen: Sie würde zu Freunden nach Georgia fahren, während ich nach Austin fuhr, um für uns eine Wohnung zu finden. Geistesabwesend verabschiedete ich mich von ihr. Ich wollte nur allein sein, damit ich das Schachspiel auf Papier nachspielen und den Zweifel beseitigen konnte, der mir zusetzte. Die ganze Fahrt im Greyhound-Bus nach Texas (zwei Tage? drei Tage?) grübelte ich über meinen Notizen, einem Gefühl folgend, dass ich einem Remis nie hätte zustimmen sollen, dass nach drei oder vier oder fünf Zügen Robert, der Deutsche, zur Kapitulation gezwungen worden wäre.

Ich hätte eigentlich meine ersten Eindrücke von der Neuen Welt aufsaugen sollen. Ich hätte Pläne für das neue Leben, das sich mir eröffnete, schmieden sollen. Aber nein, mich hatte ein Fieber gepackt. Auf stille Weise war ich völlig verrückt. Ich war der Verrückte in der letzten Reihe des Buses.

Diese Episode taucht auf, wenn Du von den Freuden des Wettkampfs schreibst. Ich verbinde mit Wettkampf überhaupt keine Freude, sondern einen Zustand der Besessenheit, bei dem der Geist auf ein einziges absurdes Ziel fokussiert ist: einen Fremden zu besiegen, der einem gleichgültig ist, den man nie zuvor gesehen hat und nie wieder sehen wird.

Die Erinnerung an diesen Anfall hässlichen Triumphierens vor einem halben Jahrhundert hat mich für immer davor gefeit, der Sieger um jeden Preis sein zu wollen, diesen oder jenen Gegner schlagen und der Beste sein zu wollen. Seitdem habe ich nie mehr Schach gespielt. Ich habe sportliche Spiele betrieben (Tennis, Kricket), ich bin viel Rad gefahren, aber bei all dem habe ich nur den Ehrgeiz gehabt, es so gut zu machen, wie ich kann. Gewinnen oder verlieren – wen kümmert das? Wie ich es beurteile, ob ich es gut gemacht habe oder nicht, ist eine Privatangelegenheit, zwischen mir und dem, was ich vermutlich mein Gewissen nennen würde.

Ich mag keine Sportarten, die sich zu eng an Kriegsführung anlehnen, bei denen nur das Siegen zählt und das Siegen zu einer Sache von Leben und Tod wird – Sportarten, denen es an Anmut fehlt, wie es dem Krieg an Anmut fehlt. Im Hinterkopf habe ich ein ideales – und vielleicht erfundenes – Bild von Japan, wo man davon absieht, einem Gegner eine Niederlage zu bereiten, weil an einer Niederlage etwas Beschämendes ist und daher etwas Beschämendes am Zufügen einer Niederlage.

Viele Grüße
John

Lieber John,

die vergangenen Monate habe ich in Schwermut und Trauer verbracht. Der Tod hatte Saison: Beerdigungen, Gedenkgottesdienste und Kondolenzschreiben. Derweil verkünden die Schlagzeilen den Zerfall unserer maroden und angeschlagenen Welt, aber diese privaten Verluste haben mich weit mehr berührt als das weltweit wuchernde Chaos.

Weihnachten der Selbstmord der dreiundzwanzigjährigen Tochter eines meiner ältesten Freunde. Im Februar der Tod einer geliebten Freundin, die ich seit meinem siebzehnten Lebensjahr kannte. Und vorigen Monat der absurde Tod einer fünfundvierzig Jahre alten Freundin nach einem scheinbar harmlosen Sturz. Drei Frauen, alle vor der Zeit gegangen, die den meisten von uns beschieden ist. Ich sage mir, das sollte mich nicht überraschen; so geht es nun einmal, wir alle sind sterblich, der Tod kann uns jederzeit holen, aber solch allgemeine Betrachtungen bieten nicht den geringsten Trost. Es zerreißt einem das Herz. Es gibt schlicht kein Mittel dagegen.

Deine Schachgeschichte – die auch eine Art Horrorgeschichte ist – hat mich veranlasst, noch einmal zu überdenken, was ich unter »Wettstreit« verstehe.

(Ich habe übrigens seit Jahren nicht mehr Schach gespielt, aber mit Anfang zwanzig habe auch ich mich eine Zeitlang damit beschäftigt. Schach ist zweifellos das am stärksten den Geist schädigende Spiel, das je erfunden wurde. Nach einer

Weile begann ich im Schlaf von Schachzügen zu träumen – und kam zu dem Schluss, dass ich zu spielen aufhören musste, wenn ich nicht verrückt werden wollte.)

Als ich von den »Wonnen des Wettstreits« schrieb, bezog ich mich auf das Gefühl von Befreiung, das einen überkommt, wenn man sich einem Spiel vollständig hingibt, die wohltuende Wirkung auf Körper und Geist, die die absolute Konzentration auf eine bestimmte Sache ausübt, das Gefühl, »außerhalb seiner selbst« zu sein, zeitweilig von der Last des Sich-Bewusstseins befreit zu sein. Gewinnen und Verlieren sind notwendige, aber zweitrangige Elemente, der Vorwand, den man braucht, um sich zur größten Anstrengung zu treiben –, denn ohne größte Anstrengung kann es keine wahre Wonne geben.

Körperliche Ertüchtigung um ihrer selbst willen hat mich immer gelangweilt. Rumpfbeugen und Liegestütze, im Kreis laufen, »um in Form zu bleiben«, Gewichte stemmen, einen Medizinball durch die Gegend werfen: Das alles hat nicht die heilsame Wirkung eines Wettkampfs. Wenn man das Spiel, an dem man teilnimmt, zu gewinnen versucht, vergisst man, dass man läuft und springt, vergisst man, dass man etwas für seine Gesundheit tut. Man verliert sich in dem, was man tut, und aus Gründen, die ich nicht ganz nachvollziehen kann, scheint dies enorme Glücksgefühle auszulösen. Es gibt andere transzendierende Beschäftigungen – zum Beispiel Sex, oder künstlerische Betätigung, oder das Erleben von Kunst, aber Tatsache ist, dass die Gedanken beim Sex – der nicht immer transzendierend ist! – manchmal abschweifen; dass künstlerische Betätigung (Romane schreiben) voller Zweifel, Unterbrechungen und neuen Anläufen ist; und dass wir nicht immer fähig sind, einem Shakespeare-Sonett oder einem Bach-Oratorium unsere ganze Aufmerksamkeit zu widmen. Jedoch, wenn man nicht voll und ganz in dem Spiel aufgeht, das man gerade spielt, spielt man es eigentlich gar nicht.

Wir dürfen das Problem der Erschöpfung nicht aus den Augen lassen. Wenn der Körper mitten im Spiel ermüdet, gehen Konzentration und Siegeswille verloren (also die Fähigkeit, sich zur größten Anstrengung zu treiben). Aus diesem Grund werden harte und strapaziöse Wettkampfsportarten von jungen Leuten betrieben und deshalb sind die meisten Profisportler mit Mitte dreißig am Ende. Trotzdem macht es entschieden Freude zu versuchen, über die eigenen vermeintlichen Grenzen hinauszugehen, immer wieder größte Anstrengung aufzubieten, auch wenn einen die Kräfte verlassen haben.

Ich erinnere mich lebhaft an meinen letzten Versuch, sportliche Glanztaten zu vollbringen. Vor gut einundzwanzig Jahren spielte ich einmal die Woche im Central Park in der New York Publishers Softball League als Mitglied der Viking-Penguin-Mannschaft (Dein amerikanischer Verlag, früher auch meiner). Die Teams waren gemischt, die Spiele ziemlich hemdsärmelig, aber obwohl ich auf die vierzig zuging oder schon darüber hinaus war, genoss ich es sehr, meine alten Baseballmuskeln zu reaktivieren, und legte mich (aus Gewohnheit und Veranlagung) immer richtig ins Zeug. Eines Abends nun stand ich auf meiner Position im Feld (dritte Base), der Batter schlug einen Foulball weit weit nach rechts von mir. Als ich die Flugbahn des Balls verfolgte, erkannte ich, dass ich keine Chance hatte, ihn zu fangen, rannte aber (wieder aus Gewohnheit und Veranlagung) trotzdem los. Ich zwang meine nicht mehr jungen Beine, so schnell zu laufen, wie sie konnten, erkannte nach gefühlten zehn Minuten, dass ich vielleicht doch eine Chance hatte, und im letzten Moment, unmittelbar bevor der Ball auf den Boden schlug, machte ich einen Riesensatz, erwischte den Ball mit den Fingerspitzen meines Handschuhs und knallte bäuchlings auf den Rasen. Bedenke, bei dem Spiel ging es um nichts, da tobten nur ein paar Lektoren, Sekretärinnen, Empfangsdamen und Poststellenmitarbeiter fröhlich im Park herum, und trotzdem zwang ich mich dazu, diesem Ball nachzujagen – allein aus dem Wunsch heraus, mich anzutreiben, zu sehen, ob ich es schaffe, den noch zu fangen. Natürlich war ich außer Atem, meine Knie und Ellbogen schmerzten, aber glücklich war ich auch, ungeheuer und blödsinnig glücklich.

Womit ich sagen will, ich seh das genau wie Du. Es geht nicht ums Gewinnen, sondern darum, es gut zu machen, so gut zu machen, wie man kann. Die Schachpartie mit dem Fremden auf dem Schiff hat Dich mit dem Dämonischen in Dir konfrontiert, und als Du sahst, wozu Du geworden warst, bist Du angewidert zurückgeschreckt. Eine solche Offenbarung habe ich noch nie erlebt. Ich glaube auch nicht, dass ich jemals so wild darauf gewesen bin, ein Spiel zu gewinnen, wie Du es 1965 bei diesem Deutschen warst. Hat das etwas mit dem Unterschied zwischen Mannschaftssport und Einzelsport zu tun? Ich habe meine ganze Kindheit und Jugend hindurch in Mannschaften gespielt (hauptsächlich Baseball und Basketball) und bin nur selten Mann gegen Mann angetreten (Laufen, Boxen, Tennis). Von den vielen hundert Spielen, an denen ich teilgenommen habe, haben wir ungefähr ebenso viele gewonnen wie verloren. Natürlich war Gewinnen immer erfreulicher als Verlieren, aber ich kann mich nicht erinnern, nach einer Niederlage jemals geknickt gewesen zu sein – einmal abgesehen von den wenigen Fällen, wo ich ein entscheidendes Spiel verpfuscht hatte und mich der Gedanke quälte, meine Mannschaftskameraden enttäuscht zu haben.

Beim Einzelsport hingegen scheint mir das Ego viel stärker beteiligt – und bedroht – zu sein. Daher Dein zwanghaftes Nachspielen der Partie während jener schauerlichen Busfahrt nach Texas. Du hast Dich für den besseren Spieler gehalten, Du hast es *bewiesen* und Dich hinterher verflucht, weil Du ein Remis akzeptiert hattest. Aber was, wenn das Gegenteil zutrifft, wenn man *nicht* der bessere Spieler ist?

Ich denke an Tennis; ich habe selten gespielt und bin nicht sonderlich gut darin (grauenhafte Rückhand) – trotzdem spiele ich es gern. Mein Vater, dem Tennis alles bedeutete, dessen ganzes Dasein von seiner Liebe zum Tennis bestimmt wurde (jahrelang stand er morgens um sechs auf, um vor der Arbeit zwei Stunden Tennis zu spielen), schlug mich Zwanzigjährigen immer noch regelmäßig, als er schon über sechzig war. Und obwohl ich wusste, dass ich wahrscheinlich nicht gewinnen würde, gab ich mir immer größte Mühe und maß meine Erfolge daran, wie lange ich am Netz standhalten konnte, wie sehr ich mich zu verbessern glaubte usw. Niederlagen haben mich nie geschmerzt. Andererseits bin ich dahintergekommen, dass manche Siege schal sind, geradezu unangenehm. Vor gut fünfzehn Jahren habe ich einmal Tennis mit einem befreundeten Schriftsteller gespielt, der so schlecht darin war, so mitleiderregend ungeschickt, dass er nicht einen einzigen Punkt gegen mich holte. Gegen ihn zu gewinnen hat mir keinen Spaß gemacht. Mein armer, tapferer Gegner, der, ohne schwimmen zu können, ins kalte Wasser gesprungen war, hat mir nur leid getan.

Demnach ist ein Wettkampf am schönsten, wenn die Teilnehmer einander ebenbürtig sind.

Herzlich
Paul

Lieber Paul,

ich danke Dir für *Unsichtbar*, das ich in zwei langen Sitzungen gelesen – eigentlich verschlungen – habe.

Vergangenen November hast Du mir gesagt, dass Inzest in deinem nächsten Roman eine Rolle spielen würde, aber ich hatte nicht verstanden – angesichts der von Dir eingeführten zusätzlichen Komplikation, nämlich der Frage *Wo findet der Inzestakt statt, im Bett oder im Kopf oder beim Schreiben?* –, welche zentrale Rolle der Inzest im Buch spielen würde.

Inzest ist ein interessantes Thema, eines, worüber ich bislang nicht bewusst nachgedacht habe (wie könnte man, nach Freud, leugnen, dass man unbewusst daran gedacht hat?). Ich finde es merkwürdig, dass wir, sogar im allgemeinen Sprachgebrauch, dieselbe Bezeichnung für Sex zwischen Bruder und Schwester wie für Sex zwischen Vater und Tochter oder Mutter und Sohn benutzen (wir wollen für den Augenblick die verschiedenen homosexuellen Kombinationen beiseitelassen). Es fällt schwer, bei dem Ersteren den gleichen Schauer des Abscheus zu empfinden wie bei den Letzteren beiden. Ich habe keine Schwester, doch ich kann mir nur zu leicht vorstellen, wie verlockend Sexspiele für einen Bruder und eine Schwester ungefähr gleichen Alters sein können – Sexspiele, die zu mehr als Sexspielen fortschreiten, wie in deinem Buch. Während Sex mit den eigenen Kindern doch einen ziemlich drastischen Schritt erfordert. Vermutlich hätte man verschiedene Bezeichnungen für zwei sehr unterschiedliche moralische Handlungen finden können.

Letztes Jahr hat es einen Fall im ländlichen Südaustralien gegeben, bei dem ein Vater-Tochter-Paar, das seit Jahrzehnten ziemlich isoliert als Mann und Frau zusammengelebt hatte, vor Gericht gebracht wurde. Ich kann mich nicht an alle Einzelheiten erinnern, aber das Gericht verfügte, dass sie getrennt werden sollen, dem Vater/Mann wurde unter Androhung von Gefängnisstrafe untersagt, sich seiner Tochter/Frau zu nähern. Das empfand ich als grausame Strafe, weil die Beschwerde von keinem der Partner, sondern von den Nachbarn gekommen war.

Sex mit seinen Eltern oder Kindern zu haben, muss so ungefähr das letzte sexuelle Tabu sein, das in unserer Gesellschaft überlebt hat. (Ich sage zuversichtlich voraus, dass *Unsichtbar* nicht mit Empörungsgeschrei begrüßt werden wird, was meinem Gefühl entspricht, dass Geschwistersex akzeptabel ist, oder dass man wenigstens darüber sprechen und schreiben darf.) Wir haben einen langen Weg zurückgelegt von Gesellschaftsformen, in denen Kasten sexuelle Beziehungen bestimmten und einschränkten. Vermutlich ist mit dem Aufkommen einfacher Verhütungsmittel das Verschwinden sexueller Tabus verbunden: Das Schreckgespenst, dass die Frau ein Monster gebären könnte, verlor seine Macht.

Ich glaube, man hat der Rolle, die das überlieferte Wissen über die Viehhaltung bei der Schaffung sexueller und rassischer Tabus gespielt hat, nicht genug Aufmerksamkeit gewidmet – das Wissen, das bestimmte, welche Spezies sich mit welcher anderen Spezies paaren durfte, oder wie groß die verwandschaftliche Entfernung sein musste, was sich im Verlauf von Hunderten Generationen Viehzucht herausgebildet hatte.

Wie dem auch sei, heute scheint so ziemlich alles möglich.

Der selbstgerechte Zorn, der sich über eine ganze Reihe von tabuisierten sexuellen Akten (einschließlich Ehebruch!) zu ergießen pflegte, ist auf einen einzigen Akt fokussiert worden, nämlich auf erwachsene Männer, die Sex mit Kindern haben, was vermutlich unsere Art ist, die Gültigkeit des Vater-Kind-Tabus auszudehnen.

Interessant, dass wir, wenn in gottverlassenen Winkeln der Welt (vor allem gottverlassenen Winkeln der muslimischen Welt) ehebrecherische Paare bestraft werden, das Gesetz kritisieren, das sie bestraft, weil es ihre Menschenrechte missachtet. In was für einer Welt leben wir, in der es unser *Recht* ist, ein Tabu zu übertreten? Wozu gibt es ein Tabu (könnte Dein byronesker Adam Walker fragen), wenn seine Verletzung akzeptabel ist?

Viele Grüße
John

Lieber John,

freut mich sehr, dass *Unsichtbar* bei Dir angekommen ist und Du es gleich verschlungen hast.

Nein, ich habe mir zum Thema Inzest auch nicht viele Gedanken gemacht – beziehungsweise erst, als ich mit dem Roman angefangen habe. Im Gegensatz zu Dir habe ich eine Schwester, aber sie ist fast vier Jahre jünger als ich, und mir ist es nie im Leben in den Sinn gekommen, diesen Weg einzuschlagen. Andererseits habe ich mit achtzehn oder neunzehn einmal geträumt, mit meiner Mutter zu schlafen. Der Traum verwirrte mich damals und verwirrt mich noch heute, da er die klassische Freud'sche Gleichung zu zerstören scheint: Sublimation von Begierden durch kryptische Symbole und oftmals vage Bildsprache, wo jeder Gegenstand für etwas anderes steht. In seiner Theorie ist für meinen Traum kein Platz. Wenn ich mich recht erinnere, war ich innerhalb des Traums kein bisschen beunruhigt von dem, was da geschah, erst nach dem Aufwachen war ich schockiert.

Schockiert, weil ich eigentlich davon ausgehe, dass ich das Tabu als unverletzlich ansehe. Nicht nur Inzest zwischen Eltern und Kindern, sondern auch zwischen Bruder und Schwester. Ob das, was sich in meinem Buch zwischen Walker und Gwyn abspielt, wirklich passiert oder nicht, bleibt ja offen, aber ich musste diese Passagen aus einer Position der festen Überzeugung schreiben, und ich gestehe, das ist mir schwergefallen – als hätte ich den Stacheldrahtzaun zerschneiden müssen, der zwischen der Vernunft und dem Dunkel des Frevels steht. Und doch glaube ich genau wie Du, dass das Buch keinen empörten Aufschrei auslösen wird (jedenfalls nicht deswegen!). Tatsächlich gibt es wohl schon Anzeichen dafür. Anfang dieser Woche lasen Siri und ich auf Einladung Robert Coovers (ein alter Freund, den wir schon länger nicht mehr gesehen hatten) gemeinsam in der Brown University in Providence. Ich las ein paar Seiten aus dem zweiten Teil (unter anderem das »große Experiment«, aber nicht den vollzogenen Inzest von 1967); Siri erzählte hinterher, einige Studenten hätten nervös gekichert, aber nach der Lesung kam nicht ein einziger Zuhörer auf diese Absätze zu sprechen. »Schöne Lesung«, sagten sie, oder »Sehr interessant, kann's kaum erwarten, das Buch zu lesen«, aber kein Wort zum Inhalt dessen, was sie gerade gehört hatten.

Deine Bemerkungen zur Tierzucht erinnerten mich an ein Buch des französischen Anthropologen Pierre Clastres, das ich vor vielen Jahren übersetzt habe, *Chronik der Guayaki*, ein ausgezeichnetes, wunderbar geschriebenes Buch über einen kleinen primitiven Stamm in den Dschungeln Südamerikas. In der Gruppe lebt ein Homosexueller, Krembegi, und mit welchen Personen er schlafen darf – und warum –, ist schon erstaunlich:

Welches tiefste Fundament stützt das Gebäude des gesellschaftlichen Lebens der Aché? Die Bündnisbeziehungen zwischen den Familiengruppen, Beziehungen, die sich im matrimonialen Austausch, im ununterbrochenen Austausch von Frauen, bilden und verwirklichen. Die *kuja* [Frauen] sind dazu da, dass sie zirkulieren, dass sie die Frau eines Mannes werden, der weder ihr Vater noch ihr Bruder noch ihr Sohn ist. Auf diese Art und Weise verschafft man sich *picha*, Verbündete. Doch ein Mann, selbst wenn er als Frau existiert, kann so einer »zirkulieren«? Mit was für einer Gegenleistung etwa könnte man Krembegi bezahlen? Man kann es sich nicht vorstellen, denn er ist keine Frau, er ist homosexuell. Das Hauptgesetz, an dem sich alle Gesellschaften messen, ist das Inzestverbot. Krembegi als *kyrpy-meno* (wörtlich: ein Anus-Liebemacher) befindet sich außerhalb dieser Sozialordnung. Da sieht man, wie die Logik der Gesellschaftsordnung sich bis zu ihrem letzten Ende durchhält oder, was auf das gleiche hinausläuft, die Logik ihrer Umkehrung: Die Partner von Krembegi sind seine eigenen Brüder. »*Picha kybai* (ein indirekter Ausdruck für *kyrpy-meno*) *meno-iä*: ein Mann, der *kyrpy-meno* ist, hat keine sexuellen Beziehungen zu seinen Verbündeten.« Ein Gebot, das diametral jenem entgegengesetzt ist, welches die Verbindungen zwischen Männern und Frauen regelt. Die Homosexualität kann nur »inzestuös« sein, der Bruder verkehrt mit dem Bruder, und in dieser Metapher für den Inzest bestätigt und verstärkt sich die exakte Gewissheit, dass der Inzest (der wirkliche: der eines Mannes mit einer Frau) nicht begangen werden kann, ohne das Gesellschaftssystem zu Fall zu bringen.*

Außerordentlich, oder? Zum Inzest ermuntern, um ihn zu verhindern. Da wird einem schwindlig ...

---

* Pierre Clastres: Chronik der Guayaki, aus dem Französischen von Rosemarie Farkas, Trickster Verlag, München 1984, hier Seite 196

Etwas ganz anderes: Ich gratuliere zu Deinem Artikel über Becketts Briefe in der *New York Review*. Gründlich, einfühlsam und gerecht. Siri hat sich besonders über Deine ausführlichen Bemerkungen über Bion gefreut. Nach Lektüre Deines Artikels und zur Vorbereitung auf den Vortrag, den ich im September in Irland halten werde, habe ich das Buch gewissenhaft durchgearbeitet, und jetzt drängt es mich, mein früheres Urteil darüber zu revidieren. Es ist nicht langweilig. Ganz im Gegenteil, und was mich am meisten bewegt hat, war seine langsame und schmerzvolle Entwicklung von einem arroganten Besserwisser zu einem Menschen, der mit beiden Füßen auf dem Boden steht. In einer Fußnote zu einem der letzten Briefe (ich habe das Buch jetzt nicht vor mir, kann also nicht den genauen Wortlaut wiedergeben) wird ein Brief von Maria Jolas an ihren Mann zitiert, wo sie schreibt: Beckett ist jetzt besser – womit sie wohl sagen will, dass sie sich aus ihm persönlich nie viel gemacht hatten und jetzt allmählich ihre Meinung änderten.

Und, ja, die Fußnoten sind außerordentlich gründlich. Aber muss uns wirklich gesagt werden, dass Harpo Marx' richtiger Name Arthur war?

Herzliche Grüße
Paul

Lieber Paul,

noch eine Bemerkung zum Sport: Die meisten der Haupt-
sportarten – diejenigen, die Massen an Zuschauern anziehen
und Massenbegeisterung hervorrufen – scheinen in einer
kurzen hektischen Phase Ende des 19. Jahrhunderts in England ausgewählt und mit Regelwerk versehen worden zu
sein. Mir fällt auf, wie schwierig es ist, eine völlig neue Sportart (nicht bloß eine Variante einer alten) zu erfinden und in
Gang zu setzen, oder vielleicht sollte ich sagen, ein neues
Spiel in Gang zu setzen (da Sportarten aus dem Repertoire
an Spielen ausgewählt werden). Menschen sind erfinderische
Wesen, doch es scheint, als seien nur wenige von vielen möglichen Spielen (sportliche Spiele, nicht Denkspiele) letztlich
realisierbar.

Ich habe Jacques Derridas schmales Buch über die Muttersprache (*Monolingualism of the Other/Die Einsprachigkeit des
Anderen*, 1996) gelesen. Einiges davon ist sehr theoretisch,
anderes ziemlich autobiographisch – über Derridas Beziehungen zur Sprache, als einer, der hineingeboren wurde in
die jüdisch-französische Gemeinschaft bzw. die jüdisch-stäm-
mige französische oder französisch sprechende Bevölkerungs-
gruppe im Algerien der 1930er Jahre. (Er erinnert uns daran,
dass französische Bürger jüdischer Abstammung von Vichy
ihrer Staatsbürgerschaft beraubt wurden und daher mehrere
Jahre lang sogar staatenlos waren.)

Was mich interessiert, ist Derridas Behauptung, dass er,
obwohl er einsprachig französisch ist/war (einsprachig nach

seinen eigenen Maßstäben – sein Englisch war hervorragend, wie, da bin ich sicher, auch sein Deutsch, ganz zu schweigen von seinem Griechisch), Französisch nicht seine Muttersprache sei/gewesen sei. Als ich das las, fiel mir ein, dass er über mich und meine Beziehung zum Englischen geschrieben haben könnte; und einen Tag darauf fiel mir weiter ein, dass weder er noch ich Ausnahmen sind, dass viele Schriftsteller und Intellektuelle eine distanzierte oder hinterfragende Beziehung zu der Sprache haben, die sie sprechen und schreiben, dass es in der Tat dezidiert altmodisch geworden ist, die Sprache, deren man sich bedient, als seine Muttersprache *(langue maternelle)* zu bezeichnen.

Wenn also Derrida schreibt, dass, obwohl er die französische Sprache liebt und pedantisch auf korrektes Französisch achtet, sie ihm nicht gehört, nicht »die seine« ist, erinnert mich das an meine eigene Erfahrung mit der englischen Sprache, besonders in der Kindheit. Englisch war für mich einfach eines von meinen Schulfächern. In der Oberstufe war die Liste Englisch-Afrikaans-Latein-Mathematik-Geschichte-Geographie, und Englisch war zufällig ein Fach, in dem ich gut war, und Geographie ein Fach, in dem ich schlecht war. Ich kam nie auf den Gedanken, dass ich gut in Englisch sei, weil Englisch »meine« Sprache war; und ganz bestimmt kam ich nie auf den Gedanken zu untersuchen, wie man als Muttersprachler schlecht in Englisch sein konnte (Jahrzehnte später, nachdem ich – ausgerechnet – Professor für Englisch geworden war und angefangen hatte, ein wenig über die Geschichte meiner Disziplin nachzudenken, fragte ich mich allerdings, was es bedeuten könnte, Englisch in einem englischsprachigen Land zu einem akademischen Fach zu machen).

Soweit ich mir meine Gedanken als Kind vergegenwärtigen kann, hielt ich die englische Sprache für das Eigentum der Engländer, Menschen, die in England lebten, die aber auch Vertreter ihres Stammes ausgesandt hatten, um in Südafrika zu leben und, für eine Weile, es zu regieren. Die Engländer bestimmten die Regeln des Englischen, wie es ihnen gefiel, einschließlich der pragmatischen Regeln (in welchen Situationen man welche englischen Ausdrucksweisen benutzen musste); meinesgleichen folgte in gewissem Abstand und verhielt sich, wie ihm beigebracht worden war. Wenn man gut in Englisch war, erschien das so unerklärlich, wie wenn man schlecht in Geographie war. Es war eine Sache des Charakters, der intellektuellen Veranlagung.

Als ich mit einundzwanzig nach England ging, hatte ich eine Haltung zur Sprache, die mir jetzt außerordentlich seltsam vorkommt. Einerseits war ich ziemlich sicher, dass ich nach Lehrbuch-Maßstäben die Sprache besser sprechen, oder zumindest schreiben, konnte als die meisten gebürtigen Engländer. Andererseits verriet ich mich als Ausländer, sobald ich den Mund aufmachte, das heißt, als einer, der per definitionem die Sprache nicht so gut beherrschen konnte wie die Einheimischen.

Ich löste dieses Paradoxon auf, indem ich zwischen zwei Arten von Sprachkenntnis unterschied. Ich sagte mir, dass ich Englisch im selben Maße beherrschte wie Erasmus das Lateinische, aus Büchern; während die Menschen um mich herum die Sprache »instinktiv« beherrschten. Es war auf eine Weise ihre Muttersprache, wie es nicht die meine war; sie hatten sie mit der Muttermilch aufgesogen, ich nicht.

Natürlich war meine Haltung für einen Sprachwissenschaftler, und besonders für einen der Chomsky'schen Richtung, völlig verquer. Die Sprache, die man während seiner aufnahmefähigen frühen Jahre verinnerlicht, ist die Muttersprache, Punkt.

Derrida fragt sich, wie man eine Sprache jemals für die eigene halten kann. Englisch ist vielleicht doch nicht das Eigentum der Engländer in England, aber bestimmt ist es nicht mein Eigentum. Sprache ist immer die Sprache des anderen. Das Eindringen in eine Sprache ist immer unbefugt. Und um wie viel schlimmer ist es, wenn man gut genug in Englisch ist, um in jeder Wendung, die aus deiner Feder kommt, den Widerhall früherer Verwendungen wahrzunehmen, Hinweise darauf, wem die Wendung vor dir gehört hat!

Viele Grüße
John

Lieber John,

danke für Dein Fax von gestern. Ich habe den Eindruck, dass
wir endlich ein praktikables Verfahren gefunden haben. Ein
langsamer Brief über die Meere von Amerika nach Australien und dann eine schnelle elektronische Übertragung von
Papier aus einem Zimmer in einem Haus in Adelaide in ein
Zimmer in einem Haus in Brooklyn.

Unsere Sportdebatte mag durchaus ans Ende kommen,
aber die Frage, warum sich seit so vielen Jahren keine neuen
Spiele mehr etabliert haben, ist richtig gut, und ich muss gestehen, dass ich mir diese Frage nie gestellt habe. Du erwähnst England und das Ende des 19. Jahrhunderts, aber das
Gleiche gilt auch für Amerika. Die erste professionelle Base-
ballmannschaft wurde 1869 gegründet, im selben Jahr, als
Princeton und Rutgers das erste Football-Match zwischen
zwei Colleges austrugen. Als einzige Ausnahme fällt mir Basketball ein, das 1891 erfunden und populär erst vierzig Jahre
später wurde, als eine Regeländerung den Sprungball nach
jedem Korb abschaffte, wodurch sich das Tempo des Spiels
deutlich erhöhte. Heute wird Basketball in allen Ländern der
Welt gespielt, und so wie Kricket und Fußball nicht mehr
England allein gehören, gehört Basketball nicht mehr Amerika allein. Typisches Beispiel: Vor zwei oder drei Jahren verlor eine überbezahlte, allzu siegesgewisse amerikanische Na-
tionalmannschaft im Halbfinale der Weltmeisterschaft gegen
Griechenland.

Aber im Wesentlichen hast Du recht. Seit Generationen ist

nichts Neues mehr eingeschlagen. Wenn man bedenkt, wie schnell diverse Erfindungen das Alltagsleben verändert haben (Züge, Autos, Flugzeuge, Filme, Radios, Fernseher, Computer), ist die Widerspenstigkeit des Sports auf den ersten Blick durchaus rätselhaft. Es muss aber einen Grund dafür geben, und der scheint mir darin zu liegen, dass jede Sportart, sobald die Regeln feststehen, aufhört, eine Erfindung zu sein, und sich zu einer Institution entwickelt. Institutionen existieren für ihren Fortbestand, und nur durch eine Revolution können sie beseitigt werden. Heutzutage steht im Profisport so viel auf dem Spiel, geht es um so viel Geld, ist so viel Profit zu machen, wenn man eine erfolgreiche Mannschaft aufs Spielfeld schickt, dass die im Fußball, Basketball und allen anderen populären Sportarten maßgeblichen Leute so mächtig sind wie Unternehmensbosse oder Regierungschefs. Es gibt schlicht keinen Platz für ein neues Spiel. Der Markt ist gesättigt, und die bereits existierenden Spiele sind zu Monopolen geworden, die ihre ganze Macht aufwenden werden, einen vielversprechenden neuen Mitbewerber zu vernichten. Das heißt nicht, dass man keine neuen Spiele erfindet (Kinder tun das jeden Tag), aber Kinder haben nicht die Mittel, Multimillionendollar-Unternehmen zu starten.

Vor etwa zwanzig Jahren kam in den Abendnachrichten ein Bericht über eine Kleinstadt irgendwo im Süden, deren Schulbehörde – wegen Etatproblemen, glaube ich – beschlossen hatte, den Fremdsprachenunterricht einzustellen. Einwohner wurden vor der Kamera um eine Stellungnahme zu dieser Entwicklung gebeten, und ein Mann sagte – ich zitiere wörtlich; seine Worte haben sich unauslöschlich in mein Gehirn eingebrannt –: »Ich habe damit kein Problem, überhaupt kein Problem. Wenn Englisch gut genug für Jesus war, ist es auch gut genug für mich.«

So dumm und verstörend (und natürlich auch urkomisch) diese Bemerkung sein mag, scheint sie mir doch im Zusammenhang mit der Idee von einer Muttersprache an etwas Wesentliches zu rühren. Man ist so sehr von der eigenen Sprache durchdrungen, die Wahrnehmung der Welt wird so stark von der Sprache geprägt, die man spricht, dass man jeden, der nicht so spricht wie man selbst, für einen Barbaren hält – oder umgekehrt, man kann sich nicht vorstellen, dass der Sohn Gottes eine andere Sprache als man selbst gesprochen haben könnte, denn er ist ja die Welt, und die Welt existiert nur in einer einzigen Sprache, nämlich der, die man selber spricht.

Noch vor drei Generationen sprachen meine Urgroßeltern Russisch, Polnisch und Jiddisch. Dass ich in einem englischsprechenden Land aufgewachsen bin, ist reiner Zufall, ein Glücksfall der Geschichte. Die Mutter meines Vaters – meine wahnsinnige Großmutter, die einen Mord begangen hat – verbrachte den größten Teil ihres Lebens in Amerika, sprach aber Englisch mit einem so starken Akzent, dass ich sie nur mit Mühe verstehen konnte. Das Einzige, was ich sie jemals lesen sah, war der *Daily Forward*, eine jiddische Tageszeitung. Noch interessanter ist der Fall von Siris Vater. 1922 geboren, Norwegen-Amerikaner in dritter Generation, wuchs er in einer ländlichen Gemeinde auf, in der vor allem norwegische Einwanderer und ihre Nachkommen lebten und die so abgelegen war, dass er Englisch sein Leben lang mit einem ausgeprägten norwegischen Akzent sprach. Was war seine Muttersprache? Siris in Norwegen geborene Mutter kam erst mit dreißig nach Amerika, und weil *deren* Mutter nach Siris Geburt ebenfalls zu den Hustvedts nach Minnesota zog (womit das Norwegische zeitweilig wieder zur Familiensprache wurde), war Siris erste Sprache das Norwegische. Was ist ihre Muttersprache? Sie ist Amerikanerin, eine hervorragende Schriftstellerin, deren Medium die englische Sprache ist, und doch unterläuft ihr gelegentlich ein kleiner Schnitzer, besonders bei den Präpositionen (der größten Herausforderung in jeder Sprache). *Water under the bridge. Water over the dam.* Beide Redensarten bedeuten dasselbe, nämlich: *Das ist Schnee von gestern.* Aber Siri ist der einzige Mensch, der jemals gesagt hat: *Water over the bridge.*

Du bist in einem zweisprachigen Land zur Welt gekommen, was die Sache beträchtlich kompliziert. Aber wenn Du als Kind zu Hause Englisch gesprochen hast, bist Du in erster Linie ein Englischsprachiger. Südafrikanisches Englisch, später gemäßigt durch Deine langen Aufenthalte in Ländern, in denen britisches Englisch, amerikanisches Englisch und australisches Englisch gesprochen wird. Und es gibt irisches Englisch, indisches Englisch, karibisches Englisch und weiß der Himmel was sonst noch. So wie die Engländer Kricket und Fußball nicht mehr für sich allein besitzen, besitzen sie auch das Englische nicht mehr für sich allein. Man mag einen Ausdruck wie »das Amerikanische« belächeln, aber Tatsache ist, wenn die Franzosen Bücher von amerikanischen Autoren herausbringen, steht auf der Titelseite: *traduit de l'americain*, und nicht: *traduit de l'anglais*. Ich habe manches an Amerika auszusetzen, aber das Englische in seiner amerikanischen Ausprägung gehört nicht dazu.

Andererseits können wir Schriftsteller – ganz gleich, in welcher Sprache wir schreiben – uns mit Groucho Marx' Worten trösten: »Außer Hunden ist das Buch der beste

Freund des Menschen. Innerhalb von Hunden ist es zu dunkel zum Lesen.« Ich beziehe mich natürlich auf Harpos Bruder. Dessen richtiger Name Julius war.

Mit herzlichen Grüßen an Dich und Dorothy
Paul

Lieber Paul,

Du schreibst, dass auf den Titelseiten der französischen Übersetzungen Deiner Bücher steht: *Traduit de l'americain.* Auf den meinen steht: *Traduit de l'anglais (Sud-Africaine).* Ich möchte, dass jemand auf die Stellen zeigt, an denen mein *anglais sud-africaine* ist. Ich verstehe es als *anglais*, bereinigt von Zeichen nationalen Ursprungs, und aus diesem Grund etwas blutleer.

Ich glaube, ich stimme nicht mit Dir überein, was die Frage der Muttersprache betrifft (obwohl ich bemerke, dass Du diesen ziemlich gefühlsbeladenen Ausdruck meist zugunsten von »erste Sprache« vermeidest). Ich stimme zu, dass die Weltanschauung eines Menschen geprägt wird von der Sprache, die er am mühelosesten spricht und schreibt und in der er, bis zu einem gewissen Grad, denkt. Aber diese Prägung ist nicht so tief, dass man nicht weit genug außerhalb der Sprache stehen kann, um sie kritisch zu betrachten – besonders wenn man eine andere Sprache spricht oder auch nur versteht. Daher sage ich, dass es möglich ist, eine erste Sprache zu haben, aber sich dennoch nicht zu Hause darin zu fühlen: Sie ist sozusagen für die Person die primäre Sprache, aber nicht die Muttersprache.

Dieses Phänomen ist verbreiteter, als man annehmen möchte. In Europa zum Beispiel war vor der Herausbildung von Nationalstaaten und dem Triumph nationaler Sprachen das Lateinische – das niemandes Muttersprache war – die geläufigste Sprache des geistigen Lebens. Die gleiche Situation gibt es heute in Afrika, was das Englische und (in geringerem Ausmaß) das Französische und Portugiesische betrifft. In Afrika ist es praktisch nicht möglich, ein Intellektueller in der Muttersprache zu sein; man kann nicht einmal ein einigermaßen bedeutender Schriftsteller sein. In Indien und Pakistan, wo das Englische die erste Sprache von nur einer verschwindenden Minderheit ist, ist sie das Medium eines großen Teils der Literatur und zur Gänze der Wissenschaft.

Du weist darauf hin, dass es so etwas wie ein amerikanisches Englisch oder ein indisches Englisch gibt, und deutest an, dass diese »Sprachformen des Englischen« Muttersprachenstatus in den USA bzw. in Indien haben. In Wahrheit unterscheiden diese sich jedoch *schriftlich* (einmal abgesehen von *mündlich* oder *auf der Straße*) vom Englischen nur in unerheblicher Hinsicht: hier und da eine eigenartige Redewendung oder ein solcher idiomatischer Ausdruck, keine Unterschiede im Grundwortschatz (der einen so entscheidenden Einfluss auf die Erkenntnisfähigkeit des Sprechers hat) oder in der Syntax (die die Form der Gedanken bestimmt).

Wie gesagt begann ich über das Thema Muttersprache nach der Lektüre von Derrida nachzudenken. Ich fing an, meine eigene Situation schärfer zu empfinden, nachdem ich nach Australien ausgewandert war, das – trotz der Tatsache, dass auf seinem Territorium noch Dutzende von Sprachen der Aborigines überlebt haben, und trotz der Tatsache, dass es seit 1945 eine massive Immigration aus Südeuropa und Asien unterstützt hat – bei weitem »englischer« ist als mein heimatliches Südafrika. In Australien ist das öffentliche Leben einsprachig. Wichtiger noch, Wirklichkeitsbezüge werden in einer bemerkenswert unreflektierten Art mit Hilfe einer einzigen Sprache verhandelt, des Englischen.

Dass ich nun in einem Umfeld lebe, das vom Englischen so durchtränkt ist, hat eine merkwürdige Wirkung: Es hat eine immer größere skeptische Distanz geschaffen zwischen mir und dem, was ich, grob gesagt, die englische Weltanschauung nennen würde, mit ihren integrierten Schablonen, wie man denkt, wie man fühlt, wie man sich anderen Menschen gegenüber positioniert und so weiter.

Viele Grüße
John

Lieber Paul,

letzten Monat war ich zum ersten Mal seit fünf Jahren wieder
einmal in Deinem Land, um meinen Bruder zu besuchen, der
in Washington, D.C., lebt und krank gewesen ist.

Bevor ich mich auf die Reise machte, habe ich ganz bewusst über die Frage erster Eindrücke nachgedacht und darüber, was ich für mich als erste Eindrücke gelten lassen
wollte; speziell ob ich Eurer Einwanderungsbehörde, die vor
kurzem umbenannt wurde zu Heimatschutz, irgendeine
Rolle dabei zugestehen wollte.

Denn Du weißt ja, dass ich eine lange und weitgehend unglückliche Beziehungsgeschichte mit der US-Einwande-
rungsbehörde habe, die ich nicht aufwärmen will. Ich war
nicht erpicht darauf, in jene Geschichte zurückversetzt zu
werden und mir die Stimmung durch bittere Erinnerungen
vermiesen zu lassen.

Tatsächlich war die Befragung zur Person durch den Beamten im Flughafen von Los Angeles so unangenehm, wie
ich befürchtet hatte. Ich wurde aus der Warteschlange eskor-
tiert und in ein Büro im hinteren Bereich gebracht, wo ich
eine Stunde lang unter Katalog-Bräuten und Studenten mit
Papieren von zweifelhaften Universitäten wartete, bis ich an
der Reihe war, von einem Beamten mit Pokerface befragt zu
werden: Wer ich sei? Ob ich schon einmal in den USA gewe-

---

* Ein fehlgeleiteter Brief, der Auster nicht erreichte, weshalb er ihn nicht
  beantwortete.

sen sei, und wenn ja, wann? Die Befragung ging immer weiter und drehte sich im Kreis. »Wenn Sie mir einfach mitteilen, wo das Problem liegt«, sagte ich an einem Punkt, »dann kann ich vielleicht versuchen, es für Sie zu klären.« »Tut mir leid, mein Herr«, antwortete der Beamte, »ich bin nicht befugt, Ihnen das preiszugeben.«

Am Ende drückte man mir den Stempel in den Pass und ließ mich einreisen. Worum es eigentlich ging, weiß ich immer noch nicht. Vielleicht war ich nur ein älterer Weißer, der ganz zufällig aus der Schlange der Ankommenden geholt wurde, um zu beweisen, dass nicht nur junge Männer »mit nahöstlicher Physiognomie« schikaniert werden.

»Ich bin nicht befugt, Ihnen zu sagen, wo das Problem liegt.« Es kann nicht viel Spaß machen, solches Kauderwelsch nachzuplappern. Aber wer möchte schon für einen Dienst arbeiten, bei dem man Beförderung nicht zu erwarten hat, wenn man viele Personen durchlässt, sondern wenn man viele Personen abweist?

Doch ich wollte über erste Eindrücke schreiben, nicht über Beamte der Personenkontrolle und ihre Unzufriedenheit. Ich wollte Dir meine ersten Eindrücke von Amerika nach langer Abwesenheit schildern. Doch mir fällt jetzt auf, wie banal diese ersten Eindrücke waren und, allgemeiner gesprochen, wie wenig Interessantes ich über fremde Orte zu sagen habe, trotz lebenslanger Reisetätigkeit.

Frankreich, zum Beispiel: Obwohl ich den größten Teil von Frankreich auf dem Fahrrad erkundet habe, kann ich nicht behaupten, dass ich etwas über das Land sagen kann, was frisch, neu und lohnend ist. Das Gleiche gilt für England, wo ich jahrelang gelebt habe, oder für Amerika, wo ich mich sogar noch länger aufgehalten habe. Ganz zu schweigen von

Südafrika, wo ich geformt wurde und den größten Teil meines Berufslebens verbrachte, oder Australien, wo ich in den vergangenen sieben Jahren gelebt habe. Erinnerungen, eine Menge Erinnerungen. Eindrücke, einige davon sehr lebendig. Aber alle gefangen in ihrer Besonderheit, nicht zu verallgemeinern. Meine Erfahrungen scheinen allein meine Erfahrungen zu bleiben, für andere nicht relevant.

Ich bin offenbar mit einer besonderen Art von Blindheit geschlagen. Es ist nicht so, dass ich desinteressiert bin. Im Gegenteil, meine Augen sind weit offen, und ich achte auf Zeichen, wohin ich auch gehe. Aber die Zeichen, die ich wahrnehme, scheinen keine allgemeine Bedeutung zu haben. Und die Verallgemeinerungsfähigkeit des Besonderen ist doch der Kern des Realismus, nicht wahr? Meines Wissens ist der Realismus eine Weise, die Welt zu betrachten und wiederzugeben, bei der Besonderheiten, obwohl sie in ihrer Einmaligkeit erfasst werden, dennoch eine Bedeutung zu haben und zu einem in sich geschlossenen System zu gehören scheinen.

Was bedeutet ein solches Phänomen: Ein leidlich intelligenter Mensch wie ich, der in einem Zeitalter der einfachen Reisemöglichkeiten lebt, der beim Herannahen seines Lebensendes feststellen muss, dass seine vielfältige Erfahrung der sichtbaren Welt sich zu nichts verdichtet, was sich zu erzählen lohnt, dass er sein Leben ebenso gut in einer Bibliothek zugebracht haben könnte?

Oder kann es sein, dass ich die falsche Art von Zeichen aufgenommen habe –, dass die einzigen Zeichen, die ich auf Grund meiner charakteristischen Blindheit wahrnehme, Zeichen sind, die mir sagen, dass das Leben überall auf der Welt gleich ist, statt Zeichen der Einzigartigkeit jedes winzigen Bestandteils der Schöpfung?

Wenn der geborene Reiseschriftsteller außergewöhnlich empfänglich für Zeichen der Verschiedenheit ist, bin ich dann der geborene Anti-Reiseschriftsteller, empfänglich nur für Zeichen der Gleichartigkeit?

Die ganze Angelegenheit gibt mir Rätsel auf. Ich sage mir: *Du bist gerade von einem Besuch in den USA zurückgekehrt, was waren deine Eindrücke?* Und jedes andere Bild wegdrückend, kommt mir immer wieder die Erinnerung an einen jungen Mann in unauffälliger Kleidung, der auf einem alten ramponierten Fahrrad unbekümmert auf der falschen Straßenseite in Manhattan gegen den Verkehrsstrom fährt. Was bedeutet dieses einzelne, sich vordrängende Bild? Wenn ich mich auffordere: *Schildere deine Eindrücke* oder *Fasse deine Eindrücke zusammen*, warum kommt mir dann immer nur dieses Bild in den Sinn? Gibt es in mir eine absurde Kraft, die mir zu sagen versucht, dass der junge Mann, der gegen den Verkehrsstrom radelt, etwas über das Amerika von 2009 aussagt?

Ich reise, aber ich schreibe keine Reisebücher. Du auch nicht; oder vielleicht doch, und Du veröffentlichst sie unter einem Pseudonym: Peter Westermann, Nicole Brebis. Hast Du erste Eindrücke, denen Du traust? Ich traue meinen nicht im Geringsten.

Viele Grüße
Dein John

Lieber Paul,

ich habe über Namen nachgedacht, darüber, wie passend oder unpassend sie sind. Ich vermute, auch Dich interessieren Namen, wenn auch nur, weil Du gute, »richtige« Namen für Deine ausgedachten Personen finden musst. Offenbar möchten wir beide Charaktere nicht A oder B oder Pim oder Bom nennen.

Ich bin mit der linguistischen Lehrmeinung aufgewachsen, dass der Signifikant arbiträr ist, obwohl aus mysteriösen Gründen die Signifikanten der einen Sprache nicht als Signifikanten in einer anderen Sprache funktionieren (*Hilfe, ich verdurste!*, wird einem in der Mongolei nichts nützen). Das ist wohl für Eigennamen doppelt wahr: Ob eine Straße Marigold Street oder Mandragora Street oder auch Fifty-fifth Street heißt, spielt offenbar keine Rolle (keine praktische Rolle).

Im Reich der Poesie (im weitesten Sinn) hat die Doktrin von der Willkürlichkeit des Signifikanten nie großen Zuspruch gefunden. In der Poesie spielen die Wortassoziationen – die Ansammlungen von kultureller Bedeutung um sie herum – eine Rolle. »Mandragora« assoziiert, dank Keats, Glückseligkeit und Tod. »Fifty-fifth Street«, die auf den ersten Blick anonym erscheint, stellt sich als Hinweis auf Anonymität heraus.

Durch einen höchst poetischen Kraftakt hat Franz Kafka einem Buchstaben des Alphabets eine anspielungsreiche (konnotative) Kraft verliehen. Roberto Calassos jüngstes

Buch heißt einfach *K.* Wir schauen auf den Schutzumschlag und wir wissen, wovon es handeln wird.

Ich habe einmal einen Charakter K (Michael K) genannt; das sollte ein Schachzug sein, um den Buchstaben des Alphabets, den Kafka annektiert hatte, zurückzufordern, doch ich war dabei nicht sehr erfolgreich.

Nur wenige von uns schreiben Romane, doch die meisten von uns produzieren auf die eine oder andere Weise Nachkommen und sind dann per Gesetz dazu gezwungen, unseren Sprösslingen Namen zu geben. Es gibt Eltern, die diese Pflicht freudig erfüllen, und Eltern, die es voller Bedenken tun. Es gibt Eltern, die einen Namen frei wählen, und solche, die sich genötigt fühlen (durch das Gesetz, durch den Brauch, durch Ängste), einen Namen aus einer Liste zu wählen.

Eltern mit Bedenken versuchen, dem Kind einen neutralen Namen zu geben, einen Namen ohne Assoziationen, einen Namen, der im späteren Leben für den Träger kein Ärgernis darstellt. Auf diese Weise: Enid.

Aber es gibt ein Problem. Wenn zu viele Töchter Enid genannt werden, dann wird der Name Enid ein Kind bezeichnen, dessen Eltern auf die Pflicht der Namensgebung voller Bedenken reagierten und daher ihrem Mädchen einen Namen gaben, der so anonym wie möglich ist. »Enid« wird somit zu einer Art Verhängnis, das auf das Mädchen wartet, wenn es älter wird: Schüchternheit, Vorsicht, Reserviertheit.

Oder eine Dir ferne Person, jemand, von dem Du nie gehört hast, entehrt Deinen Namen. Du wächst im Mittelwesten der USA auf, und alles ist in Ordnung, bis Dich eines Tages jemand fragt: »Sind Sie zufällig mit Adolf Hitler verwandt?«, und Du Deinen Namen durch eine einseitige

Rechtserklärung zu Hilter oder Hiller oder Smith ändern musst.

Dein Name ist Dein Schicksal. Oidipous, Schwellfuß. Das Problem ist nur, dass Dein Name Dein Schicksal nur in der Art der delphischen Sibylle ausspricht: als Orakel. Erst wenn Du auf dem Sterbebett liegst, begreifst Du, was es bedeutet hat, »Tamerlan« oder »John Smith« oder »K« zu sein. Eine Borges'sche Offenbarung.

Viele Grüße
John

Lieber John,

als Erstes gestatte mir einen Abstecher zur Fifty-fifth Street –
die »auf den ersten Blick anonym erscheint«. Nehmen wir
einmal an, besagte Fifty-fifth Street befindet sich in New
York, in Manhattan, um genau zu sein, East Side oder West
Side spielt keine Rolle, aber jedenfalls Midtown Manhattan,
dann wird jeder, der in dieser Stadt wohnt, sich etwas sehr
Konkretes darunter vorstellen und jede Menge persönliche
Erinnerungen an diese Straße haben, deren Name kein Wort
ist, sondern bloß eine anonyme Zahl. Du schreibst »Fifty-
fifth Street«, und ich denke sofort an das St. Regis Hotel und
eine erotische Begegnung, die ich dort in jungen Jahren hatte,
und an den französischen Schriftsteller Edmond Jabès und
seine Frau, die dort eines Nachmittags zum Tee waren, und
an Arthur Ashe, der dort einmal im weißen Tennisdress erschien, und an ein Essen mit Vanessa Redgrave, mit der ich
dort ihre Rolle in meinem Film *Lulu on the Bridge* besprach.
Die Zahlen erzählen Geschichten, und hinter der nackten
Mauer ihrer Anonymität sind sie nicht weniger lebendig und
beziehungsreich als die elysischen Felder von Paris. Erwähne
einem New Yorker gegenüber die folgenden Straßen, und vor
seinem inneren Auge werden Unmengen von Bildern aufsteigen: 4th Street (Greenwich Village), 14th Street (die billigs-
ten Geschäfte der Stadt), 34th Street (Herald Square, Macy's,
die Lichterketten zu Weihnachten), 42nd Street (Times
Square, »traditionelle« Theater, Give my regards to Broad-
way), 59th Street (das Plaza Hotel und der Haupteingang

zum Central Park), 125th Street (Harlem, das Apollo Theater, Duke Ellingtons Song über den A-train). Nur zwei Straßen von der 55th Street entfernt, in der West 57th, steht das Gebäude, in dem mein Großvater sein Büro hatte (intensive Kindheitserinnerungen daran, wie ich dort mit den Schreibmaschinen und Addiermaschinen spielen durfte) und das zufällig auch das Gebäude ist, in dem viele Jahre lang die *New York Review of Books* ihren Sitz hatte (intensive Erinnerungen daran, wie ich dort als junger Erwachsener mit Bob Silvers über die Texte sprach, die ich für ihn geschrieben hatte) –, so dass die bloße Erwähnung der 57th Street in mir etwas auslöst, das der Öffnung einer Schatzkammer gleichkommt, einer archäologischen Grabung in meiner Vergangenheit, die immer tiefere Schichten von Erinnerungen zutage fördert.

Und doch ist der Signifikant, wie Du sagst, arbiträr, und solange dieser Signifikant nicht mit persönlichen Assoziationen behängt wird, ist er von irgendwelchen anderen Signifikanten nicht zu unterscheiden. Erst kürzlich, als Siri und ich von Nantucket zurückkamen (das heißt, bevor ich Deinen Brief gelesen hatte), nahm der Taxifahrer vom Flughafen eine Abkürzung durch ein Brooklyner Viertel, das ich nicht kannte, und auf der Fahrt den Ocean Parkway hinunter kreuzten wir sechsundzwanzig Straßen, die nach den Buchstaben des Alphabets benannt waren, von Avenue A bis Avenue Z, und ich weiß noch, wie ich dachte, dass nichts davon mir etwas bedeutete, dass im Gegensatz zur Avenue A in Manhattan (im East Village), die ich kenne und zu der ich daher eine persönliche Beziehung habe, die Avenue A in Brooklyn ein reines Nichts darstellt. Ich stellte mir vor, wie langweilig es wäre, in einer Straße zu wohnen, die Avenue E oder Avenue L heißt.

Andererseits dachte ich auch: Avenue K wäre nicht schlecht (aus all den von Dir genannten Gründen), und andere interessante oder annehmbare Buchstaben wären O, X und Z – das Nichts, das Unbekannte, das Ende. Dann ging ich ins Haus, das ebenfalls in einer mit einer Zahl benannten Straße steht, und las Dein Fax über K und 55th Street. Perfektes Timing.

Das erste Buch von George Oppen, dem amerikanischen Dichter, den ich so sehr mag, hieß *Discrete Series* (circa 1930) – »diskrete Reihe« ist, wie Du bestimmt weißt, ein mathematischer Ausdruck, und wenn Oppen erklären wollte, was eine diskrete Reihe ist, führte er als Beispiel immer an: 4, 14, 23, 34, 42, 59, 66, 72 … auf den ersten Blick eine bedeutungslose Ansammlung von Zahlen, aber wenn man erfährt, dass es sich bei diesen Zahlen um die Haltestellen der IRT-Subway in Manhattan handelt, werden sie plötzlich sehr lebendig. Arbiträr, ja, aber durchaus nicht bedeutungslos.

Als ich vor vielen Jahren meinen kleinen Roman *Schlagschatten* schrieb, benannte ich die Figuren nach Farben: Schwarz, Weiß, Grün, Blau, Braun usw. Ja, das sollte der Geschichte etwas Abstraktes, Fabel-haftes verleihen, zugleich dachte ich aber auch an die Nichtreduzierbarkeit von Farben und dass wir nur verstehen können, was Farben sind, wenn wir sie erfahren, also wenn wir sie sehen: dass Sprache nicht vermag, einem Blinden »blau« oder »grün« zu beschreiben, und wenn Farben nichtreduzierbar und unbeschreibbar sind, so gilt dies auch für Menschen, und wir können einen anderen nur verstehen, wenn wir ihn »erfahren«, genau so, wie wenn wir eine Farbe »erfahren«.

Wir wachsen in die Namen hinein, die uns gegeben sind, wir probieren sie aus, wir ringen mit ihnen, bis wir am Ende akzeptieren, dass wir die Namen sind, die wir tragen. Weißt Du noch, wie Du als Kind Deine Unterschrift geübt hast? Kaum haben sie schreiben gelernt, verbringen die meisten Kinder Stunden damit, ihren Namen auf Papier zu schreiben. Das ist kein eitler Zeitvertreib. Es ist ein Versuch, finde ich, uns davon zu überzeugen, dass wir und unser Name eins sind, der Versuch, in den Augen der Welt eine Identität anzunehmen.

In manchen Kulturen bekommt man einen Namen erst, wenn man die Pubertät erreicht hat, gelegentlich auch einen weiteren Namen, wenn man als Erwachsener etwas besonders Gutes oder Schlechtes getan hat.

Gewiss, manche Leute sind mit scheußlichen Namen geschlagen, mit komischen Namen, unglückseligen Namen. Den kläglichsten Namen, den ich je gehört habe, trug ein Mann, der eine entfernte Verwandte von mir geheiratet hatte: Elmer Deutlebaum. Stell Dir vor, Du müsstest als Elmer Deutlebaum durchs Leben gehen.

Mein kanadisch-stämmiger Großvater, Sohn polnisch-jüdischer Einwanderer, nannte meine Mutter aus für mich nicht nachvollziehbarer Loyalität zur britischen Krone Queenie. Sie brauchte viele Jahre, in diesen Namen hineinzuwachsen. Mit acht oder neun hatte sie von den Hänseleien ihrer Klassenkameraden genug und nannte sich fortan Estelle. Vielleicht nicht so lahm wie Enid, aber kaum eine Verbesserung. Das Experiment währte ein halbes Jahr.

Nicht zu vergessen bei all dem ist unser gemeinsamer Vorfahr Adam. Dem Alten Testament zufolge gab Gott Adam den Auftrag, allen belebten und unbelebten Dingen einen Namen zu geben. Nach Miltons Deutung im *Verlorenen Paradies* kann Adam – in seiner Unschuld, im Stand der

Gnade, in dem er lebte, bevor er Gut und Böse unterscheiden lernte und aus dem Garten Eden vertrieben wurde – das Wesen aller Dinge oder Lebewesen, die er benennt, zum Vorschein bringen, die Wahrheit der Welt durch Sprache offenbaren. Nach dem Sündenfall wurden die Worte von den Dingen getrennt, und Sprache wurde eine Sammlung arbiträrer Zeichen – ohne Beziehung zu Gott oder einer universalen Wahrheit.

Selbstredend habe ich mein ganzes Leben damit verbracht, meinen eigenen Namen zu erforschen, und meine große Hoffnung ist es, als Indianer wiedergeboren zu werden. Paul: lateinisch für klein. Auster: lateinisch für Südwind. Südwind: ein alter amerikanischer Euphemismus für rektales Hupen. Folglich werde ich bei meiner Rückkehr in diese Welt den stolzen und absolut treffenden Namen Kleiner Furz tragen.

Schreibe bald wieder.

Dein
Paul

Lieber John,

gerade aus Irland zurück (gestern) und mehr als erleichtert, den »Beckett-Vortrag« hinter mir zu haben. Ein Abendessen mit Edward Beckett, dem Neffen und Nachlassverwalter, Jahrgang 1943, Berufsflötist und ehemaliger Musiklehrer, lebt seit Jahren zurückgezogen in London, ein scheuer, angenehmer Mensch, unverfälscht in literarischen Angelegenheiten, wohlwollend, ernst; ist seinem Onkel eng verbunden, aber als Onkel, nicht als Großem der Literatur. Er war mit meinem Vortrag zufrieden, wie er mehrmals wiederholte, und mehr hatte ich mir letztlich auch nicht erhofft: nicht vor ihm und den anderen 500 im Saal auf die Nase zu fallen. Ans Rednerpult geklammert, die Knie während der ganzen 50 Minuten verkrampft umeinandergeschlungen, hatte ich zum Schluss so steife Beine, dass ich kaum von der Bühne gehen konnte und beinahe – buchstäblich – auf die Nase gefallen wäre.

Das soll ab jetzt jedes Jahr stattfinden. Als ich Dich für nächstes Mal vorschlug, waren die Veranstalter begeistert. Vielleicht hörst Du bald von ihnen. Es liegt natürlich bei Dir, ob Du annimmst oder nicht, aber wenn Du annimmst, sei versichert, dass man Dich gut behandeln wird.

Übrigens haben wir dort erfahren, dass Du für den Booker Prize nominiert bist. Wir drücken Dir die Daumen – und Glückwunsch.

Und dann dieses quälende Dilemma. Man hat uns für den 17. zu einer Vorführung von *Schande* eingeladen – den Film möchte ich unbedingt sehen, trotz Deiner Vorbehalte –, aber es wird wohl nicht gehen. Eine schon vor Monaten eingegangene Verpflichtung steht dagegen, und als ich andeutete, wir könnten dort doch absagen, um zu der Vorführung zu gehen, erklärte Siri, sie werde nie mehr ein Wort mit mir reden oder mich womöglich sogar umbringen. Zweifellos meint sie das ernst. In der *New York Times* von heute, wo alle Filme der kommenden Saison aufgelistet sind, sehe ich allerdings, dass der Film am Freitag Premiere hat. Also können wir ihn uns nächstes Wochenende ansehen. Soll ich die Rezensionen für Dich ausschneiden – oder möchtest Du die lieber nicht lesen?

Dir und Dorothy eine herzliche Umarmung
Paul

26. September 2009

Lieber Paul,

Du beschreibst die Assoziationen, die der Name »55th Street« für dich hat, und erwähnst nebenbei die Avenuen A bis Z in Manhattan. Sofort muss ich an das lange Gedicht von Galway Kinnell über die Avenue C denken. Welches Kunststück hat da ein Dichter vollbracht: Ein Fremder aus dem fernen Afrika, der von Avenuen hört, die nach den Buchstaben des Alphabets benannt sind, wird augenblicklich im Geist in die »gottverlassene Avenue, die die Initiale Christi trägt«, transportiert (beinah hätte ich transpoetiert geschrieben)!

Wahrscheinlich gehört das zu den Merkmalen einer großen Stadt: Im Lauf der Zeit werden die Namen ihrer Bezirke und Viertel und Straßen und Gebäude so in das Muster von Gedichten und Geschichten hineingewoben, dass sogar Leser, die nie dort gewesen sind, sich blind zurechtfinden: Gehe die Forty-second Street hinunter bis zur Baker Street und biege dann links auf den Nevsky Prospekt ein.

Die 1950er und 60er Jahre erscheinen mir jetzt als großartiges Zeitalter für die amerikanische Dichtkunst, und danach ging es auf unauffällige Weise bergab. Irre ich mich? Habe ich etwas verpasst?

Rationalisten sind verärgert darüber, wie Wörter, sogar frisch geprägte, Assoziationen auflesen, die ihre klaren Zeichenumrisse verwischen. Eins der großen Projekte der im späten 17. Jahrhundert in England gegründeten Royal Society war die Schaffung einer Sprache, die frei von Assoziationen war, eine Sprache, die für Philosophen und Wissenschaftler geeignet war. Die Sprache, die von den wissenschaftlichen Erben der Royal Society heute benutzt wird, erscheint uns recht rein, aber nur deshalb, weil sie sich so stark auf griechische Wörter stützt, deren Assoziationen uns nicht mehr gegenwärtig sind (*Elektrizität* von *elektron*, aber wer weiß zu sagen, was dieses Wort, das eine Edelmetall-Legierung bezeichnete, im Kopf von Odysseus heraufbeschwor?).

(Und wie steht es mit meiner Reaktion auf *elektrisch*, die für immer korrumpiert wurde durch die Wendung »*doom's electric moccasin*« [des Unheils elektrischer Mokkasin] – Emily Dickinson?)

Obwohl sich Swift über das Projekt der Royal Society lustig gemacht hat, war das dadurch angestrebte Ideal nicht unedel. Ich habe nie völlig verstanden, warum Beckett das Englische aufgegeben hat, doch ich vermute den Grund teilweise darin, dass er die Sprache für zu belastet mit literarischen Assoziationen hielt. Mir fällt ein, dass Conrad sich über das englische Wort *oak* [Eiche] empörte, welches, wie er sagte, nicht benutzt werden konnte, ohne eine ganze Geschichte der britischen Seefahrt und des britischen Empire heraufzubeschwören.

Es ist für Schriftsteller nicht ungewöhnlich, dass sie mit zunehmendem Alter ungeduldig mit der sogenannten Sprachpoesie werden und einen kargeren Stil anstreben (»Spätstil«). Das berühmteste Beispiel dafür ist vermutlich Tolstoi, der im Alter eine moralistische Missbilligung der verführerischen Kräfte der Kunst äußerte und sich auf Geschichten beschränkte, die in einem Grundschul-Klassenzimmer nicht fehl am Platz wären. Ein erhabeneres Beispiel liefert Bach, der zum Zeitpunkt seines Todes an seiner *Kunst der Fuge* arbeitete, reine Musik in dem Sinn, dass sie nicht an ein bestimmtes Instrument gebunden ist.

Man kann sich ein Leben als Künstler schematisch in zwei oder vielleicht drei Etappen vorstellen. In der ersten findet man, oder stellt man sich, eine große Frage. In der zweiten arbeitet man sich daran ab, sie zu beantworten. Und dann kommt man, wenn man lang genug lebt, zur dritten Etappe, wenn die besagte große Frage einen zu langweilen beginnt und man sein Augenmerk auf etwas anderes richten muss.

Viele Grüße
John

Lieber John,

wir sind mit sehr geringen Erwartungen in den Film gegangen (nicht nur aufgrund Deiner Bemerkungen, sondern auch, weil es ein so heikles Geschäft ist, Romane in Filme umzuarbeiten) und waren am Ende angenehm überrascht, denn es war gar nicht so schlecht. Ja, John M. war eine Fehlbesetzung, aber seine Darstellung war subtiler und weniger manieriert als das meiste, was ich in den vergangenen Jahren von ihm gesehen habe – auf alle Fälle gut genug, dass es die Stimmung des Ganzen nicht beeinträchtigte. Die Tochter war hervorragend – natürlich viel schlanker und attraktiver als die Figur im Buch, aber so ist Kino, daran ist nichts zu ändern, im Kino dreht sich nun mal alles um attraktive Frauen. Regie, Kamera, Szenenbild, Drehorte – alles bewundernswert. Die New Yorker Besprechungen, die ich gelesen habe, waren größtenteils positiv. Das Publikum im Saal hat mitgefiebert, und wenn man bedenkt, wie schlecht die meisten Filme heutzutage sind, hat es schon gutgetan, einmal etwas Handfestes und Intelligentes zu sehen. Nein, der Film ist nicht so stark wie das Buch, versucht ihm aber gerecht zu werden, und ich an Deiner Stelle wäre einigermaßen zufrieden und würde mich nicht im Geringsten betrogen fühlen. Für Deine Sammlung UNWICHTIGER GEGENSTÄNDE lege ich Dir unsere Eintrittskarten für das Quad Theatre in der 13th Street zwischen 5th und 6th Avenue bei – nur falls Du vor Deinen Freunden damit angeben willst.

Du sprichst von einem goldenen Zeitalter amerikanischer

Dichtung in den Fünfzigern und Sechzigern, und danach sei es bergab gegangen. Spontan hätte ich »Unsinn« gesagt, aber nach einigem Nachdenken muss ich Dir leider recht geben. Die meisten großen Vertreter der Moderne haben damals noch gelebt (Stevens ist 1954 gestorben, aber Pound, Eliot und Williams haben alle bis in die Sechziger gelebt, und insbesondere Williams hat da einige seiner besten Sachen geschrieben), die sogenannten Objektivisten waren noch aktiv (die nächste Generation mit Zukofsky, Oppen und Reznikoff), Charles Olson stand in voller Blüte (wie ich Olson geliebt habe, als ich jung war), und die Generation danach (Dichter, die in den 1920ern geboren wurden) kam allmählich in Schwung: Kinnell, den Du erwähnst, aber auch Creeley, Ashbery, O'Hara, Merwin, Spicer, Ginsberg und zahllose andere. Kinnel, Ashbery und Merwin sind noch unter uns, aber jetzt alte Männer, und was ist nach ihnen gekommen? Es gibt einige Dichter, die in den Dreißigern und frühen Vierzigern geboren wurden, deren Werk ich sehr bewundere und eifrig verfolge – unter anderem Michael Palmer (erscheint bei New Directions), Charles Simic (Harcourt), Ron Padgett (Coffee House Press) – ganz zu schweigen von dem etwas jüngeren Paul Muldoon (geboren in Nordirland, jetzt eingebürgerter Amerikaner) –, aber sie alle sind Freunde von mir, ich habe ihre Arbeiten über Jahrzehnte hin gedeihen sehen, und diese persönliche Verbundenheit mag mein Urteil trüben. Mich würde interessieren, was Du von ihnen hältst, von jedem Einzelnen von ihnen. Dann gibt es noch Susan Howe (New Directions), sehr bewundert, vieldiskutiert, aber seltsamerweise ist das Buch von ihr, das ich für ihr bestes halte, ein Prosawerk, *My Emily Dickinson*, ein äußerst geistreicher und origineller Text – im Geiste von Olsons *Call Me Ishmael* oder Williams' *In the American Grain*: der Dichter als Kritiker, Kritik als Form von Dichtung, wundervoll. Aber, nein, keiner dieser Autoren ist so stark wie die Giganten der jüngeren Vergangenheit. Wir leben in einer Zeit endloser Schreibworkshops, Schreibkurse (stell Dir vor, ein Examen in Schreiben zu machen), es gibt mehr Dichter pro Quadratzentimeter als je zuvor, mehr Lyrikzeitschriften, mehr Lyrikbände (99 % davon in mikroskopisch kleinen Verlagen), Poetry Slams, Performance-Dichter, Cowboy-Dichter – aber trotz all dieser Betriebsamkeit kommt dabei kaum etwas Bemerkenswertes heraus. Das Feuerwerk der Ideen, das die Neuerungen der frühen Modernisten angetrieben hat, scheint erloschen. Kein Mensch glaubt mehr, dass Gedichte (oder überhaupt Kunstwerke) die Welt verändern können. Niemand ist in heiliger Mission unterwegs. Dichter haben wir jetzt überall, aber sie sprechen nur noch zueinander.

Dein Hinweis auf »Spätstil« erinnert mich daran, dass ich Edward Saids Buch immer noch nicht gelesen habe. Ich werde in den nächsten Tagen versuchen, es aufzutreiben. Tolstoi ist ein gutes Beispiel, aber was ist mit Joyce? Mir scheint, sein Frühstil ist spät (nach deiner Definition, oder Saids Definition), er ist von Buch zu Buch immer verschnörkelter, komplexer, barocker geworden, und sein letztes Buch ist so komplex, dass niemand es lesen kann (leider). Aber Joyce ist mit neunundfünfzig gestorben, und vielleicht könnte man sagen, er habe nicht lang genug gelebt, um in seine Spätphase einzutreten. Wie auch immer, sein Name ist der einzige, der mir als unvereinbar mit dieser Theorie einfällt. Nein, vielleicht auch Henry James, in dessen letzten, diktierten Büchern einige der verschlungensten Sätze der englischen Literatur stehen. Andere Schriftsteller, vielleicht die meisten, kommen mir von Anfang bis Ende ziemlich gleichbleibend vor – Fielding, Dickens, Nabokov, Conrad, Roth, Updike, und so weiter. Beckett natürlich nicht, und parallel zum späten Bach kann man auch den späten Matisse und seine kargen und kurvigen Scherenschnitte nennen. Reduzierter, weniger reduziert, das Gleiche. Das sind die drei Möglichkeiten – soll heißen, jeder Mensch folgt seinem eigenen Weg. Goya: »Beim Malen gibt es keine Regeln.« Gibt es überhaupt Regeln im Leben eines Künstlers?

Der Sommer scheint zu Ende. Frische Tage jetzt, ein neuer Biss in der Luft. Siri arbeitet an ihrem Roman, und ich bin mal wieder beschäftigungslos.

Herzlich
Paul

Lieber John,

ich habe Robert Lowell vergessen. Ich habe Elizabeth Bishop vergessen. Ich habe John Berryman vergessen. Ich habe Sylvia Plath vergessen. Ich habe Robert Duncan vergessen. Ich habe James Wright vergessen. Ich habe William Bronk vergessen. Ich habe Larry Eigner vergessen. Ich habe H. D. (gest. 1961) und Mina Loy (gest. 1966) und Marianne Moore (gest. 1972) und Laura Riding (gest. 1991) und Lorine Niedecker (gest. 1970) vergessen. Ganz zu schweigen von Theodore Roethke, Muriel Rukeyser, Denise Levertov, James Schuyler, Richard Wilbur, Barbara Guest, Kenneth Koch und James Merrill. Und bestimmt vergesse ich andere immer noch.

Gestern habe ich Edward Saids *On Late Style* gekauft. Habe den ersten Essay gelesen (wo es hauptsächlich um Beethoven und Adorno geht) und sehe, dass seine Argumentation nicht ganz so simpel ist, wie ich ursprünglich gedacht habe. Wenn ich fertig bin, schreibe ich Dir meine Bemerkungen dazu.

Said war übrigens mein Studienberater, als ich 1969–70 an der Columbia meine Master-Arbeit geschrieben habe – wir sind bis zu seinem Tod in Kontakt geblieben, mit Unterbrechungen, aber freundschaftlich. Der Mann, der den Band zusammengestellt hat, Michael Wood, war auch ein Lehrer von mir – wir sind immer noch befreundet. Erst gestern hat Siri ihn in Princeton gesehen (wo er jetzt lehrt) und vor seinen Studenten über den zeitgenössischen Roman gesprochen. Ich selbst werde in zwei Wochen vor denselben Studenten sprechen. Keine Ahnung, warum ich das erwähne – vielleicht einfach, weil so viele Erinnerungen auf mich einstürzten, als ich das Buch gestern kaufte.

Beste Grüße
Paul

9. Oktober 2009

Paul,

siehe unten.
Was tun?
John

22. September 2009
J. M. Coetzee, c/o Vintage Books

Sehr geehrter Herr Coetzee,

ich bin enttäuscht und finde es beschämend, dass ein Schriftsteller, der ein so hohes Ansehen wie Sie genießt, sich dazu herablässt, antisemitische Beleidigungen zu benutzen, und das völlig unnötigerweise.
Ich beziehe mich auf Ihr Buch »Zeitlupe« Kapitel 22, Seite 167 und 168. Ihre Erwähnung von »Juden« auf diese herabwürdigende Weise war der Geschichte auf keine Weise dienlich und hätte meiner Meinung nach nicht benutzt werden sollen.
Für mich wurde ein interessantes Buch verdorben.

Hochachtungsvoll
[Name und Adresse sind bekannt]

Lieber John,

was tun? Entweder nichts – oder etwas. Soll heißen, den dummen Brief ignorieren und nicht mehr dran denken. Oder aber, wenn es Dich so sehr ärgert, dass Du gar nicht aufhören kannst, daran zu denken, schreib dieser Frau in England, dass Du einen Roman geschrieben hast, keine Abhandlung über ethisches Verhalten, und dass abfällige Bemerkungen über Juden, zu schweigen von krassem Antisemitismus, zu der Welt gehören, in der wir leben, und nur weil Deine Figur sagt, was sie sagt, heißt das noch lange nicht, dass Du mit ihren Äußerungen einverstanden bist. Lektion eins zum Thema Wie Liest Man Einen Roman. Sind Autoren von Kriminalromanen mit Mord einverstanden? Und Du – als überzeugter Vegetarier – entlarvst Du Dich als Heuchler, wenn eine Deiner Figuren einen Hamburger verspeist? Der Brief dieser Frau ist lächerlich, idiotisch. Aber es ist eine traurige Wahrheit, dass alle Romanautoren hin und wieder solche Briefe bekommen. Ich reagiere mittlerweile so darauf, dass ich sie zusammenknülle und in den Müll werfe.

Ich nehme an, Du hast meinen letzten Brief inzwischen erhalten, zusammen mit der Postkarte, auf der ich noch mehr Dichter aufzähle (und seither sind mir noch viel mehr eingefallen). Mich interessiert, was Du von den Adorno/Said-Ideen zum Spätstil hältst, die mir, muss ich gestehen, nicht ganz klar geworden sind.

Hoffe, Dir geht es gut.

In herzlicher Zuneigung,
Paul

Lieber Paul,

letzte Woche habe ich Dir die Kopie eines Briefes geschickt, den ich von einer Leserin in England erhalten hatte, mit einer ziemlich verzweifelten Begleitnotiz: Was soll man in dieser Angelegenheit tun?

Der Brief verweist auf eine Passage in meinem Roman *Slow Man (Zeitlupe)*, in der Marijana Jokić, die kroatische Angebetete des Helden, eine antisemitische Bemerkung über einen gewissen Ladeninhaber macht. Die Briefschreiberin beschuldigt mich, als Autor des Buches, des Antisemitismus.

In Deiner Antwort hast Du sehr vernünftig darauf hingewiesen, dass man allerdings etwas bei einem solchen Brief »tun« kann. Man kann ihn zum Beispiel ignorieren. Man kann ihn beantworten und erklären, dass Charaktere in Romanen einen gewissen Grad an Unabhängigkeit von ihren Autoren haben und – besonders im Fall von Neben-Charakteren – nicht unbedingt für sie sprechen.

Du weist auch darauf hin, dass ich als Schriftsteller von einiger Bedeutung alle mögliche Post von Lesern erwarten muss, Briefe eingeschlossen, die nicht notwendigerweise von einem subtilen Verständnis dessen, was Literatur ist oder tut, zeugen.

Doch meine Frage bleibt bestehen: Was soll man in dieser Sache tun? Denn da die Welt ist, wie sie ist, und das 20. Jahrhundert im Besonderen war, wie es war, wird man von einem Vorwurf des Antisemitismus, wie auch einem Vorwurf des Rassismus, in die Defensive gedrängt. »Aber ich bin doch nicht einer von denen!«, möchte man ausrufen, seine Hände vorzeigen und beweisen, dass sie sauber sind.

Die wahre Frage ist aber nicht, wessen Hände sauber sind und wessen nicht. Die wahre Frage entsteht aus dem Moment, in dem man in die Defensive gedrängt wird, und aus dem flauen Gefühl, das darauf folgt, das Gefühl, dass das Wohlwollen zwischen Leser und Schriftsteller sich verflüchtigt hat, das Wohlwollen, ohne das die Freude am Lesen verlorengeht und das Schreiben sich allmählich wie eine unerwünschte, mühsame Tätigkeit anfühlt. Was soll man *danach* tun? Warum weitermachen, wenn die Worte durchsucht werden nach verdeckten Beleidigungen und Häresien? Das ist, als lebte man wieder unter den Puritanern.

Genug davon. Du fragst, was ich von Edward Said, Deinem alten Lehrer, und seinen Bemerkungen zum Spätstil halte. Ich gestehe, dass ich mich nicht an viel von dem, was er zu sagen hat, erinnern kann, außer dass ich trotz seiner Polemik stur am altmodischen Verständnis von Spätstil festhielt. Im Fall von Literatur fängt Spätstil für mich mit einem Ideal einer einfachen, zurückhaltenden, nicht ausgeschmückten Sprache an und mit einer Konzentration auf Fragen von wirklicher Bedeutung, sogar Fragen von Leben und Tod. Natürlich, wenn man erst einmal über diesen Anfang hinauskommt, übernimmt das Schreiben selbst die Regie und führt dich, wohin es will. Am Ende landet man dann womöglich bei etwas, was alles andere als einfach, alles andere als zurückhaltend ist.

In Deinem letzten Brief veranstaltest Du einen Namensaufruf der amerikanischen Nachkriegsdichter, Dichter, die sich nach 1945 einen Namen gemacht haben, und es ist wirklich eine sehr distinguierte Liste. Haben wir heute etwas Ähnliches? Ich sollte wohl vorsichtig mit einer allzu schnellen Antwort sein: Die Alten sind für die Tugenden der Jungen bekanntlich blind. Aber ich möchte sagen, dass ich unter den heutigen Lesern sehr wenige entdecken kann, die sich im Leben von den Worten der Dichter unserer Tage leiten lassen. Während ich wirklich glaube, dass in den 60er Jahren, und bis zu einem gewissen Punkt auch den 70ern, eine Menge junger Menschen – in der Tat viele der besten jungen Menschen – die Dichtung zum wahrsten Lebensführer, den es gab, wählten. Ich spreche hier von jungen Menschen in den USA, doch das Gleiche traf auf Europa zu – am ausgeprägtesten eigentlich auf Osteuropa. Wer hat heute die Kraft, die Seelen junger Menschen so zu beeinflussen, wie es Brodsky oder Herbert oder Enzensberger oder (auf eine fragwürdigere Weise) Allen Ginsberg getan haben?

Irgendetwas ist Ende der 70er oder Anfang der 80er Jahre geschehen, wie mir scheint, demzufolge die Künste ihre führende Rolle aufgegeben haben, die sie für unser Innenleben hatten. Ich bin durchaus bereit, Diagnosen dessen, was zwischen damals und heute geschehen ist, Beachtung zu schenken – Diagnosen mit politischem, ökonomischem oder welthistorischem Charakter; aber ich habe dennoch das Gefühl, dass es ein allgemeiner Fehler von Schriftstellern und Künstlern gewesen ist, der Infragestellung ihrer führenden Rolle nichts entgegengesetzt zu haben, und dass wir heute wegen dieses Fehlers ärmer sind.

Viele Grüße
John

Lieber John,

nur um Dich kurz aufzuheitern (falls aufheitern in diesem Zusammenhang das richtige Wort ist). Kürzlich habe ich an der vom PEN geförderten Veranstaltung »Abrechnung mit Folter« teilgenommen, auf der es um die Rechtsverletzungen der US-Regierung unter Bush ging (Deckblatt des Programms liegt bei); in seiner Eröffnungsansprache zitierte Anthony Appiah, der neue Präsident des amerikanischen PEN, eine Passage aus *Tagebuch eines schlimmen Jahres* – die über Sibelius und Guantánamo, über Stolz und Scham –, und es erfüllte mich mit Freude (falls Freude in diesem Zusammenhang das richtige Wort ist) zu wissen, dass Du an diesem Abend unter uns warst, und den Beweis geliefert zu bekommen, dass es Menschen da draußen gibt, die sich intensiv mit Deinen Büchern beschäftigen – im Gegensatz zu, sagen wir, jener Engländerin, deren Brief Dich so sehr und mit Recht aus der Fassung gebracht hat.

Verzeih mir, dass ich erst jetzt auf Dein letztes Fax antworte – das schon vor neun Tagen kam. Tatsächlich habe ich mich damit abgemüht, etwas Brauchbares zu Deiner Bemerkung zu sagen, seit Ende der Siebziger oder Anfang der Achtziger spielten die Künste keine so große Rolle mehr in unserem Innenleben. Ich habe etliche Seiten vollgeschrieben, bin aber nicht damit zufrieden. Seichtes Geschwafel, mit dem ich Dich nicht behelligen möchte. Zudem: je länger ich darüber nachdenke, desto mehr deprimiert es mich – überwältigt von dem Gefühl, einen Nachruf auf meine Zeit geschrieben zu haben, auf mein Leben.

Unter anderem hatte ich notiert: 1) eine Analyse des triumphierenden Kapitalismus; 2) Sieg der Popkultur über die »Hoch«kultur; 3) Zusammenbruch des Kommunismus, zeitgleich der Zusammenbruch des revolutionären Idealismus, der Vorstellung, dass die Gesellschaft neu erfunden werden kann; 4) der Tod der Moderne.

Bei näherer Beschäftigung mit diesen Themen ließen sich vielleicht Antworten finden, ich aber habe nur Trauer gefunden.

Aber Du hast recht. Etwas, das einmal da war, ist nicht mehr. Ich weiß nicht, ob die Künstler selbst für diesen Verlust verantwortlich gemacht werden können. Wahrscheinlich sind da zu viele Umstände im Spiel, als dass man irgendjemand Bestimmten dafür verantwortlich machen kann. Aber eins ist sicher: Die Dummheit hat an allen Fronten zugenommen. Wenn man Briefe von Soldaten aus dem amerikanischen Bürgerkrieg liest, erweisen sich viele davon als gescheiter, besser formuliert und sprachlich nuancierter als das meiste, was die Professoren von heute schreiben. Schlechte Schulen? Schlechte Regierungen, die zulassen, dass es schlechte Schulen gibt? Oder bloß zu viele Zerstreuungen, zu viele Neonlichter, zu viele Computerbildschirme, zu viel Lärm?

Mein Trost besteht darin, dass die Kunst trotz alledem voranschreitet. Sie ist ein unstillbares Bedürfnis, und selbst in diesen schlimmen Zeiten gibt es unzählige gute Schriftsteller und Künstler, sogar große Schriftsteller und Künstler, und mag auch das Publikum für ihr Werk kleiner geworden sein, gibt es immer noch genug Menschen, denen Kunst und Literatur so sehr am Herzen liegt, dass es lohnt weiterzumachen.

Tut mir leid, dass ich Dir heute so wenig zu geben habe. Ich bin sehr niedergeschlagen. Nächstes Mal wird es besser. Versprochen.

In herzlicher Verbundenheit
Paul

Lieber Paul,

darf ich kurz auf unsere Diskussion über das Thema Sport zurückkommen?

Ich habe ein Buch über die Geschichte der Quantifizierung gelesen, *Trust in Numbers* von Theodore M. Porter (1995). Porters Anliegen ist zu zeigen, dass unsere Leidenschaft für die Zahlen bei »Fakten und Zahlen« erst relativ spät entstanden ist: Er datiert die ersten Regungen des quantifizierenden Geistes auf Mitte des 18. Jahrhunderts.

Mir scheint, dass der Aufstieg des Massensports und der Zahlenkult nicht ohne Verbindung sind; anders gesagt, dass es vielleicht einen Grund gibt, warum uns Sport heute in zahlenmäßiger Verpackung geliefert wird.

Nehmen wir zum Beispiel die verschiedenen Fußballregeln. Soweit ich weiß, war der Vorläufer des Fußballs in Europa eine jährliche Rauferei unter jungen Männern benachbarter Dörfer um eine festgelegte Trophäe, die es heimzubringen galt. Die Beschaffenheit der Trophäe spielte eigentlich keine Rolle. Es mag einst ein Kopf, von Mensch oder Tier, gewesen sein, aber gewöhnlich war es eine Blase oder ein Ball. Es gab nur sehr wenige Regeln (»Mannschaften« hatten eine beliebige Größe, das Spielfeld war die ganze ländliche Gegend, der Wettkampf bestand im Laufen und/oder Blockieren und/oder Ringen, vielleicht auch im Augenausstechen), und das Spiel endete eigentlich, wenn das erste Tor fiel.

Erst Mitte des 19. Jahrhunderts wurden Regeln solcher Wettkämpfe festgelegt, um ein richtiges Regelspiel daraus zu machen. Mit dieser Festlegung gewann das Spiel allmählich seine gegenwärtige numerische Prägung: Zahl der Spieler, Größe und Kennzeichnung des Spielfelds, Länge des Spiels, Kriterien für das Erzielen von Toren, Definition des Siegs, etc.

Oder betrachten wir Spiele mit Ball und Schläger/Schlagholz. Ich vermute den Ursprung dieser Regelspiele in einer Art Spiel, bei dem ein Mann Steine auf einen anderen Mann schleudert, der sich mit einem Schild oder Stock verteidigt. Dieses Spiel wird weniger gefährlich, wenn das Ziel neu bestimmt wird (bei Kricket) als ein Objekt, das der Mann mit dem Stock verteidigt, oder (bei Baseball) als ein abstraktes Ziel von Torsogröße, das sich mehr oder weniger hinter dem Mann mit dem Stock befindet. Die Reformer gestalten nun das daraus entstehende Regelspiel, indem sie es mit starken numerischen Vorschriften überziehen – die Distanz zwischen den beiden Männern, die Größe und Beschaffenheit des »Balls« (Steins), die Größe des »Schlägers/Schlagholzes« (Stocks), etc. – und zusätzlich fügen sie noch ein ganz neues System von abstrakten numerischen Belohnungen für das Treffen des Balls hinzu (Runs) sowie Strafen für das Verlassen deines Postens als Schlagmann, etc.

Erst als die einst primitiven Wettkämpfe so als regelbestimmte Freizeitbeschäftigungen umgestaltet wurden und der Sieg eine abstrakte, numerische Definition bekommen hat, werden sie im modernen Leben willkommen geheißen.

Boxen ist ein interessanter Fall. Seinem Geist nach bleibt es dem primitivem Wettkampf am engsten verbunden. Obwohl die Quantifizierer sich redlich bemüht haben, es zu modernisieren (Punktvergabe für Treffer, zum Beispiel, wenigstens beim Amateurboxen), ist es nur halb gezähmt und bewegt sich deswegen am Rand des anständigen Sports.

Es ist mir des weiteren aufgefallen, dass Jungen mit einer bestimmten Veranlagung sich zu Sportarten wie Baseball und Kricket hingezogen fühlen, weil sie die allen Sportarten gemeinsame Heldenverehrung (»Ich wollte, mein Vater wäre wie X!«, mit der Variante: »Der Mann, der sich als mein Vater ausgibt, ist nicht mein richtiger Vater; mein richtiger Vater ist X«) mit den gesellschaftlich sanktionierten Quantifizierungssystemen verbinden, die aufgeweckten, doch nicht ausgereiften Geistern gestatten, schwierigen Fragen aus dem Weg zu gehen, Fragen wie: »Sind die Männer, die sich Mannschaft A nennen, besser als die Männer, die sich Mannschaft B nennen?« Oder: »Übertrifft die Gemeinschaftsleistung von Mannschaft A die Summe der einzelnen Mitgliederleistungen?«

Diese Überlegungen wurden ausgelöst durch die Lektüre des Interviews, das Du vor kurzem Kevin Rabalais gegeben hast (es erschien letztes Wochenende in der Zeitung *Australian*), das auch eine Geschichte mit einer Warnung enthielt, was einem Jungen passieren kann, der nicht dafür sorgt, dass sein Bleistift stets einsatzbereit ist.

Vielen Dank für Deinen Brief vom 23. Oktober. Ich kann auch keine bessere Antwort als Du auf die Frage liefern, warum Künstler vor fünfzig Jahren wichtig für unser Leben waren und es nun nicht mehr sind.

Was Dein Gefühl angeht, dass Du einen Nachruf auf Deine Zeit und Dein eigenes Leben schreibst und vielleicht schon eine Weile geschrieben hast, so möchte ich erwähnen, was ich vor kurzem über den sich rasant entwickelnden Bereich der Sterbebegleitung gehört habe: Dem Sterbenden hilft ein ausgebildeter Berater, seine Gedanken zum eigenen Leben aufzuzeichnen – Geleistetes, Gedanken des Bedauerns, Erinnerungen, die Werke –, die dann geschmackvoll verpackt (als CD, als Ausdruck in Buchform) und an die Hinterbliebenen übergeben werden. Es hat sich gezeigt, sagte der Förderer dieses Konzepts, dass den Patienten, die die Chance erhalten, ihre Geschichte auf diese Weise zu erzählen, ein friedlicherer Tod ermöglicht wird.

Viele Grüße
John

Lieber John,

einen Tag nachdem ich meinen vorigen Brief an Dich abgeschickt hatte, bekam ich das Manuskript der englischen
Übersetzung eines Romans, den ein Freund von mir geschrieben hat – ein Gebirge von einem Buch, drei- oder vier-
mal so umfangreich wie irgendetwas, das einer von uns beiden je geschrieben hat. Die Übersetzerin kannte er vorher
nicht (sein früherer Übersetzer arbeitet nicht mehr), und da
mein Freund dies (mit Recht) für sein wichtigstes Buch hält
und da er im Englischen nicht sattelfest ist, hatte ich mich
schon vor Monaten bereit erklärt, die Übersetzung zu lesen
und seinem amerikanischen Verlag Bericht zu erstatten. Gestern bin ich damit fertig geworden – eine mühsame Schinde-
rei, Tausende und Abertausende von Sätzen, von Anfang bis
Ende fassungslos über die unzähligen Fehler der Übersetzerin, die mir den (noch nicht bestätigten) Schluss naheleg-
ten, dass Englisch nicht ihre Muttersprache ist. Meist sind
es kleine Fehler – »like« statt »as if«, »me and him« statt »he
and I«, getrennte Infinitive, Adjektive anstelle von Adver-
bien und ein heilloser Wirrwarr, was die Verwendung von
transitiven und intransitiven Verben angeht –, in der Summe
jedoch ergibt sich ein so schiefes Bild, dass das Buch, so wie es
jetzt dasteht, nicht publizierbar ist. Natürlich wird das alles
korrigiert, am Ende wird alles gut sein, aber während ich daran arbeitete, musste ich immer wieder an unsere Diskussion
vor einigen Monaten über »Muttersprache« denken, was für
eine wahrhaft komplexe Angelegenheit es ist, eine Sprache zu

beherrschen, wie viele Regeln und Gesetze und Ausnahmen man gewissermaßen im Blut haben muss, um zum Beispiel eine bestimmte Redensart richtig anwenden zu können. Der kleinste Fehltritt offenbart das mangelnde Verständnis fürs Ganze. Ein einziger Schnitzer, und schon schrillen die Alarmglocken. Ähnlich wie das, was mir neulich passierte, als ich bei unserem Autoverleih hier eine Fahrt nach Manhattan bestellte. Ich nannte der Frau am Telefon die Adresse, die sie offenbar auf einem Computer-Stadtplan nachsehen musste, und dann fragte sie mich, ob das zwischen der So-und-so-Straße und Houston Street sei (was sie »Hewston« aussprach, wie die Stadt in Texas). Jeder New Yorker weiß, dass es »Howston« ausgesprochen wird –, weshalb ich sie fragte: »Sie sind nicht aus New York, oder?« Sie antwortete: nein, sie sei gerade erst hergezogen. Das erinnerte mich an gewisse Szenen in Kriegsfilmen, Agentenfilmen, in denen ein Deutscher, der sich als Amerikaner ausgibt, oder ein Amerikaner, der sich als Deutscher ausgibt, sich durch solch einen kleinen Lapsus verrät – Hewston statt Howston sagt und sich damit als Schwindler entlarvt. Schon steht er vor dem Erschießungskommando. Ein ganzes Bataillon wird niedergemetzelt. Der Krieg ist verloren. Muttersprache, welch ein vertracktes Ding, was für ein komplizierter Mechanismus!

*

Deine Ideen zum Eifer der Aufklärung, die Welt in Zahlen zu erfassen, und zur Entwicklung des organisierten Sports sind genial. Ich weiß nicht, wie vertraut Du mit Baseball bist, aber in Anbetracht der Zeit, die Du in Amerika verbracht hast, dürftest Du Dich zumindest ein wenig darin auskennen. Sicher hast Du bemerkt, dass sich in diesem Sport alles um Zahlen dreht. Jedes Spiel, jeder Spielzug wird unmittelbar Teil einer Statistik, und da diese Statistiken aufbewahrt werden, wird alles, was heute in einem Spiel geschieht, im Kontext der gesamten Geschichte dieses Sports gedeutet. Nur wenige Amerikaner wissen noch, wer 1927 Präsident war, aber jeder, der sich mit Baseball beschäftigt, kann Dir sagen, dass 1927 das Jahr war, in dem Babe Ruth sechzig Homeruns geschlagen hat. Um Dir eine Ahnung von dieser geradezu talmudischen Zahlenbesessenheit zu vermitteln, lege ich eine Fotokopie einer Seite der *Baseball Encyclopedia* bei, in der unter anderem die Karrierestatistik jedes einzelnen Spielers verzeichnet ist, der jemals, wenn auch nur an einem einzigen Spiel, seit Erfindung dieses Sports teilgenommen hat. Beachte, dass Paddy Mayes' gesamte Karriere nur fünf Spiele umfasste, wohingegen Willie Mays, der legendäre Willie Mays (denk an die Geschichte von dem nicht vorhandenen Bleistift) von 1951 bis 1973 aktiv war und zu 2992 Spielen antrat. Erfassung der Welt in Zahlen. Dem Uneingeweihten müssen diese Tabellen und Listen vollkommen sinnlos erscheinen.

*

Du schreibst, die Football-Regeln seien Mitte des 19. Jahrhunderts festgelegt worden. Als ich vor über zehn Jahren für meinen kleinen Artikel über Fußball/Football recherchierte, las ich, dass die Standardregeln bereits 1801 aufgestellt wurden – noch näher zur Mitte des 18. Jahrhunderts und der Geburt des »Zahlenfiebers«, so dass Napoleon »auf den Spielfeldern von Eton« geschlagen werden konnte. Aber Du hast recht, was die *heutigen* Football-Regeln angeht: die wurden 1863 an der Cambridge University festgelegt.

Zum Thema Spiele mit Ball und Schläger bin ich auf folgende Theorie über den Ursprung des Kricket gestoßen: Ursprünglich wurden dreibeinige Melkschemel mit einem Gegenstand (Stein? Ball?) umgeschmissen, später dann wurde, um das Spiel etwas anspruchsvoller zu machen, ein Stock eingeführt, mit dem verhindert werden konnte, dass besagter Gegenstand den Schemel traf. Aus den drei Beinen des Schemels entwickelte sich dann der Dreistab. Plausibel? Wer weiß.

*

Du erwähnst mein Interview mit Kevin Rabalais für *The Australian*. Ehrlich gesagt, ich weiß nicht mehr, was ich da gesagt habe. So wie ich mich überhaupt an nichts erinnern kann, was ich im Lauf der Jahre alles in Interviews gesagt habe. Hunderte von Gesprächen und keine einzige Silbe mehr davon übrig. Andererseits, wenn es um sogenannte normale Unterhaltungen geht, also mit Siri, mit Dir, mit Freunden, Bekannten oder Verwandten, bin ich gewöhnlich in der Lage, mich an das meiste zu erinnern, was da gesprochen wurde. Sind Interviews so etwas wie Nichtereignisse, abnorme Ereignisse, Gespräche, die keine Gespräche sind? Sogar mitten in einem Interview beginne ich schon zu vergessen, was ich gerade gesagt habe. Die Wörter kommen aus meinem Mund und verschwinden für immer. Liegt es an dem Druck, die aktuell gestellte Frage beantworten zu müssen, dass ich die vorige vergesse? Beeinträchtigt die Furcht, etwas Dummes zu sagen, mein Erinnerungsvermögen? Ist es der Überdruss, von mir selbst reden zu müssen?

Bei Deinem Besuch vorigen Sommer hast Du erwähnt, dass Du keine Interviews mehr gibst. Aber ist Dir früher mal etwas Ähnliches passiert – oder bin ich der Einzige, der von dieser sonderbaren Amnesie betroffen ist?

Wie auch immer, wenn ich Kevin Rabalais die Sache mit dem Bleistift erzählt habe, muss es um meine Begegnung als Achtjähriger mit Willie Mays gegangen sein. Habe ich da auch das Postskriptum angeführt – eine Sache, die mir vor knapp drei Jahren passiert ist? Wenn nicht, sag mir Bescheid, dann erzähle ich Dir das in meinem nächsten Brief, denn das ist eine merkwürdige und anrührende, erzählenswerte Geschichte.

*

Zum Thema Erinnerung: Da haben wir gestern Abend etwas erlebt, das uns beide ziemlich sprachlos gemacht hat. Vor ungefähr fünfundzwanzig Jahren haben Siri und ich im Fernsehen einen Film gesehen, eine obskure Tragikomödie von 1933, *Three-Cornered Moon [Ein Stück vom Mond]* mit Claudette Colbert in der Hauptrolle. Wir fanden ihn beide phantastisch gut gemacht, und seit einem Vierteljahrhundert gilt er uns als verlorener Schatz, als einer der besten Filme seiner Zeit. Vorige Woche entdeckte ich, dass der Film auf DVD herausgekommen ist, und bestellte ihn – gestern kam er an. Voller Vorfreude legten wir ihn nach dem Abendessen ein, nur um zu unserer großen Enttäuschung, unserer individuellen und gemeinsamen Enttäuschung festzustellen, dass der Film ganz und gar nicht gut ist, bestenfalls mittelmäßig. Wie konnten wir uns dermaßen täuschen? Und noch wichtiger: Wir beiden hatten wesentliche Teile der Handlung falsch in Erinnerung – aber unterschiedlich. Siri dachte, Claudette

Colberg habe drei Schwestern, tatsächlich hat sie drei Brüder. Ich dachte, Claudette Colberg habe die Familie vor dem Ruin bewahrt, indem sie arbeiten gegangen sei, tatsächlich verliert sie den Job aber schon nach zwei Wochen.

Was soll man davon halten?

Ich finde, Erinnerung ist ein Thema, mit dem wir uns mal beschäftigen könnten. Oder, falls das ein zu weites Feld ist, nur das Trügerische der Erinnerung.

Herzliche Grüße
Paul

22. November 2009

Lieber John,

beiliegend ein Ausschnitt aus dem Sportteil der heutigen *Sunday Times*, der Dich erheitern wird (nach Deinem letzten Brief), insbesondere die Feststellung: »Die Zukunft des Spiels liegt in den Zahlen.« Die Statistiken, von denen hier die Rede ist, gehen weit über die Tabellen hinaus, die ich Dir kürzlich geschickt habe. Wir nähern uns zusehends dem Reich reiner theoretischer Physik.

Andererseits sind die Spieler keine Roboter, auch wenn sich alles, was sie tun, in Zahlen übersetzen lässt. Siehe dazu das hübsche Foto von 1946 von Ted Williams und Stan Musial – zwei der Größten aller Zeiten.

Ich denke an Dich …

Herzlich
Paul

Lieber Paul,

Du hast gefragt, ob ich auch schon einmal die Erfahrung gemacht habe, ein Interview zu geben und mich dann nicht erinnern zu können, was ich gesagt habe. Eigentlich nicht. Doch ich habe oft überwältigende Langeweile verspürt, wenn ich mir selbst zuhörte, wie ich Interviewern gegenüber den Mund voll nahm. Meiner Ansicht nach gibt es wirklichen Austausch nur, wenn ein gewisser Strom zwischen den Gesprächspartnern hin und her fließt. Und ein solcher Strom fließt selten bei Interviews.

Gern werde ich später einmal mit Dir über das Gedächtnis sprechen, wenn es uns gelingt, das Thema im Kopf zu behalten. Gegenwärtig beschäftigt mich ein Aspekt des Gedächtnisses am meisten – die Zerstreutheit. Während das Ende meines siebzigsten Jahrzehnts auf Erden näherrückt, beobachte ich mich mit Adleraugen, um das erste Anzeichen dafür zu entdecken, dass meine geistigen Kräfte nachlassen. Es gibt noch kein solches Anzeichen – wenigstens keins, das ich als Anzeichen gelten lasse.

Vielen Dank für die Seiten mit Baseball-Statistik. Sie erinnern allzu sehr an die Seiten aus dem *Cricketers' Almanack*, auch unter dem Namen Wisden's bekannt, der Jahr für Jahr die Kricket-Statistik der Welt sammelt.

Ich habe über Essen nachgedacht – Essen und Tabus im Zusammenhang damit. Mir war schon lange bekannt, dass Franz Kafka Vegetarier war. Erst kürzlich habe ich erfahren, dass dieses viele Auseinandersetzungen in seinem Elternhaus heraufbeschworen hat – Auseinandersetzungen, die zu schüren Kafka selbst vielleicht nicht abgeneigt war. Jetzt ist mir Ernst Pawels Buch über Kafka untergekommen.* Pawel nimmt Kafkas Haltung zum Essen ernst, wie es vermutlich jeder tun muss, der die Erzählung »Der Hungerkünstler« gelesen hat. Nach Pawel bezog sich Kafka unbewusst auf jüdische Essensvorschriften, um für sich eine Reihe von Ritualen asketischer, kasteiender und letztlich zerstörerischer Art zu schaffen. Eine Folge des Festhaltens an diesen Ritualen war, dass er sich nach und nach von seiner Familie entfremdete, bis zu dem Punkt, wo er seine Mahlzeiten allein einnahm.

Mir scheint, es laufen rings um uns zwei Diskurse über Essen, und sie haben erstaunlich wenig miteinander zu tun. Das eine ist der Diskurs über Essen und Kochen, der sich enorm ausgeweitet hat und inzwischen ganze Zeitschriften füllt. Der andere ist ein Diskurs über Essstörungen, der sich mit psychosomatischen Leiden wie Anorexie und Bulimie befasst und, noch allgemeiner, mit der Ausbreitung der Fettleibigkeit.

Die Frage, die mir keine Ruhe lässt, ist folgende. Ist es wirklich so, dass es eine Minderheit der Bevölkerung gibt (obwohl in manchen Ländern vielleicht eine beunruhigend große Minderheit), die, um den heute gebräuchlichen Euphemismus zu benutzen, »Essprobleme hat«, wie Kafka, im Gegensatz zu einer Mehrheit, in deren Leben das Essen keine besonders tiefe Bedeutung besitzt, für die es Ernährung des Körpers und vielleicht eine Quelle flüchtiger Freuden ist, und nicht mehr? Könnte die grobe Aufteilung der Menschen

* Ernst Pawel, Das Leben Franz Kafkas: Eine Biographie, übers. von Michael Müller (Hanser 1986)

in diese beiden Gruppen nicht der Aufteilung der Menschen in solche, die »Probleme« mit ihren Eltern haben, und solche, die sie nicht haben, ähneln? Haben wir denn nicht alle »Probleme« mit unseren Eltern, nur unterschiedlicher Art und Stärke? (Diese Fragen formuliere ich im Geiste Freuds.) Wie viele von uns würden von einem Forscher wie Pawel ein einwandfreies Gesundheitszeugnis bekommen?

Wir glauben gern, dass es eine Zeit gegeben hat – vor nicht allzu langem –, als Nahrung so knapp war, dass nur wenige Privilegierte es sich leisten konnten, wählerisch und mäkelig zu sein und daher »Probleme zu haben«. Für die breite Masse, zu der wahrscheinlich Deine und meine Vorfahren gehörten, zählte nur, genug zu essen zu bekommen; wenn man durch glückliche Umstände etwas an Gewicht zunahm, war das ein Grund für einen selbst, sich zu beglückwünschen, und für die Nachbarn zum Neid.

Nach dieser Version der Sozialgeschichte können gestörte Beziehungen zu den Nahrungsmitteln, die wir essen oder nicht essen, in großem Umfang erst vor nicht allzu langer Zeit aufgetreten sein – nehmen wir an in den letzten fünfzig oder hundert Jahren.

Ich frage mich jedoch, ob diese Version stimmt. Ich frage mich, ob nicht auch unter Bedingungen der Nahrungsmittelknappheit gestörte Beziehungen zu Nahrungsmitteln möglich sind. Worum geht es denn sonst beim Phänomen Fasten, zu dem alle Religionen auffordern? (Ich will sagen, welche Begründung gibt es dafür, abgesehen von den von den Religionen selbst gelieferten Begründungen, wie Reinigung des Geistes, Kasteiung des Fleisches, etc.?) Es ist ja keineswegs so, dass die Frage, ob sogar die Armen und Ungebildeten gestörte Beziehungen zum Essen haben, nicht zu beantworten sei: Es gibt Millionen von Menschen überall auf der Welt, die unter Bedingungen der Nahrungsmittelknappheit leben – wir müssen sie nur fragen. Aber forscht einer über die tiefere Bedeutung von Essen in ihrem Leben? Nicht dass ich wüsste.

Es gibt eine beiläufige Bemerkung von Freud, die ich an dieser Stelle relevant finde. Was das erotische Leben der Menschen in der Antike vom erotischen Leben heute unterscheidet, ist nach Freud, dass im Altertum das Hauptaugenmerk auf dem erotischen Impuls lag, während es heute auf dem erotischen Objekt liegt. Man wende das auf die Literatur über das Essen an. Was würde es bedeuten, wenn man die Aufmerksamkeit vom Vergleich der Anziehungskraft von X und Y auf der Speisekarte umlenken würde auf die Frage, was in mir mich dazu veranlasst, X statt Y zu wählen? Stimmt es wirklich, dass man Geschmack nicht analysieren kann, dass er keine Geschichte hat, keine psychische Dimension (keine psychische Dimension im Leben des Einzelnen)? Akzeptieren wir wirklich, dass es ein Verbot einer solchen Analyse geben sollte (ein Spielverderberverbot)?

Eine der Erklärungen für Ess-Tabus, die von Anthropologen ins Feld geführt wird, ist die, dass das Tabu eine In-group (eine Selbstgruppe) in Abgrenzung von einer Out-group (einer Fremdgruppe) definiert und somit ein Bindemittel ist, das die In-group zusammenhält. Bei dieser Erklärung ist der Inhalt des Tabus zweitrangig (Meerestiere ohne Schuppen; Kuhmilch). Für mich fühlt sich das jedoch außerordentlich abstrakt an. Eine Person aus dem Westen, die in einem vietnamesischen Verkaufsstand am Straßenrand einen fremd aussehenden Tierkadaver hängen sieht und fragt, was das sei, und die zur Antwort bekommt, das sei Hund, erlebt einen Moment authentischen Ekels, schätze ich, sogar von Brech-

reiz. Wenn der Mensch gesagt bekommt, sein Ekel sei kultu-
rell bedingt, schwächt ihn das nicht ab. Die Vietnamesen, die
ihn umringen und über seine Reaktion lächeln und Scherze
machen, erscheinen nicht weniger – wie soll man es nennen? – widerwärtig.

Zurück zu Franz Kafka am Tisch von Hermann Kafka.
Dank Pawel haben wir eine Vorstellung davon, wie Franz auf
einen vernünftigen Bürger wie Hermann gewirkt haben
muss; aber wie wirkte Hermann auf Franz?

Viele Grüße
John

Lieber John,

ich musste laut lachen, als ich von Deiner Bereitschaft las, mit mir über Erinnerung zu debattieren, aber erst »wenn es uns gelingt, das Thema im Kopf zu behalten«. Im nächsten Satz sprichst Du von Zerstreutheit, und im Satz darauf erklärst Du, Du nähertest Dich dem siebzigsten *Jahrzehnt* Deines Daseins auf Erden – was bedeuten würde, dass Du siebenhundert Jahre alt bist! Natürlich ein Versehen, wie es uns allen gelegentlich unterläuft, auch in jungen Jahren, auch wenn wir im Allgemeinen nicht zu Zerstreutheit neigen, aber schon lustig, wenn es einem beim Schreiben über Zerstreutheit unterläuft.

Für einen Mann Deines fortgeschrittenen Alters hast Du, das muss ich sagen, letztes Mal bemerkenswert fit ausgesehen.

*

Du erinnerst Dich bestimmt an den russischen Film, der uns allen auf dem Festival voriges Jahr so sehr gefallen hat, *Wild Field*. Der hat in den USA immer noch keinen Verleih gefunden, und weil ich das ungerecht finde, habe ich kürzlich einen Bekannten zu uns nach Hause eingeladen, Kurator in der Filmabteilung des Museum of Modern Art (einer von denen, die das Programm für das New Directions/New Films Festival hier im Frühjahr zusammenstellen), und ihm den Film auf DVD gezeigt. Er war begeistert und versprach, sich dafür einzusetzen, dass der Film gezeigt würde. Höchst erfreulich.

135

Nur einen Tag später rief er mich an und erzählte, eine seiner Kolleginnen von der Filmabteilung sei zur Zeit in Georgien, wo sie für das Museum ein Festival des georgischen Films organisiere, und auch sie habe kürzlich *Wild Field* gesehen und sei ähnlich beeindruckt und begeistert. Noch erfreulicher, ja, aber dann kam die Hiobsbotschaft. Wie es aussieht, ist der Regisseur – eben der Neunundvierzigjährige, den wir in Estoril getroffen haben und der in der Diskussion nach der Vorführung des Films so wortgewandt und sympathisch aufgetreten ist – vor einem Monat gestorben. Näheres konnte mein Freund nicht sagen. Sehr traurig. Damit hätte ich am allerwenigsten gerechnet. Ich dachte, Du und Dorothy solltet das wissen …

*

In Deinem vorigen Brief erwähnst Du mein Interview mit *The Australian* und die Bleistiftgeschichte, von der ich mich nicht erinnern konnte, sie dem Journalisten erzählt zu haben. Ich versprach Dir die Fortsetzung, falls ich sie Dir noch nicht erzählt hätte. Dem scheint so zu sein, da Du in Deinem neuesten Brief nicht darauf eingehst.

Der erste Teil steht in *Die Kunst des Hungers*, Nr. 5 des Kapitels »Warum schreiben?«. Nachdem Du diese Szene kindlichen Unglücks verdaut hast, kommt jetzt dies:

Im Januar 2007 flohen Siri und ich vor der New Yorker Kälte zu einem Literaturfestival nach Key West, Florida. Dort weilte auch Amy Tan, eine Schriftstellerin, die ich in den Neunzigern über einen gemeinsamen Freund, den Filmregisseur Wayne Wang, kennengelernt hatte. Wayne hatte mir damals eine interessante Geschichte über Amy erzählt, die ich ebenfalls in meine Sammlung wahrer Geschichten aufgenommen habe (*Collected Prose*, S. 273). Als ich Amy jetzt wiedersah, fiel mir ein, dass ich vergessen hatte, ihr das Buch mit der Geschichte zu schicken – und kaufte ihr daher in Key West ein Exemplar. Auf dem Heimflug nach San Francisco las sie die Geschichte über sich selbst – und auch die anderen Geschichten in dem Buch, darunter die über Willie Mays. Wie sich herausstellte, lebte der inzwischen sechsundsiebzigjährige ehemalige Baseballspieler nicht weit von San Francisco, und zwei Freunde von Amy wohnten ganz in der Nähe. Kaum war Amy zu Hause angekommen, rief sie die beiden an, sagte ihnen, sie sollten sich mein Buch besorgen, dann bei Willie Mays anklopfen und ihm die Geschichte vorlesen, die ich über unsere Begegnung im Jahr 1955 geschrieben hatte. Amys Freunden zufolge kamen Willie die Tränen, als er die Geschichte hörte, und hinterher habe er minutenlang dagesessen und kopfschüttelnd vor sich hin gemurmelt: »Zweiundfünfzig Jahre, zweiundfünfzig Jahre …«

Amy rief Siri an und berichtete ihr das, ich aber wurde im Ungewissen gelassen. Eine Woche später, es war die Woche meines sechzigsten Geburtstags, kam die gute Amy Tan nach New York, lud uns zum Essen ein und überreichte mir einen Baseball mit dem Autogramm von Willie Mays. Der alte Mann hatte endlich bekommen, was der kleine Junge so gern hatte haben wollen. Jetzt wollte er es natürlich nicht mehr, aber das war nebensächlich. Ihn rührte nur, dass Willie gerührt gewesen war.

*

Ich weiß nicht, ob ich Dir noch mehr von meinen alten Sachen aufdrängen soll, aber falls Du das Buch zur Hand haben solltest, sieh Dir doch einmal folgende Stücke an: *Blätter für Kafka*, *Die Kunst des Hungers* und *Babel New York*. Das sind uralte Texte, geschrieben in meinen Zwanzigern, aber sie alle beziehen sich direkt auf einige der Fragen, die Du über Kafka und Essen aufgeworfen hast.

Ich habe Pawels Buch gleich nach seinem Erscheinen gekauft (1984! – kaum vorstellbar, wie viel Zeit seither vergangen ist) und es für das bei weitem beste Buch über Kafka gehalten, das je geschrieben wurde. Und ich bezweifle, dass irgendeine der späteren Biographien es übertroffen hat. Die von Dir erwähnte Passage ist niederschmetternd und aufschlussreich zugleich, eine Analyse eben dieses Zwangs zur Selbstsabotage, den ich in meinem kurzen, höchst abstrakten Jünglingstext herauszuarbeiten versucht habe. Kafka ist ein extremes Beispiel für die Pein des Essens, aber ich stimme Dir zu, fast alle von uns haben »Probleme« mit dem Essen, nicht unbedingt so pathologische wie die von Dir genannten, aber, sagen wir, »komplizierte Beziehungen« zu dem, was wir uns in den Mund stecken. Du erwähnst ja Freud: Es hat mit Sicherheit psychologische Gründe, warum uns X auf der Speisekarte anspricht und Y nicht. Geht das alles auf verschüttete Kindheitserinnerungen zurück? Wahrscheinlich.

Mich haben alle Deine Argumente überzeugt, ich wüsste nichts dagegen einzuwenden, aber vielleicht sollten wir uns einmal mit der gesellschaftlichen Funktion von Essen befassen, mit den Ritualen der Feiertage (alljährlich zu Weihnachten, Thanksgiving, Passah dieselben Mahlzeiten), mit dem Phänomen Mahlzeit als solchem. Warum essen wir nicht einfach, wenn wir hungrig sind, wenn der Bauch uns sagt, dass wir essen sollen? Wer hat festgelegt, dass der Tag in Frühstück, Mittag- und Abendessen aufgeteilt wird? Als ich von Kafkas Gewohnheit las, allein zu essen, kam mir der Gedanke, dass die meisten von uns nicht gern allein essen, dass praktisch jeder in Gesellschaft ist (Paare, Freunde, Familien, Kinder in der Schule) und dass Mahlzeiten im Allgemeinen ein Anlass sind, miteinander zu reden. Essen wandert in den Mund, Worte wandern hinaus.

In der ersten Hälfte meines Lebens hatte ich wenig mit irgendwelchen Feierlichkeiten am Hut. Geburtstage, nationale und religiöse Feiertage, Hochzeitstage – mit all dem konnte ich nichts anfangen und drückte mich davor, so gut ich konnte. Vor neunundzwanzig Jahren schlich ich mich in den Hustvedt-Klan und lernte die komplizierten Regeln der norwegischen Weihnachtsfeierlichkeiten kennen. Siri und ihre drei Schwestern sind ernste, freidenkerische, weltlich gesinnte Menschen, und dennoch waren sie unter der Führung ihrer nicht minder weltlich gesinnten Eltern felsenfest davon überzeugt, wie wichtig es sei, diese Tradition zu bewahren. Da ist zum einen natürlich der Weihnachtsbaum, und die Geschenke, aber im Zentrum der Tradition steht das Weihnachtsessen – an dem sich nie etwas ändert. Jahr für Jahr steht exakt dieselbe Speisefolge auf dem Programm, und jedes Mal gibt es zum Nachtisch Reispudding mit Himbeersauce, wobei in einer Portion stets eine »magische« Mandel versteckt ist (Siris Mutter tut sie hinein): und wer die Mandel in seinem Schälchen findet, bekommt einen Preis, der in noch mehr Essen besteht: eine große Tafel Schokolade.

Als ich das erste Mal an einem dieser Weihnachtsessen teilnahm, wusste ich nicht, was ich davon halten sollte. Ich fand es absurd, dass sechs intelligente Menschen sich mit so kindischen Ritualen abgaben, zugleich aber beeindruckten mich die Fröhlichkeit und Solidarität der sechs Teilnehmer. Noch nie hatte ich eine Familie erlebt, die mir so harmonisch und eng verbunden zu sein schien.

Im Lauf der Jahre wurde der Klan immer größer. Alle drei Schwestern heirateten und bekamen Kinder, und zu Zeiten des Höchststandes der Familienpopulation (vor dem Tod von Siris Vater) saßen beim Weihnachtsessen neunzehn Menschen um den Tisch. Die neue Generation greift die Tradition mit demselben Enthusiasmus auf wie die Älteren, und kein einziges Kind hat sich je darüber beklagt, jedes Jahr das Gleiche essen zu müssen. Die Wiederholung der Speisefolge scheint allseits Trost zu spenden, und mit Blick auf das nächste Woche anstehende Weihnachtsfest muss ich alter Skeptiker gestehen, dass ich mich darauf freue.

*

Danke für Deine freundliche Mail an Siri über Woods Attacke auf meine Arbeit, mein Leben und überhaupt alles, was ich für ihn darzustellen scheine. Ich habe das nicht gelesen. Ich lese überhaupt keine Rezensionen meiner Bücher mehr, weder positive noch negative, habe aber von anderen so viel über seinen Artikel gehört, dass ich mich fühle, als sei ich von einem Fremden überfallen worden. Wenn man geschlagen wird, möchte man instinktiv zurückschlagen. In so einer Situation ist dass nicht erlaubt – was ich außerordentlich frustrierend finde –, aber mit der Zeit hat der Schmerz nachgelassen. Im Übrigen soll meiner Lektorin zufolge, Frances Coady, die Du 2008 in Australien kennengelernt hast (Peter Careys Frau), die Reaktion auf mein Buch durchweg positiv gewesen sein, und demnächst soll es zum vierten Mal binnen sechs Wochen nachgedruckt werden. Ich kann mich also nicht beklagen, am wenigsten über einen Mann, dessen Name darauf schließen lässt, dass ihn eines Tages die Termiten fressen.

Mit einem herzhaften Ho Ho Ho,
Paul

Lieber Paul,

das Bild, das Du von den Mahlzeiten im Hustvedt'schen Haushalt heraufbeschwörst, ist außerordentlich interessant.

In der paradigmatischen Version des Familientisches gibt es offenbar drei Stufen. Auf der ersten steigt man vom Kleinkind zu einem Platz am Tisch auf, wo man einige Jahre lang vorsichtig beobachtet, wie Ältere sich benehmen. Auf der zweiten beginnt man gegen die Tischordnung zu rebellieren, gegen »Tischsitten«, die jetzt alles zu verkörpern scheinen, was falsch und heuchlerisch an der Gesellschaft und speziell an der Familie ist. Die Rebellion kann so weit gehen, dass man seinen Teller ins Schlafzimmer mitnimmt und dort isst, oder auch Essen aus dem Kühlschrank stibitzt. Dann auf der dritten Stufe – die Stufe, die Du beschreibst – entdeckt man den Tisch wieder als Ort der Integration und fängt sogar an, die Werte des Tisches gegen rebellische jüngere Tischgenossen zu verteidigen.

Mich interessieren die Bräuche, die sich rund um den Esstisch entwickelt haben. Trotz der Tatsache, dass der Tisch genau genommen ein Ort ist, an den man mit seinem kreatürlichen Appetit kommt, um ihn zu befriedigen, schreiben daher Sitten vor, dass der Appetit gezügelt und für den Appetit anderer – zumindest formal – Raum geschaffen werden sollte (»Bitte, nach Ihnen!«). Darüber hinaus entspricht es nicht den »guten Manieren«, wenn man seinen Appetit schweigend stillt: Der Esstisch wird gewissermaßen zu einer Art Konklave, wo Familienangelegenheiten der oberflächlicheren Art besprochen werden. Bei diesen Familiengesprächen ist die oberste Regel, dass den Leidenschaften nicht freier Lauf gelassen werden sollte, wie sie auch unter der Oberfläche brodeln mögen. (Das ist es natürlich, was Kinder, die ins rebellische Alter kommen, am unerträglichsten bei Familienmahlzeiten finden: die Schauspielerei.)

Vielleicht gibt es noch eine vierte Stufe zum Paradigma. Die Kinder sind ausgeflogen, Vater und Mutter sind zurückgeblieben und sitzen sich nun am Tisch gegenüber. Werden sie miteinander sprechen (natürlich unter Berücksichtigung der Vorschrift, die leidenschaftliche Äußerungen verbietet) oder werden sie in ein Schweigen verfallen, das Jahr für Jahr anwachsen und sich verhärten wird?

Ich sollte erwähnen, dass der von Dir genannte Kritiker auch mich ins Visier genommen hat. Man findet sich da in einer eigenartigen Position wieder. Einmal abgesehen von einer feindseligen Haltung seitens des Kritikers kann es faktische Irrtümer in der Rezension oder elementare Fehlinterpretationen geben. Sollte man reagieren? Sollte man einen Brief an den Herausgeber schreiben, eine Erwiderung auf die unfaire Rezension? Es ist ja so, dass Herausgeber eine solche Reaktion durchaus begrüßen würden – ihre Leser goutieren nichts mehr als einen guten literarischen Streit in den Leserbriefspalten.

Der kluge Schriftsteller wird da vorsichtig sein. Er wird wissen, dass es fatal ist, wenn man Verärgerung verrät, geschweige denn Empörung oder (Gott bewahre!) verletzte Gefühle: Er würde dadurch zur Spottfigur. Weil der Kritiker das weiß, wird er noch kühner. Er gleicht dem Kind, das den

Gorilla im Zoo mit Steinen bewirft, weil es sich durch die Gitterstäbe geschützt weiß.

Herzliche Grüße
John

Lieber John,

beim Weihnachtsessen neulich fragte ich die jüngsten Mitglieder der Familie (sieben, zehn und fünfzehn Jahre alt), ob es sie eigentlich störe, jedes Jahr das Gleiche essen zu müssen – ohne jede Variation –, und alle antworteten, nein, sie hätten das sehr gern, das immer Gleiche sei doch gerade das Beste daran, sie freuten sich jedes Jahr sehr auf dieses Essen.

Die Tröstungen des Rituals. Eines Rituals, bei dem Religion keine Rolle spielt. Die Tröstungen des Familienrituals.

Siri, die die Mahlzeit in unserem Haus zubereitet hatte, hatte eine der traditionellen Beilagen weggelassen: Rotkohl – den, möchte ich behaupten, außerhalb von Weihnachten niemand im Hustvedt-Klan isst. Als das Fehlen dieser Schüssel schließlich bemerkt wurde, erhob sich allgemeines Klagen um den Tisch. Siri bat um Verzeihung für ihre Vergesslichkeit und versprach, nächstes Jahr daran zu denken.

Wie es scheint, zählt jede Kleinigkeit.

*

Kritiker. Du hast recht: Es wäre fatal für einen Romanautor, öffentlich auf eine böswillige Attacke zu reagieren. Dennoch, in den vergangenen Jahren habe ich von zweien solcher Fälle gehört – die nicht per Briefwechsel ausgetragen wurden. Der achtzigjährige Norman Mailer, der einen Kritiker für eine negative Rezension in den Magen geboxt hat. Und Richard Ford, der einem jüngeren Kollegen, der einen gemeinen, bösartigen Artikel über seinen neuen Roman geschrieben hatte, ins Gesicht gespuckt hat. Ich fühlte mich aufseiten des Boxers und des Spuckers – wahrscheinlich, weil ich selbst zu gut erzogen bin und weder boxe noch spucke, so gern ich das manchmal tun würde.

Vor zwanzig Jahren hatte ich meine Chance, konnte sie jedoch nicht nutzen. Ein Literaturkritiker der *Los Angeles Times* (der vorher als Theaterkritiker für die *New York Times* gearbeitet hatte) schrieb eine äußerst feindselige Rezension zu *Mond über Manhattan*. Das war nicht einfach eine negative Rezension, sondern ein ausgemachter Affront. Etwa ein Jahr später bekam ich von einem Redakteur der *New York Times* den Auftrag, eine Weihnachtsgeschichte zu schreiben – meine einzige Auftragsarbeit überhaupt, meine einzige Kurzgeschichte überhaupt, die sich einige Jahre später zu dem Film *Smoke* weiterentwickelte. Es war die erste literarische Prosa, die jemals in der *Times* veröffentlicht wurde (von den Zeitungsenten einmal abgesehen), und der Redakteur war so stolz auf sich, dass ihm das eingefallen war, und so erfreut über das Ergebnis und das positive Leserecho, dass er mich zum Dank für meine Arbeit zum Essen einlud. Wir gingen in ein Restaurant in der Nähe des *Times*-Gebäudes, wo *Times*-Mitarbeiter ein- und ausgingen, und als wir das Lokal nach dem Essen verlassen wollten, erblickte er jenen Kritiker der *Los Angeles Times*, mit dem er früher in New York zusammengearbeitet hatte. »Sehen Sie, da ist X«, sagte er. »Gehen wir rüber und sagen Hallo.« Mir blieb keine Zeit, ihm zu erzählen, dass X eine gehässige Rezension meines Romans geschrieben hatte und ich ihn ganz bestimmt nicht näher kennenlernen wolle. Als der Redakteur X meinen Namen nannte, erbleichte der Mann, und ich sah Angst in seinen Augen. Er sah aus wie jemand, der Prügel erwartet, und ich muss gestehen, dass ich kurz versucht war, seine Erwartung zu erfüllen. Aber nur kurz. Viel besser schien mir, so zu tun, als hätte ich keine Ahnung, wer er war, hätte seinen Namen nie gehört, seine Rezension nie gelesen, und so gab ich ihm höflich die Hand und sagte, ich freue mich, ihn kennenzulernen. Er wirkte schockiert und erleichtert zugleich – immerhin blieben ihm die Prügel erspart –, und in diesen wenigen Augenblicken empfand ich ein seltsames Machtgefühl (mir bis dahin unbekannt und nie wieder erlebt): zu wissen, dass ich das Schicksal dieses Mann in der Hand hatte, dass er mir vollkommen ausgeliefert war. Ich hatte mich großartig verhalten, fand ich, und sonnte mich in meinem moralischen Triumph.

Nein, ich bin mir nicht sicher, ob ich das Richtige getan habe. Jahre vergingen, viele Jahre, und schließlich kehrte X für gelegentliche Buchrezensionen zur *New York Times* zurück. Wie in meinem letzten Brief erwähnt, habe ich aufgehört, Rezensionen meiner Bücher zu lesen, aber als ich voriges Jahr (Herbst 2008) beim Frühstück meine Morgenausgabe der *Times* aufschlage, erblicke ich dort zu meiner Überraschung eine von X verfasste Rezension von *Mann im Dunkel*. Niemand hatte mir gesagt, dass die Rezension an diesem Tag erscheinen werde, und mit dem Artikel direkt vor meinen Augen wurde ich schwach und las ihn, ohne es wirklich zu wollen. Wieder eine wütende Attacke vonseiten des Mannes, den ich vor zwanzig Jahren vielleicht doch hätte verprügeln sollen. Vor allem ein Satz hat sich mir eingebrannt und wird mir ewig im Gedächtnis bleiben: »Paul Auster glaubt nicht an traditionelle literarische Werte.« Was um alles in der Welt soll das heißen? Hört sich an wie etwas, das ein Politiker vom rechten Flügel im Wahlkampf sagen könnte.

*

Irgendwo und irgendwie habe ich durch Zufall erfahren, dass unsere Geburtstage in dieselbe Woche fallen. Meiner ist am 3. Februar und Deiner, soweit ich weiß, am neunten. Wenn das stimmt, kannst Du in wenigen Wochen einen dicken runden Geburtstag feiern, zu dem ich Dir meine besten Wünsche über die Meere sende.

Ich vermute, Du machst Dir nicht viel aus solchen Dingen, aber mich interessiert, ob Dorothy eine Feier für Dich vorbereitet oder ob Du den Tag ohne großes Aufhebens vorübergehen lassen wirst. Die Frage ist nicht persönlich gemeint. Mich beschäftigt, warum manche von uns Feiern und Rituale (siehe Siri und Weihnachten) willkommen heißen, andere hingegen nicht.

Wir sind jetzt seit ein paar Tagen aus Spanien und Frankreich zurück und haben uns wieder einigermaßen an die New Yorker Zeit gewöhnt. Sehr kalt hier, sehr kalt hier, und offenbar auch sehr kalt in manchen Gegenden von Australien. Schon sehne ich den Frühling herbei.

Herzlich
Paul

Lieber Paul,

ich weiß, dass Du kein Stammgast in literarischen Salons bist, aber Du lebst ja in einer Kulturmetropole und bist daher verdammt dazu, hin und wieder mit Leuten zusammenzutreffen, die Deine Bücher besprechen. Ich andererseits laufe kaum Gefahr, Menschen von der Sorte zu begegnen, die ihren Lebensunterhalt damit verdienen, kluge Dinge auf anderer Leute Kosten zu sagen, und daher musste ich mich, anders als Du, nie zurückhalten, einem von ihnen eins auf die Mütze zu geben.

Dass einer, der so dünnhäutig wie ich ist, zumindest in Alltagsangelegenheiten, sich schlechte Rezensionen nicht zu Herzen nimmt, hat mich stets verblüfft. Es hat mich verblüfft, doch nicht genug, um herausfinden zu wollen, warum das so ist, falls ich plötzlich diese nützliche Dickfelligkeit verlieren sollte.

Eine Unfähigkeit, mich über das, was andere über mich sagen, aufzuregen, und das Gegenstück dazu, eine Unfähigkeit, echtes Verständnis für diejenigen zu zeigen, die sich tatsächlich aufregen, ist – wie ich vermute – die zentrale Schwäche eines Buches, das ich 1996 unter dem Titel *Giving Offense (Anstoßerregen)* veröffentlicht habe. Warum sollte man Anstoß nehmen an Beleidigungen seiner Religion (oder seines Landes oder seiner Rasse oder seiner moralischen Vorstellungen), frage ich dort – warum sie nicht einfach mit einem Schulterzucken abtun und einfach sein Leben weiterleben?

Die Antwort, die viele (die meisten) geben würden, ist: weil ich es nicht kann. Weil mein Selbstverständnis angegriffen wird. Weil, wenn ich nicht Anstoß nähme, ich mich gedemütigt fühlen würde.

Ich bin sicher, dass in seltenen Fällen ein Kern nicht reduzierbarer Wahrheit in einer solchen Antwort steckt. Aber mein Instinkt, oder meine Neigung, sagt mir jetzt und sagte mir damals, als ich *Anstoßerregen* schrieb, dass ich eine solche Antwort als Deckmantel für eine impulsive Reaktion betrachten sollte, zu der sich die Anstoß nehmende Partei nur ungern bekennen würde: Streitlust, Freude an einer deftigen Auseinandersetzung.

Ein Grund, warum ich dickfellig gegenüber Rezensenten sein sollte, warum ich mir diese Haltung leisten kann, ist der, dass ich in Bezug auf meinen Lebensunterhalt nie von meinen Büchern abhängig gewesen bin. Bis ich mich vor nicht allzu langer Zeit von der Lehre zurückgezogen habe, konnte ich mich auf ein völlig ausreichendes Akademikergehalt verlassen. Jeder Kritiker auf Erden hätte mich verreißen können, meine Bücher hätten plötzlich unverkäuflich werden können, und ich wäre nicht verhungert. Die unangenehmere Seite der Grub Street* – die Anfeindungen, die Speichelleckerei und die Verleumdungen etc. – resultiert aus der manchmal verzweifelten Notwendigkeit, finanziell über die Runden zu kommen.

Jedenfalls gebührt Dir Applaus für Deine Nachsicht und dem betreffenden Kritiker ein Buh, weil er sich von Deinem Beispiel nicht hat inspirieren lassen.

---

* Früher: Straße in London, in der viele verarmte Poeten und Schriftsteller lebten. (Anm. der Übersetzerin)

Ja, ich bin jetzt siebzig – vielen Dank für Deine guten Wünsche. Ich werde mal in den Spiegel schauen, wenn ich einen Moment Zeit habe, um zu prüfen, ob ich die sechste oder, *horribile dictu*, die siebte der Shakespeare'schen Altersstufen erreicht habe. Ich bete, dass es nur die sechste ist, die Altersstufe des pantoffelbestückten hageren Pantalones mit geschrumpften Schenkeln und zittriger Stimme, und nicht die letzte, die zweite Kindheit, zahnlos etc.

Viele Grüße
Dein John

Lieber John,

aus Gründen, die ich selbst nicht ganz verstehe (vielleicht, weil Du so weit weg bist und wir uns nur so unregelmäßig sehen), drängt es mich oft, Dir *etwas geben zu wollen*. Zum Beispiel vorigen Monat das Buchpaket und jetzt die beiliegende DVD der italienischen Ausgabe von *Man on Wire*. Der Film handelt von Philippe Petit, dem Mann, dessen Buch ich vor Jahren übersetzt habe und das auch in diesem Paket war. Voriges Jahr wurde ich in einem Mailänder Hotelfoyer für die DVD interviewt, und jetzt hat man mir zehn Belegexemplare geschickt. Eins geht an Dich, da bleiben mir immer noch neun.

Ich weiß nicht, ob Du den Film schon gesehen hast; er kam 2008 heraus und erregte einiges Aufsehen (Oscar für den besten Dokumentarfilm), aber falls Du ihn noch nicht kennst, weißt Du vermutlich gar nicht, wer Philippe Petit ist. Er ist der Mann, der 1974 zwischen den Türmen des World Trade Center auf einem Drahtseil herumspaziert ist.

Aus dem Interview auf der DVD wirst Du von meiner Beziehung zu Philippe erfahren – also brauche ich das hier nicht aufzuwärmen. Zusätzlich gibt es meinen Essay von 1982 (»Auf dem Hochseil«, in *Die Kunst des Hungers*), der eigentlich als Vorwort für das von mir übersetzte Buch gedacht war, jedoch – aus höchst merkwürdigen und komischen Gründen – dann doch nicht aufgenommen wurde.

In dem Essay taucht Cyrus Vance auf, Außenminister unter Jimmy Carter und Zuschauer bei einem Auftritt Philippes, bei dem auch ich zugegen war. Ich erwähne Vance dort lediglich, um zu zeigen, dass ein Hochseilakt eine ganz und gar *demokratische* Kunst ist, die bei allen Menschen, von kleinen Kindern bis zu ehemaligen Außenministern, Interesse wecken kann. Aber als ich Philippe meinen Text zu lesen gab, fragte er – erstens – Wer ist Cyrus Vance? – und nachdem ich es ihm erklärt hatte, sagte er – zweitens –, er wolle keine Politiker in seinem Buch haben. Ich war verblüfft. Verstehst du denn nicht?, fragte ich ihn. Ich erwähne diesen Mann, um die Wirkung deiner Arbeit noch besser herauszustellen. Nein, nein, sagte Philippe, du musst den Namen streichen, ich kann das nicht dulden. Entnervt und ziemlich gereizt erklärte ich ihn für einen Idioten, weigerte mich, den Namen zu streichen, und zog mein Vorwort zurück.

Ein kleines, aber ärgerliches Beispiel für Philippes Arroganz, Wichtigtuerei und starrsinnige, alles verzehrende Eitelkeit. Andererseits freilich wäre er ohne diese Eigenschaften nie der Künstler geworden, der er ist. Zum Glück währte der Streit nicht lange. Wir sind Freunde geblieben, und als ich ein paar Jahre später einen französischen Verlag für sein Buch fand, hat er mein Vorwort dankbar mit reingenommen.

Das alles ist nebensächlich, nicht der Anlass für diesen Brief. Viel mehr als sein Wesen interessiert mich, was Philippe tut – insbesondere die drei in dem Film dokumentierten Drahtseilakte: Notre-Dame in Paris, die Sydney Harbour Bridge und das World Trade Center. Ich weiß nicht, wie Du auf diese Bravourstücke reagieren wirst (oder reagiert hast), aber für mich gehören sie zu den allerschönsten und aufregendsten Dingen, die ich jemals gesehen habe, Vorführungen von so umwerfender Größe, dass ich jedes Mal zu zittern anfange, wenn ich daran denke.

In einem früheren Brief schreibst Du über Federer und seine Art, Tennis zu spielen: »Ich habe gerade etwas wie das sichtbar gemachte menschliche Ideal gesehen.« Und ein paar Absätze weiter in bezug auf Meisterwerke der Kunst: »doch es wurde von einem Mann wie ich gemacht ...; welche Ehre, zu der Spezies zu gehören, für die er als Beispiel dient!«

Philippes Bravourstücke haben mich mit ähnlicher Ehrfurcht erfüllt – und ähnlichem Stolz, der Menschheit anzugehören.

Ich frage mich: Warum?

Was er macht, ist doch genaugenommen nicht Kunst, oder? Und es gehört auch nicht ins Reich des Sports. Von einem gewissen Standpunkt aus könnte man es als Tat eines Wahnsinnigen bezeichnen. Warum sein Leben für etwas im Grunde vollkommen Nutzloses riskieren – für eine sinnleere Geste? Und dennoch traten mir, wie ich in dem DVD-Interview erzähle, die Tränen in die Augen, als ich die Aufnahmen von Notre-Dame sah und Philippe oben auf dem Seil mit den Stäben zu jonglieren anfing. Das war so unwahrscheinlich, so total verrückt, so abseits von allem, was wir normalerweise von einem Menschen erwarten, dass in mir etwas aufbrach.

Ich habe mich jahrelang mit der Idee für einen Dokumentarfilm getragen, *Die Kunst des Nutzlosen* (auch wenn ich so etwas nie verwirklichen werde). Beginnen sollte der Film mit einem Kunsttischler, der einen aufwändigen Schrank herstellt (nützliches Handwerk), dazwischen Bilder von jungen Mädchen, die sich in einer Ballettschule abmühen, ihre Kunst zu vervollkommnen (Suche nach Schönheit, die im Grunde genommen nutzlos ist, da sie keinem praktischen Zweck dient); danach dann Gespräche mit und Darbietungen von Leuten, die verschiedenen wenig beachteten und nie ausreichend gewürdigten »künstlerischen« Betätigungen nachgehen: Philippe und das Hochseil; Ricky Jay, der Taschenspieler und Zauberkünstler; und Art Spiegelman, der Cartoonist, der Comics zu ernsthafter Literatur gemacht hat – mit anderen Worten: Künste, die man eher mit Kindern oder Zirkus in Verbindung bringt, die aber von diesen drei Männern mit so viel Präzision, Intelligenz und Originalität ausgeübt werden, dass das volkstümliche Urbild auf ein höchst anspruchsvolles Niveau gehoben wird. Ich kenne die drei seit vielen Jahren, und sie haben eine Menge gemeinsame Züge: Monomanie, äußerste Disziplin, Sinn für historische Perspektive (alle drei sind besessene Sammler von allem, was ihre jeweilige Kunst betrifft), und außerdem können sie gut schreiben. (Ein beeindruckendes Bespiel dafür ist Rickys Geschichte der Zauberei: *Learned Pigs & Fireproof Women*.)

Mit all dem will ich sagen, dass die Beschäftigung mit Leuten, die sich an den Außenrändern der traditionellen Künste bewegen (Literatur, Theater, Musik, Malerei), zu einem besseren Verständnis des ästhetischen Antriebs führen könnte, dass das beste Argument für die Bedeutung von Kunst gerade in ihrer Nutzlosigkeit besteht, dass wir am intensivsten und wirkungsvollsten menschlich sind, wenn wir Dinge aus reinem Vergnügen daran tun, sie zu tun – auch wenn wir dafür jahrelang hart arbeiten und trainieren müssen (die jungen Ballerinas) oder wenn das Vergnügen mit einem beängstigenden Risiko behaftet ist (auf dem Hochseil) …

Kurz und gut, ich hoffe, der Film gefällt Dir, falls Du ihn noch nicht gesehen hast.

Zu Deinem Brief: Ich kann in *Giving Offense* keinen Makel entdecken, ich finde das Buch ausgezeichnet und habe meine

Zweifel, dass Deine Dickfelligkeit gegenüber Kritikern irgendetwas damit zu tun hat, dass Du früher als Lehrer gearbeitet hast. Du glaubst an Deine Arbeit, das ist alles. Du glaubst daran und weißt, dass Du gut bist.

Vor ein paar Monaten haben wir uns gefragt, warum in den vergangenen Jahrzehnten keine neuen Sportarten erfunden wurden. Nachdem ich ein wenig bei den Olympischen Winterspielen zugesehen habe, scheint mir unsere These ein wenig übertrieben. Skicross! Snowboarden! Frauen, die mit Skiern an den Füßen kopfüber durch die Luft purzeln!

Mir hat der Atem gestockt.

Herzlich,
Paul

PS: Vor ein paar Wochen erschien die deutsche Übersetzung von *Die zitternde Frau*, und jetzt ist Siri eingeladen worden, die Vorlesung beim Jahrestreffen der Freud-Stiftung in Wien zu halten. Man stelle sich vor. Wie kann man da nicht stolz auf sie sein?

Lieber Paul,

vielen Dank für die Philippe-Petit-DVD, mit dem willkommenen Bonus-Material des gefilmten Interviews mit Dir. Das Interview hat mir gefallen. Es war ein Vergnügen, Dich in unserem Wohnzimmer zu Besuch zu haben und Deine beneidenswert wohlüberlegten, gerechten und wohlgeformten Sätze zu hören. Deine Einschätzung von Petit selbst ist auch bewundernswert großzügig; ich halte ihn für einen ziemlich eingebildeten Burschen, muss ich leider sagen. Aber vielleicht muss man ja eingebildet sein, oder wenigstens keine Selbstzweifel haben, wenn man als Hochseilartist erfolgreich sein will, oder in einem anderen Metier, das die Versenkung des geistigen in das physische Selbst verlangt, eine Versenkung, die – wie Du im Interview herausstellst – von konzentriertem Denken nicht zu unterscheiden ist.

Der Film selbst war meiner Meinung nach schlecht durchdacht. Die mir in Erinnerung gebliebenen Momente sind Standbilder von Petit auf dem Drahtseil, aus so großer Entfernung aufgenommen, dass das Seil verschwindet und er frei im Raum zu schweben scheint. Zu viel des übrigen Films besteht in Eigenwerbung Petits, der uns sagt, wie »unmöglich« die Kunststücke seien, die er gleich vollbringen wird, obwohl wir schon wissen, dass sie nicht unmöglich waren, da er sie vollbracht hat. Die ganzen ermüdenden Schilderungen, wie er und seine Freunde die Sicherheitspatrouillen umgangen haben, hätten auch geschnitten werden können.

Ich kann mir eine bessere Geschichte über einen Hochseilartisten als die von Petit vorstellen, eine Geschichte, die der frühe Kafka skizziert und dann weggelegt haben könnte. Ein junger Mann wagt sich auf einem Hochseil über einen Abgrund. Er fällt nicht, er kommt sicher zurück, doch er wagt sich nie wieder auf das Seil, er spricht nicht einmal darüber, obwohl seine Freunde sich an sein Kunststück erinnern und unter sich davon erzählen. Der junge Mann nimmt sein normales Leben wieder auf, er heiratet schließlich, hat Kinder, und es geht ihm allem äußeren Anschein nach gut. Doch er ist nie wieder der Alte – seine Freunde wissen das, und auch er weiß es. Es ist, als wäre er dort draußen im freien Raum, in der kurzen dort verbrachten Zeit, jemandem oder etwas begegnet – als hätte ein Blickaustausch, ein Wiedererkennen stattgefunden, und alles wäre verändert.

Ich wünsche mir vermutlich nicht den wirklichen Philippe Petit, sondern einen Hochseilartisten, der offen für das Metaphysische ist. Aber vielleicht ist das Offensein für das Metaphysische unvereinbar mit dem unerschütterlichen Vertrauen, dass man nicht fallen wird.

Und das bringt mich zu einer Bemerkung, die Du in Deinem letzten Brief dahingehend gemacht hast, dass ich, als Schriftsteller, offenbar volles Vertrauen zu dem habe, was ich tue. (Du hast auf meine Bemerkung reagiert, dass ich mich nicht aufrege, wenn Rezensenten mich verreißen, so unglaublich das auch scheinen mag.)

Ich glaube, hier irrst Du Dich ausnahmsweise einmal in mir. Ich habe kein allzu großes Vertrauen in das, was ich tue. Genauer gesagt habe ich genug Vertrauen, um mich durch den Schreibprozess zu tragen – genug Vertrauen oder vielleicht genug Hoffnung, blinde oder durch Scheuklappen geschützte Hoffnung, dass, wenn ich dem Vorhaben, an dem ich arbeite, genug Zeit und Aufmerksamkeit widme, es »funktionieren« und kein offenkundiger Fehlschlag sein wird. Aber damit erschöpft sich mein Vertrauen oder meine Hoffnung. Ich habe nicht viel Vertrauen, dass mein Werk dauerhaft sein wird. »Kein Marmorstein, kein Fürstenmonument / Wird überdauern mein gewalt'ges Wort«* – so klingt wahres Selbstvertrauen. Etwas Ähnliches kann ich nicht sagen.

Zu einem ganz anderen Thema: Ich habe mir noch einmal einige Bemerkungen vorgenommen, die ich Dir gegenüber vor etlicher Zeit über die sogenannte globale Finanzkrise gemacht habe, dass sie mir nämlich nicht wie eine wirkliche Krise vorkommt, sondern im Gegenteil wie ein Paradefall von Menschen, die in Platons Höhle sitzen und Schatten anstarren (auf ihren Computerbildschirmen), die sie fälschlich für die Wirklichkeit halten. Ich habe behauptet, wenn wir einfach die Zahlen austauschten, sei die »Krise« vorüber.

Man könnte einwenden, dieses Rezept sei so ähnlich, als würden wir behaupten, wenn wir die Erinnerungen eines jeden Menschen abschöpften und sie durch neue ersetzten, würden wir tatsächlich eine neue Wirklichkeit schaffen. Was beide Rezepte nicht beachten, könnte man weiter einwenden, ist, dass Erinnerungen nicht bloß biochemische Konfigurationen im Gehirn (oder Konfigurationen von Bits in einem Computer) sind, sondern Spuren von Dingen, die in der realen Vergangenheit wirklich geschehen sind. Sogar die Zahlen auf den Bildschirmen in der Börse haben eine Geschichte hinter sich, von der sie nicht losgelöst werden können – was wir das historische Gedächtnis der Ökonomie nennen könn-

---

* Anfangszeilen von Shakespeares Sonett 55 in der Übersetzung von Karl Kraus (1933)

ten. Anders gesagt: die radikal-idealistische Lösung des Problems, wie man eine bessere Zukunft schaffen kann (ersetze die Vergangenheit durch eine bessere Vergangenheit), ist nicht naiver als die radikal-idealistische Lösung der Finanzkrise – ersetze die schlechten Zahlen durch gute.

Für mich (um etliche Argumentationsschritte zu überspringen) läuft die Frage darauf hinaus, wie ernst wir Jorge Luis Borges nehmen sollten. Borges postuliert das Eindringen einer Enzyklopädie in unsere Geschichte (das heißt, in die Gesamtheit des historischen Gedächtnisses, das wir weitgehend teilen). Diese Enzyklopädie, wenn sie vollendet ist, wird das Potential haben, die alte Vergangenheit durch eine neue Vergangenheit und damit eine neue Gegenwart zu ersetzen – die uns möglicherweise zu neuen Menschen machen wird. Soll Borges' Fabel als philosophisches *jeu d'esprit* genossen, doch nicht ernst genommen werden, oder bringt er eine Idee mit wirklicher philosophischer Tiefe in Umlauf? Ich würde gern das Letztere annehmen.

Auf die Finanzkrise angewandt scheint mir der Borges'sche Vorschlag zumindest theoretisch durchführbar. Im Vergleich zum Gewicht und der Dichte der menschlichen Geschichte schleppen die Zahlen auf den Computerbildschirmen nicht so viel historische Fracht mit sich – nicht so viel, dass wir uns nicht, wenn wir es wirklich wollten, darauf verständigen könnten, sie abzuschaffen und mit einem frischen Zahlenwerk neu anzufangen.

Die entscheidende Frage ist doch, ob wir wirklich eine neue Finanzordnung wollen, ob wir uns auf ein neues Zahlenwerk einigen können. Die Zahlen selbst leisten keinen Widerstand – der Widerstand liegt in uns selbst. Wenn wir uns also heute umschauen, sehen wir genau das, was wir erwarten können: Wir, »die Welt«, würden lieber das Elend der Wirklichkeit, die wir geschaffen haben (die völlig künstliche Wirklichkeit der Krise), durchleben, als eine neue, vereinbarte Wirklichkeit zusammenzufügen.

Viele Grüße
John

Lieber John,

eben von einer kurzen Reise zurück ... und schon von Deinem neuen Fax erwartet.

Freut mich sehr, dass Dir das gefilmte Interview gefallen hat (es entstand unter beengten Umständen und in null Komma nichts), und, ja, auch wenn wir verschiedene Wörter benutzt haben – mein »arrogant« im Gegensatz zu Deinem »eingebildet« –, fest steht jedenfalls, man hat es mit Philippe nicht leicht. Das versteht sich wohl von selbst. Trotzdem scheint es mir gerade sein Mangel an Bescheidenheit zu sein, was ihn für mich so interessant macht.

Ich kann Deine Vorbehalte diesem Film gegenüber nachvollziehen, aber die Bilder dieses kleinen Mannes allein auf dem Hochseil sind unvergesslich, und sehr berührt haben mich auch die Aufnahmen aus den frühen Siebzigern, wo Philippe und seine Freunde während der Vorbereitungen auf seinen großen Auftritt in der französischen Landschaft umhertollen. Ein bewegender Blick auf die Albernheit und Energie der Jugend – kommt mir vor wie Outtakes aus einem Truffaut-Film, der nie zustande gekommen ist. Und was die Interviews angeht, ist er als Mensch doch wesentlich ruhiger und charmanter. Ich hatte den Eindruck, dass er beim Reden vor der Kamera ziemlich aufgedreht war, fest entschlossen, dem Regisseur eine »gute Vorstellung« zu liefern.

Verzeih mir, wenn ich Dir das Gefühl vermittelt haben sollte, Dich falsch eingeschätzt zu haben. Wahrscheinlich waren meine Bemerkungen nur ein Reflex meines unbedingten Glaubens an Deine Arbeit. Natürlich lebst Du mit Zweifeln und Unsicherheit und der Furcht, dass Deine Bücher keinen Bestand haben werden. Das geht mir genauso. Ich nehme an, das geht allen Schriftstellern so, von Geisteskranken einmal abgesehen. Das ist ein innerer Zustand, völlig unabhängig von allem Guten oder Schlechten, was Rezensenten über einen schreiben –, die immer aus den falschen Gründen loben und aus den falschen Gründen tadeln, weshalb sie als Richter über literarische Verdienste nie ernsthaft in Betracht kommen. Schriftsteller richten über sich selbst – meist sehr streng –, was der Grund dafür sein dürfte, dass sie immer weiter schreiben, in der vergeblichen Hoffnung, es beim nächsten Mal besser zu machen. Aber nur weil Du (J.C.) mit Selbstzweifeln lebst, muss ich als Dein langjähriger Leser noch lange keine Zweifel an Deiner Arbeit haben. Wie man auf Rezensionen reagiert, ist letztlich wohl eine Frage des Temperaments – dickfellig oder dünnhäutig. Vielleicht bist Du dickfellig – zumindest wenn es um die Kommentare von Fremden geht. Ich selbst würde mich nicht als dünnhäutig bezeichnen – aber doch dünnhäutig genug, zufrieden mit meinem Entschluss zu sein, keine Kritiken mehr zu lesen.

(Eilmeldung. Eben habe ich mit Paola Novarese von Einaudi telefoniert und kann Dir zwei Informationsschnipsel weiterreichen. Erstens: Offenbar sind wir beide Opfer eines journalistischen Schwindels geworden. In den vergangenen Jahren hat ein gewisser Tommaso Debenedetti in verschiedenen Zeitungen frei erfundene Interviews mit Schriftstellern veröffentlicht – mindestens zwanzig, wenn nicht noch mehr –, darunter eins mit Dir im Jahr 2003 und eins mit mir erst kürzlich im Januar. Ein großangelegter Betrug. Ich bin weniger verärgert als verwirrt. Warum macht sich jemand die Mühe, Gespräche mit Schriftstellern zu erfinden – die doch, wie wir alle wissen, die unwichtigsten Menschen der Welt sind? Zweitens: Wir beide werden im Juni zur selben Zeit in Italien sein. Siri und ich haben zugesagt, auf einem kleinen Mondadori/Einaudi-Festival in der Toscana gemeinsam ein Podiumsgespräch zu bestreiten. Eine Stunde Verdruss und anschließend vier Tage Urlaub in der Region. Paola zufolge hast Du am selben Wochenende [12./13.] eine Veranstaltung in Genua. Es wäre absurd, nicht zu versuchen, uns in dieser Zeit zu treffen, selbst wenn wir dafür ein paar Tage länger in Italien bleiben müssten. Falls ein Treffen möglich sein sollte, würden wir uns sehr gern in Deine Richtung begeben. Wird Dorothy auch dabei sein? Lass mich wissen, was Du davon hältst. Die Leute von Einaudi werden bestimmt etwas für uns arrangieren können.)

Von dem, was Du über die Wirtschaftskrise, Borges und neue Paradigmen schreibst, beeindruckte mich am meisten Deine abschließende Bemerkung, »Wir ... würden lieber das Elend der Wirklichkeit, die wir geschaffen haben ..., durchleben, als eine neue, vereinbarte Wirklichkeit zusammenzufügen.« Das gilt nicht nur für Ökonomie, sondern auch für Politik und nahezu alle gesellschaftlichen Probleme, mit denen wir konfrontiert sind. Lass mich aufs Geratewohl drei Beispiele von Hunderten oder auch Tausenden von Problemen anführen, mit denen die Welt sich herumschlagen muss.

1. Der Nahost-Konflikt. Ganz gleich, wie man zum Zionismus steht, ob man einen von den Anhängern einer einzelnen Religion gegründeten säkularen Staat gutheißt oder nicht: Israel ist eine Tatsache, und die Vernichtung Israels

würde so ziemlich allen Bewohnern der Erde nie wiedergut-
zumachenden Schaden zufügen. Ein dritter Weltkrieg, unzählige Tote, eine unermessliche Katastrophe. Andererseits
sehen Israels arabische Nachbarn ungeachtet der historischen Verbundenheit des jüdischen Volks mit dieser Region
den jüdischen Staat als ein Krebsgeschwür in ihrer Mitte und
trachten seit 1948 unablässig danach, diesen Staat von der
Landkarte zu tilgen. Es gab Zeiten (vor der Ermordung Rabins, vor den Attacken des 11. September, vor dem Aufkommen des militanten Islam), wo ich mich einem vorsichtigen
Optimismus in bezug auf die Möglichkeit einer Zweistaatenlösung hingab. Jetzt ist diese Hoffnung verschwunden, und
wenn ich bedenke, dass dieser Konflikt nun praktisch schon
mein ganzes Leben lang währt, scheint es mir längst überfällig,
über radikale und bislang ungeahnte Lösungen nachzudenken. Ich habe im Lauf der Jahre schon einige quichotische
Ideen entwickelt, aber ich glaube, mein neuester Plan ist der
beste. Man sollte Israel evakuieren und die gesamte Bevölkerung in Wyoming ansiedeln. Wyoming ist riesengroß und
sehr dünn besiedelt, und im Interesse des Weltfriedens könnte
die amerikanische Regierung das ganze Farmland dort auf-
kaufen und die Bevölkerung von Wyoming in andere Bundesstaaten umsiedeln. Warum nicht? Damit wäre die größte
Bedrohung der Menschheit beseitigt, Dick Cheney wäre hei-
matlos, und die Israelis würden das Land im Handumdrehen
zum Blühen bringen. Eine absolut rationale Lösung, scheint
mir, und doch wird es natürlich niemals geschehen. Warum?
Weil, um Dich zu zitieren, »wir lieber das Elened durchleben
würden, das wir geschaffen haben«.

  2. Der wesentliche Makel der Verfassung der Vereinigten
Staaten. Amerika gibt vor, eine Demokratie (Mehrheitsregie-

rung) zu sein, ist aber in Wirklichkeit ein Land, das von einigen wenigen geführt wird. Ich rede hier nicht von Unternehmen, Kapitalinteressen und der wirtschaftlichen Elite, sondern vom föderalen System als solchem, von der Tatsache, dass jeder Einzelne der fünfzig Bundesstaaten zwei Senatoren hat, mit der Folge, dass das schwach bevölkerte Wyoming (rund eine halbe Million Einwohner) an der Regierung des Landes mit demselben Gewicht beteiligt ist wie das stark bevölkerte Kalifornien (über dreißig Millionen Einwohner). Unfair und undemokratisch, da wir auf diese Weise eine Regierung haben, die keineswegs den Willen der Mehrheit der Bürger vertritt. Es gibt historische Gründe für diesen Makel (der Kompromiss aus den 1780er Jahren, der die ursprünglich dreizehn Staaten zu einem Land vereinte), aber die Idee war von Anfang an nicht gut, und jetzt, nach gut zwei Jahrhunderten, droht uns das zu zerreißen. Wie könnte man das System ändern? Allein durch Abstimmung im Kongress, was von den Senatoren der kleinen Bundesstaaten verlangen würde, sich selbst von der Macht abzuwählen, sich auszulöschen. Aber wann hat ein Politiker sich jemals selbst von der Macht abgewählt? Folglich werden wir weiter in dem selbstgeschaffenen Elend leben.

3. Die Krise des amerikanischen Bildungssystems. Jeder sieht das Problem, jeder weiß, dass die Mehrheit unserer Schüler nicht den Ansprüchen genügt, jedem ist klar, dass eine gutausgebildete Bevölkerung die einzige Hoffnung für die Zukunft der Demokratie darstellt (auch wenn wir strenggenommen gar keine Demokratie sind), und doch scheint jede Reform die Situation nur immer noch schlechter zu machen. Meine Lösung: bessere Lehrer. Wie bekommt man bessere Lehrer? Man zahle ihnen dieselben Gehälter wie

Anwälten, Ärzten und Investmentbankern, und schon würden die klügsten Studenten sich für einen Lehrberuf entscheiden. Finanzieren ließe sich das durch Streichung diverser nutzloser Rüstungsprojekte, durch Verkleinerung des Verteidigungshaushalts, aber das wird nie geschehen, jedenfalls nicht in einer Welt, die unserer heutigen ähnlich ist. Und so werden wir uns weiter in unserem Elend wälzen.

Ich weiß nicht, wie sehr die Wirtschaftskrise Australien getroffen hat, aber hier bei uns waren die Auswirkungen verheerend. Nicht ganz die Große Depression, auf die wir uns noch vor achtzehn Monaten gefasst gemacht hatten, aber schrecklich genug, schrecklich für so viele, die sie mit voller Wucht getroffen hat. Arbeit verloren, Haus verloren, Zerfall ganzer Städte und Gemeinden. Wie bei jedem wirtschaftlichen Zusammenbruch in der Vergangenheit, bei jeder geplatzten Blase seit Anbeginn des Kapitalismus, war auch diesmal historische Blindheit die Ursache, der unbedarfte Glaube, dass etwas, das aufwärts geht, niemals runterkommen kann, ganz gleich, wie oft die Rauf-runter-Dynamik in der Vergangenheit zum Tragen gekommen ist. In diesem Fall die irrige Annahme, es werde mit den Immobilienpreisen ewig aufwärtsgehen. Also verkauft man Häuser an Leute, die sie sich nicht leisten können, denn am Ende werden sogar sie als Gewinner dastehen. Und dann, noch schlimmer, schnürt man alle diese heiklen, unabzahlbaren Hypotheken zu Wertpapierbündeln zusammen (seltsam, hier von *Wert* zu sprechen), denn in einer Welt, in der es nur Aufwärts und kein Abwärts gibt, muss ja schließlich jeder seinen Profit machen. Angebliche Fachleute haben sich auf diesen Unsinn eingelassen, und jetzt sieh uns an. Das Unheimliche daran – zumindest hier bei uns – ist, dass niemand in der Finanzwelt zu irgendeiner Einsicht gekommen zu sein scheint.

Ich habe vor kurzem Kleist gelesen, insbesondere seine Erzählungen und Briefe. Ich weiß noch, wie tief beeindruckt ich war, als ich ihn mit Anfang zwanzig gelesen habe, aber jetzt bin ich überwältigt. Seine Sätze sind frappierend – wuchtige Axtschläge von Gedanken, ein unerbittliches Erzähltempo, ein erdrückendes Gefühl von Ausweglosigkeit. Kein Wunder, dass Kafka ihn so sehr gemocht hat …

Erzähl mir von deinen Plänen für Italien im Juni. Siri und ich würden uns sehr freuen, Dich wiederzusehen.

Herzlich,
Paul

Lieber Paul,

vielen Dank für Deinen Brief vom 7. April. Ich habe mich mit den Leuten von Einaudi in Verbindung gesetzt und hoffe, Dich und Siri im Juni in Pietrasanta zu treffen.

Seit Deinem Brief hat es weitere Entwicklungen in der Debenedetti-Affäre gegeben, wie Du bestimmt mitbekommen hast. Es stellt sich heraus, dass Du und ich nur zwei von einer Vielzahl von Opfern dieses Mannes sind. Mein Italienisch taugt nicht viel, aber nach dem Überfliegen seines erfundenen Interviews mit mir schließe ich, dass er mich als Sprachrohr für bestimmte eigene Ansichten über Afrika und Südafrika benutzt, auf ganz ähnliche Weise, wie er Philip Roth als Sprachrohr für seine Ansichten über Barack Obama nutzt.

Das Interview mit Dir konnte ich nicht finden.

Wenn das seine Vorgehensweise ist, dann scheint sein allgemeines Ziel wohl zu sein, eine Schar literarischer Berühmtheiten zu versammeln, um die Debenedetti'sche Sicht der Welt zu verkünden.

Wir leben in einer Zeit, in der wirklich nur der Verleumdungsparagraph Möchtegern-Schriftsteller wie Debenedetti davon abhält, uns – und hier mag *uns* jeden einschließen, dessen Name mehr oder weniger weithin bekannt ist – in von ihnen erfundene Charaktere zu verwandeln und uns Ansichten verkünden und Handlungen durchführen zu lassen, die uns vielleicht amüsieren, beunruhigen, beleidigen, abstoßen oder sogar entsetzen. Wenn solche Projekte erfolgreich sind, dann werden am Ende die Pseudo-Ichs, die für uns geschaf-

169

fen wurden, mit ihren verdammt unkomplizierten Meinungen im öffentlichen Bewusstsein vorherrschen, während unser »wahres« Ich und unsere »wahren« (und ermüdend verworrenen) Meinungen nur einigen wenigen Freunden bekannt sein werden. Der Triumph der Nachahmungen.

Du schneidest das Thema Israel an. Mir fällt es schwer, mich über Israel zu äußern, aber wenn Du Geduld mit mir hast, werde ich versuchen, meine verworrenen Gedanken zu ordnen.

Ich verfolge die Nachrichten über Israel/Palästina mit solchen Gefühlen der Bestürzung und des Abscheus, dass es manchmal einen Kampf bedeutet, nicht einfach eine Plage auf beide Häuser herabzuwünschen und sich abzuwenden. Den Palästinensern ist gewaltiges Unrecht angetan worden – das erkennen wir alle an. Man hat ihnen die Konsequenzen von Ereignissen in Europa aufgebürdet, für die sie in keiner Weise verantwortlich waren und die – wie Du in Deiner Wyoming-für-die-Juden-Phantasie aufzeigst – auf ein halbes Dutzend andere Arten hätten gelöst werden können, ohne dass die Palästinenser von ihrem Land hätten verjagt werden müssen.

Aber was geschehen ist, ist geschehen, es kann nicht ungeschehen gemacht werden. Israel existiert und wird eine lange Zeit existieren. Ich weiß, dass israelische Politiker gern Bilder beschwören von arabischen Armeen, die über die Grenzen vordringen, die Männer abschlachten, die Frauen vergewaltigen und auf die Bundeslade urinieren, aber Tatsache ist, dass die Araber, obwohl sie es ein halbes Jahrhundert mit allen Kräften versucht haben, keinen Quadratmeter palästinensischen Bodens zurückerobert haben; und es gibt keinen unparteiischen Beobachter, der glaubt, sie würden erfolgreicher sein, wenn sie eine neue Invasion versuchten.

Es gibt so etwas wie eine Niederlage, und die Palästinenser haben eine Niederlage erlitten. So bitter ein solches Schicksal sein mag, sie müssen es auskosten, es bei seinem wahren Namen nennen und es schlucken. Sie müssen die Niederlage eingestehen und sie konstruktiv annehmen. Die unkonstruktive Alternative ist, weiter revanchistische Träume zu nähren von einem Morgen, in dem durch ein Wunder alles Unrecht korrigiert werden würde. Anregung für ein konstruktives Akzeptieren der Niederlage könnten sie sich beim Nachkriegsdeutschland von 1945 holen.

Was ich Träume von einer endgültigen Revanche nenne, würden die Palästinenser Träume von der endgültigen Gerechtigkeit nennen. Aber bei einer Niederlage geht es nicht um Gerechtigkeit, es geht um Macht, um größere Macht. Solange die Israelis unter der Oberfläche der palästinensischen Appelle für ein gerechtes Abkommen Träume von einer endgültigen Umkehr der Machtverhältnisse brodeln sehen, wird ihre Haltung gegenüber einer Verhandlungslösung weiter lau – mehr als lau – sein.

Die Palästinenser brauchen einen, der die Größe hat zu sagen: »Wir haben verloren, sie haben gewonnen, lasst uns die Waffen niederlegen und die bestmöglichen Kapitulationsbedingungen aushandeln, wobei wir gewiss sein können, wenn das ein Trost ist, dass die ganze Welt zuschauen wird.« Mit anderen Worten, sie brauchen einen großen Mann, einen Mann mit Weitblick und Mut, der aus ihren Reihen auf die Bühne kommt. Was aber Weitblick und Mut angehen, so kommen mir die Führer, die bisher aus den Reihen der Palästinenser hervorgegangen sind, leider wie Zwerge vor. Und wenn zufällig doch ein Retter auftauchen sollte, wette ich, dass er nur zu bald erschossen werden würde.

Vielleicht ist es an der Zeit, dass die Frauen Palästinas die Führung übernehmen.

Nachdem ich über die Palästinenser gesagt habe, was ich gesagt habe, muss ich nun fortfahren und feststellen, dass an der Art und Weise, wie sich aufeinanderfolgende israelische Regierungen benommen haben – demokratisch gewählte Regierungen, die unter einer schlechten, schlechten Verfassung gearbeitet haben, die nie geändert werden wird, es sei denn durch eine nicht verfassungskonforme Aktion –, etwas so Hässliches ist, dass sich einem wirklich der Magen umdreht. Es gibt wirklich nur ein Wort, das beschreibt, was vor kurzem im Libanon und in Gaza angerichtet wurde, und das Wort heißt *schrecklich*. *Schrecklichkeit*: ein hässliches, hartes Wort – ein Hitler'sches Wort – für eine hässliche, harte, herzlose Art, mit Menschen umzugehen. Denn jedem von uns, der geneigt sein könnte, die im Grunde genommen progressive Auffassung zu hegen, dass die Menschheitsgeschichte Lehren bereithält, die wir beachten sollten, wenn wir bessere Menschen werden wollen, muss die Frage zu denken geben: Welche Lektion hat die Geschichte Israel gelehrt?

Ich habe den größten Teil meines Lebens in Südafrika verbracht, wo es viele Weiße gab, die sich über Schwarze innerhalb desselben Spektrums äußerten, das von freundlich-herablassender Haltung über eindeutige Verachtung bis zu tief sitzendem Hass reicht, das man hört, wenn Israelis – viele, viele Israelis – über Araber sprechen. Es gibt »gute« Israelis (ich habe einige kennengelernt; sie sind das Salz der Erde), wie es »gute« Weiße im alten Südafrika gab. Aber dahinter steckt keine tröstliche Lehre. Wenn die »bösen« südafrikanischen Weißen besiegt wurden, dann nicht, weil die »guten« Weißen sie von der Falschheit ihrer Verhaltensweisen überzeugten und sie dazu brachten zu bereuen. Wenn die »bö-sen« Israelis jemals besiegt werden sollten, wird das nicht ge-schehen, weil die »guten« Israelis sie beschämt haben. Es wird aus ganz anderen Gründen geschehen, die jetzt für uns noch nicht zu sehen sind.

Weil man mich für einen Linken hält, werde ich gebeten, Petitionen zugunsten der Palästinenser zu unterschreiben und allgemein ihre Sache zu unterstützen. Manchmal erfülle ich diese Bitten, manchmal nicht; die Entscheidung verlangt immer eine Gewissensprüfung. In dieser Hinsicht bin ich kein Einzelfall, da bin ich sicher. Wie viele andere westliche Intelektuelle bin ich innerlich zerrissen beim Gedanken an Israel/Palästina.

Es gibt zwei Gründe, warum besonders ich mich innerlich zerrissen fühlen sollte. Der Erste ist, dass das jüdische Ele-ment in der westlichen Kultur einen prägenden Einfluss auf mich gehabt hat. Ich wäre nicht, der ich bin, ohne Freud oder Kafka, ganz zu schweigen vom abweichlerischen jüdischen Propheten Jesus von Nazareth. Während die arabische Kul-tur und die muslimische Religion, einmal abgesehen von ih-rer objektiven Bedeutung, nichts dazu beigetragen haben, mich zu formen.

Natürlich bedeuten Freud und Kafka Benjamin Netanjahu nichts, der Erbe des Schlimmsten, nicht des Besten in der jü-dischen Vergangenheit ist. Ich habe keine Gewissensbisse, wenn ich leidenschaftlich auf den Sturz Netanjahus und sei-ner Konsorten hoffe und auf die Ankunft einer neuen Füh-rungsriege mit der Courage, der jüdischen Rechten die Stirn zu bieten.

Doch es gibt eine zweite Überlegung. Ich habe jüdische Freunde, denen das Schicksal des Staates Israel sehr viel bedeutet. Wenn ich zwischen meinen Freunden und dem Prinzip der historischen Gerechtigkeit zu wählen habe, muss ich leider sagen, dass ich meine Freunde wähle – nicht bloß weil sie meine Freunde sind, sondern weil ich glaube, dass ihre Verbundenheit mit Israel (die nicht unbedingt die Unterstützung für eine bestimmte israelische Regierung bedeutet) tief durchdacht und tief empfunden ist und zu gewissen Zeiten ziemlich sorgenvoll. Ich teile diese Verbundenheit nicht, aber wie bei der Liebe, wo die Geliebte recht hat, selbst wenn sie unrecht hat, so ist es auch bei der Freundschaft.

Was Kleist betrifft, so unterstreiche ich jedes Wort, das Du gesagt hast. Wenn Du eine Seite Kleist aufschlägst, dann wird Dir klargemacht, dass es eine A-Liga von Schriftstellern gibt, die sehr wenige Mitglieder hat und wo das Spiel, das gespielt wird, sich sehr vom Spiel in der bequemeren B-Liga unterscheidet, an die man gewöhnt ist: viel härter, viel schneller, viel klüger, und es geht um viel mehr.

(Übrigens habe ich kürzlich Eric Rohmers Adaption von Kleists *Marquise von O.* wiedergesehen. Ich begreife den Film als einen Tribut vonseiten der Zivilisation – Rohmer hatte eine so zivilisierte Sensibilität, dass ich überrascht bin, dass er in der Filmwelt vorangekommen ist – an das Mysterium des Genies.)

Herzliche Grüße
John

174

Lieber John,

tut mir schrecklich leid, dass das Fax nicht eingestöpselt war. Zur Zeit werden die Eingangsstufen zu unserem Haus ausgebessert, und offenbar hat ein Arbeiter die Steckdose für sein Werkzeug gebraucht und dann vergessen, das Fax wieder anzuschließen. Als Dein Brief dann gestern durchkam, stellte ich fest, dass die Tintenpatrone so gut wie leer war. Die ersten beiden Seiten sind perfekt, auf den Seiten 3 und 4 ist einiges ziemlich verschwommen. Ich glaube, ich habe alles entziffern können, aber wenn Du Zeit hast, schick mir zur Sicherheit diese Seiten doch bitte noch einmal.

Dass unsere Wege sich im Juni kreuzen werden, freut Siri und mich natürlich sehr. Wenn ich nicht irre, sehen wir uns dann zum fünften Mal binnen zweieinhalb Jahren. Nicht schlecht, wenn man bedenkt, wie weit Adelaide und New York auseinanderliegen. Dazu kommt (und das ist auch schon ein Rekord), dass jede dieser Begegnungen in einem anderen Land stattgefunden haben wird. Australien, Frankreich, Portugal, Amerika und jetzt Italien.

Zu Debenedetti: Nein, ich bin über die weitere Entwicklung nicht auf dem Laufenden. Gibt es im Internet eine Seite, die darüber informiert? Das würde ich mir gern mal ansehen. Das gefälschte Interview mit mir wurde in einer Zeitung namens (glaube ich) *Il Nazionale* abgedruckt. Anscheinend hat er anderswo ein zweites Interview angeboten, aber dort war der Redakteur misstrauisch und hat abgelehnt. Das publizierte habe ich überflogen, und als ich mich New York mit einer Frau vergleichen sah, stand für mich fest, dass der Text frei erfunden war. Ich habe in meinem Leben viel dummes Zeug geredet, aber so dummes nun auch wieder nicht.

Warum wir miteinander Briefe wechseln, warum wir damit weitermachen, zeigt sich für mich aufs Schönste an Deiner Reaktion auf meine Bemerkungen über Kleist. Ja. Und ja. Und ja zu allem, was Du dazu schreibst.

Am 30. April werden Siri und ich nach Jerusalem fliegen und dort acht oder neun Tage bleiben. Deine Ausführungen zu Israel kommen daher genau im richtigen Augenblick. (Ich lege einen Artikel aus der *New York Times* von heute bei, gelesen vor einer Stunde beim Frühstück. Nicht allzu tiefschürfend, aber doch einigermaßen aufschlussreich, was die Ereignisse dort anbetrifft – nicht zuletzt die deprimierende, leider aber zutreffende Bemerkung über »die schrumpfende politische Linke«.)

Du schreibst von »verworrenen Gedanken«. Angesichts der verworrenen Lage wüsste ich nicht, wie man sich etwas anderes als verworrene Gedanken darüber machen könnte. Meine Scherzlösung, die Israelis nach Wyoming umzusiedeln, ist ebenfalls ein Beispiel für wirres Denken – aber auch Ausdruck völliger Verzweiflung und der Überzeugung, dass die beiden Seiten sich niemals werden einigen können. Wie sagt Amos Oz so schön: »Macht Frieden, nicht Liebe.« Aber nicht einmal das scheint noch möglich.

Wirr, und wie Du auch sagst: *zerrissen.* Selbst ich, ein Jude, geboren ein Jahr vor der Gründung des Staates Israel, bin nicht weniger zerrissen als Du.

Wir alle wissen, warum Israel gegründet wurde, wir alle können uns ohne weiteres vorstellen (oder uns daran erinnern), was für ein Klima unmittelbar nach dem Zweiten Weltkrieg geherrscht hat, und verstehen, warum so viele von der Notwendigkeit eines jüdischen Staates überzeugt waren. Aber das heißt nicht, dass es jemals eine gute Idee gewesen ist. Leider gibt es kein Zurück, und, wie Du sagst, was geschehen ist, ist geschehen, und kann nicht ungeschehen gemacht werden.

Fest steht, dass beide Seiten sich schlecht benommen haben. Die israelische Expansion ins Westjordanland nach dem Krieg von 1967 hat eine unerträgliche Situation geschaffen, die mit den Jahren immer nur noch unerträglicher zu werden scheint. Das Leid und die Erniedrigung der Palästinenser schreien zum Himmel. Und die Rechte in Israel wird immer stärker, wobei mich maßlos ärgert, dass viele dieser Siedler *Amerikaner* sind – größtenteils junge religiöse Fanatiker, orthodoxe Juden aus Brooklyn, die nach Israel gezogen sind, um die Cowboy-und-Indianer-Phantasien ihrer Kindheit auszuleben. Diese Leute sind verrückt, bar jeglicher Vernunft, und ihre Anwesenheit dort steht in völligem Widerspruch zu dem, was für das Land Israel ursprünglich gedacht war: säkular, sozialistisch, tolerant.

Was Du in Deinem Brief über die Führung der Palästinenser sagst, sage auch ich seit Jahren mit annähernd den gleichen Worten. Hätte anstelle von Arafat ein nahöstlicher Gandhi den politischen Diskurs bestimmt, würden die Palästinenser garantiert schon seit zwanzig, dreißig Jahren einen eigenen Staat haben. Dazu kommt die widerwärtige Heuchelei der arabischen Nachbarstaaten, die ihrem Öl sei Dank so reich sind, dass sie den Palästinensern mühelos Unmengen an Geld zur Verfügung hätten stellen können, um ihnen beim Aufbau einer lebensfähigen, florierenden Gesellschaft zu helfen. Aber die schauen bloß tatenlos zu und benutzen das Leid der Palästinenser als Propagandawerkzeug gegen Israel.

Wegen meiner wirren Gedanken, meiner wirren Gefühle, habe ich mich bis kurz vor meinem fünfzigsten Lebensjahr dagegen gesträubt, nach Israel zu reisen. Dann lud mich die (von Teddy Kolek geleitete) Jerusalem Foundation für drei oder vier Wochen als »writer in residence« in Mishkenot Sha'ananim ein, und ich beschloss, die Einladung einzunehmen. Im Januar 1997 brach ich mit Siri und der neun Jahre alten Sophie auf. Der schreckliche Netanjahu war Premierminister, und da ich ihn in einem Interview »dumm und böse« genannt hatte, wurde ich von der rechtsgerichteten Presse ziemlich scharf angegriffen, insbesondere von der *Jerusalem Post*. Aber egal. Ich stehe immer noch dazu, und die Wahrheit ist, dass wir während unseres Besuchs ausschließlich Leute kennenlernten, die man als »gute Israelis« bezeichnen muss – und, ja, sie waren wahrhaftig das Salz der Erde, außerordentlich dynamisch, aufmerksam und sympathisch.

Trotzdem nahm ich den Eindruck mit, dass die größte Bedrohung für Israel nicht die Palästinenser waren, sondern die Israelis selbst; dass das Land so gespalten war (vierzehn Monate nach der Ermordung Rabins), dass man einen Bürgerkrieg befürchten konnte. Inzwischen hat sich, wie ich höre, allgemeine Apathie breitgemacht, kaum jemand gibt noch etwas auf Politik, und die jungen Leute machen gar nicht mehr mit. In etwas mehr als einer Woche werde ich die Chance haben, mir selbst ein Urteil zu bilden.

Weiteres demnächst …

Herzlich,
Paul

Lieber John,

wir sind zurück aus dem Land der Qual. Nach dreizehn Jahren war ich also wieder in Israel, und was ich dort gesehen, gehört und empfunden habe, hat alle meine Befürchtungen bestätigt. So schlimm die Lage 1997 war, jetzt ist sie noch viel schlimmer. Die »guten Israelis« (wie Du sie in Deinem letzten Brief nennst) leben in einem Zustand der Verzweiflung. Die anderen weisen grimmig und verstockt alles von sich.

Die Tragödie ist umso furchtbarer, als sie sich in einer der schönsten Städte der Welt abspielt. Jerusalem in voller Blüte, im Mailicht, die Erhabenheit der Steine, die Pracht der Farben. Und doch, unter all dem, Wahnsinn und Hass, der Tod der Hoffnung. Wie ein Freund, der in Tel Aviv lebt, es ausdrückte: »Jerusalem ist keine Stadt mehr. Sondern eine Seuche, eine Krankheit.«

Dennoch, an der Oberfläche geht das Leben weiter. Das Literaturfestival war glänzend organisiert, mit Schriftstellern aus aller Welt und ausverkauften Veranstaltungen. Intellektuellen und Künstlern scheint es gutzugehen, und Siri und ich waren sehr beeindruckt von manchen Leuten, die wir kennenlernten. Aber niemand – von ganz wenigen Ausnahmen abgesehen – hat mehr Interesse daran, über die »Situation« zu reden. Die meisten wirken zermürbt und haben die Nase gestrichen voll von der ganzen Sache.

Ein paar Begegnungen mit Journalisten ließen sich natürlich nicht vermeiden. Ihre erste Frage war immer dieselbe: »Hatten Sie Bedenken oder Vorbehalte, nach Israel zu kommen?« Und dann die Bitte, etwas zur »Situation« zu sagen – also zu dem Thema, zu dem sich kaum noch ein Israeli äußern will. Ich kenne kein anderes Land, in dem eine solche Bitte möglich ist. Ein ausländischer Schriftsteller auf Besuch in Frankreich oder Italien würde niemals gebeten werden, sich zur französischen oder italienischen Politik zu äußern. Allenfalls würde man gebeten, sich zu den Zuständen im eigenen Land zu äußern. Aber die israelischen Journalisten, mit denen ich gesprochen habe, wollten von mir nichts über Amerika hören – nur über Amerika in seinem Verhältnis zu Israel. Immer wieder musste ich beteuern, dass Obama nicht gegen Israel ist, dass seine Forderungen an die Israelis, mit dem Bau neuer Siedlungen aufzuhören, ausschließlich das Ziel verfolgen, das Land von seiner selbstmörderischen Politik abzubringen.

Natürlich haben alle Länder ihre Probleme. Aber kein anderes Land fühlt sich in seiner Existenz bedroht, muss buchstäblich mit seiner Auslöschung rechnen. Angst macht die Israelis blind, sie sehen nicht, dass sie die einzige militärische Supermacht in der Region sind. Angst macht sie zu Egomanen und führt dazu, dass sie sich vom Rest der Welt abschotten.

Abgesehen von der Palästinafrage, der Zweistaatenlösung und dem seit dreiundvierzig Jahren andauernden totalen Stillstand hat mich am meisten die Einstellung der jüdischen Israelis gegenüber den arabischen Israelis geschmerzt – Letztere machen etwa 18 % der Bevölkerung aus. Wenn man bedenkt, dass in den Vereinigten Staaten nur 12 % Schwarze leben und dass diese 12 % im Leben des Landes eine bedeutende Rolle spielen, ist es erschreckend zu sehen, wie wenig Kontakt zwischen Mehrheit und Minderheit es in Israel gibt.

Die Araber sind *Staatsbürger*, aber ihre Mitbürger wollen nichts mit ihnen zu tun haben. Bestenfalls unterschreiben die Juden das alte Konzept von »getrennt, aber gleichberechtigt« –, was sich für meine amerikanischen Ohren grotesk vertraut anhört. Ich würde nicht so weit gehen und Israel einen Apartheid-Staat nennen, aber von Rassendiskriminierung scheint es mir nicht weit entfernt zu sein, und das ist deprimierend genug.

Das Schlimmste: die Zäune, die sogenannten Sicherheitsschranken. Als ich das zum ersten Mal sah, wurde mir schwer ums Herz, und dann sagte ich mir: Dieses Land könnte von Jonathan Swift erfunden worden sein.

Der Hauptgrund für unseren Besuch dort war der, ein wenig Zeit mit unserem Freund David Grossman zu verbringen. Er und seine Frau trauern noch immer um ihren Sohn (der vor knapp vier Jahren getötet wurde), aber die Mahlzeiten und Gespräche mit den beiden haben die Reise trotz allem gelohnt. Ein glücklicher Zufall will es, dass David nächsten Monat für das Mondadori/Einaudi-Wochenende nach Italien reist. Ich kann Dir gar nicht sagen, wie sehr ich mich darauf freue, Dich dort zu sehen und wieder ein paar Tage mit Dir zu verbringen.

Herzlich,
Paul

Lieber Paul,

vielen Dank für Deinen Brief vom 11. Mai, in dem Du von
Deinem Besuch im Land der Qual, wie Du es nennst, berichtest. Ich habe nicht viel Verständnis für die heutigen Israelis,
oder wenigstens nicht für jene, die Netanjahu ins Amt ge-
wählt haben. Aber weil ich die 1970er und 80er Jahre in Südafrika miterlebt habe, kommt mir die Mischung aus Verfol-
gungswahn, Kampflust und Pessimismus, die Du beschreibst,
nur zu vertraut vor.

In letzter Zeit haben sich südafrikanische Historiker recht
intensiv mit der Erforschung der Art und Weise beschäftigt,
wie sich die südafrikanische Regierung von einer Israeli-ähn-
lichen Unnachgiebigkeit zu einer mehr oder weniger un-
blutigen Machtübergabe bewegt hat oder dazu bewegt wurde.
Anscheinend gab es intelligente Menschen in der Regierung
und der Armee, die schon 1980 erkannt haben, dass die Weißen ihr Machtmonopol nicht ewig behalten konnten. Was sie
davon abhielt, das öffentlich zu sagen, war eine wohlbegrün-
dete Furcht, ins politische oder berufliche Abseits befördert
zu werden.

Dadurch entwickelte sich eine paradoxe Situation, in der
die herrschende Elite eine wachsende Zahl von Menschen
einschloss, die wussten, dass die Apartheid eine Sackgasse
war, sich aber mit ihrem erzwungenen Schweigen abfanden,
während die tatsächliche Machtausübung immer mehr in die
Hände der letzten treuen Anhänger geriet, der rechten Ex-
tremisten.

Wenn hinter den Kulissen im Moment etwas Ähnliches in Israel im Gang ist, dann gibt es vielleicht doch noch Hoffnung. Ein Szenario: Die Macht geht von Netanjahu-Typen auf Lieberman-Typen über, und dann gibt es als Reaktion darauf eine nicht verfassungskonforme Palastrevolution.

Die große Leistung F. W. de Klerks war, dass er die Armeegeneräle auf seine Seite brachte. Das bewerkstelligte er hinter den Kulissen, ehe er seine dramatischen Reformanstrengungen unternahm. Vielleicht wird in Israel eines Tages die Armee die Politiker zwingen, zur Vernunft zu kommen. Wunschdenken? Du kennst das Land besser als ich.

Das Zusammentreffen mit Dir und Siri in Pietrasanta, wenn auch nur kurz, war der Höhepunkt dieser letzten Reise. Es war sehr freundlich von den Verantwortlichen bei Einaudi, uns zusammenzubringen.

Ich habe genug kulturelle Veranstaltungen in Italien miterlebt, um mich vom Chaos, mit dem sie einherzugehen scheinen, nicht irritieren zu lassen. Keiner weiß genau, wo die Versammlung stattfinden soll, der Mann, der für die Tonanlage zuständig ist, ist unauffindbar, die Dolmetscherin ist aufgebracht, weil keiner ihr den genauen Ablauf mitgeteilt hat, et cetera pp. Doch wenn es so weit ist, geht alles glatt vonstatten: Das Publikum weiß auf wundersame Weise, wo es hinkommen muss, die Tonanlage funktioniert, die Dolmetscherin macht einen erstklassigen Job. Das Chaos hat getäuscht: Wir können eine Veranstaltung völlig effizient durchführen, scheinen die Italiener zu sagen, ohne Effizienz zum Fetisch zu machen – wir können die Durchführung einer Veranstaltung an sich sogar zu einer unterhaltsamen kleinen Komödie machen.

Nachdem ich mich von euch in Pietrasanta verabschiedet

hatte, reiste ich nach Genua. Danach hatte ich eine gemütliche Bahnfahrt nach Toulouse geplant. Aber die Hand Gottes mischte sich ein in Gestalt von Überschwemmungen und Unterspülungen im Tarn-Tal. Es fuhren keine Züge mehr, und ich musste einen Flug ab Nizza organisieren.

Wieder daheim in Adelaide existiere ich in einer achtstündigen Zeitverschiebung zum Leben um mich herum, und es fällt mir im gegenwärtigen kalten und wolkenreichen Wetter schwer, meine innere Uhr anzupassen. Daher bleibe ich die ganze Nacht auf und schlafe am Tag. Ein zufälliger Vorteil ist, dass ich die Fußballweltmeisterschaft live sehen kann.

Ich bin nie ein wahrer Fußballfan *(The Beautiful Game)* gewesen, und was ich aus Südafrika zu sehen bekomme, trägt wenig dazu bei, meine Haltung zu korrigieren. Es gibt wohl keine andere Sportart, bei der die Spieler so viel Zeit damit zubringen, einander zu foulen und ganz allgemein hinter dem Rücken des Schiedsrichters gegen die Regeln zu verstoßen. Die Tatsache, dass das alles sehende Auge der Fernsehkamera ihre kleinlichen Betrügereien einfängt und weltweit sendet, scheint ihnen egal zu sein. Schamlosigkeit regiert.

Viele Grüße
John

Lieber John,

vielen Dank für Deinen Brief, den ich eben unten im Faxgerät gefunden habe. Ich wollte Siri schon bitten, Dir noch eine E-Mail zu schicken – »Fax repariert« –, aber offenbar bist Du schon selbst dahintergekommen.

Ja, es war ein großes Vergnügen, Dich in Italien zu sehen. Der Ausflug nach Lucca, das gute Essen, die Gespräche. Natürlich zu wenig Zeit, aber immer noch besser als nichts. Wir werden uns in nicht allzu ferner Zukunft wiedersehen müssen, aber ich fürchte, das wird erst möglich sein, wenn Du im Herbst 2011 nach Toronto kommst. Vielleicht kannst Du (mit Dorothy?) uns anschließend in New York besuchen – oder, falls das nicht geht, vielleicht können Siri und ich Dich in Kanada besuchen, das ist ja nicht weit von hier, jedenfalls verglichen mit Australien.

Genau wie Du habe ich mir, vom Jetlag geplagt, einige Spiele der Weltmeisterschaft angesehen. In Amerika werden die Spiele frühmorgens und nachmittags übertragen, und weil ich seit der Rückkehr aus Europa immer *sehr* früh aufgestanden bin, hatte ich mir schnell angewöhnt, den Fernseher einzuschalten. Als alten Sportfan hat mich das Geschehen bald in Bann geschlagen. Du hast als Junge wahrscheinlich Fußball gespielt. Ich nicht, weshalb ich mich mit dem Spiel längst nicht so gut auskenne wie Du. Ich stimme Dir zu, die vielen Fouls und die Schauspielerei sind dumm und ärgerlich und passen so gar nicht zu der stoischen, »sportlichen« Haltung, mit der ich aufgewachsen bin, aber wenn auch das

Schöne Spiel nicht immer schön ist, hat es doch seine schönen Seiten. Der Schneid der Amerikaner, nach Rücklagen immer wieder aufzustehen, die Gemütsruhe der Niederländer, mit der sie die Brasilianer geschlagen haben, Tempo und Präzision der Deutschen. Ich halte zu Holland, die großartigen Verlierer vergangener Meisterschaften, aber ich fürchte, die Deutschen werden zu stark für sie sein. (Wenn Du diesen Brief liest, werden wir wissen, ob meine Vorhersage gestimmt hat.)

Was mich am Fußball jedoch irritiert, ist die Rolle der Uhr. Das Spiel geht ununterbrochen seinen Gang, Spieler trödeln, verzögern, wälzen sich nach einem Tor zwei Minuten lang in Knäueln jubelnd auf dem Spielfeld herum, und am Ende einer Halbzeit gibt der Schiedsrichter willkürlich ein paar Minuten Verlängerung zu. Bei den Sportarten, wo Zeit eine Rolle spielt und in denen ich mich am besten auskenne – Basketball und Football –, ist »Zeitmanagement« ein wesentlicher Teil des Spiels. Sobald der Ball das Spielfeld verlässt, wird die Uhr angehalten. Beim Basketball muss ein Angriff nach maximal vierundzwanzig Sekunden abgeschlossen werden; beim Football muss der nächste Angriff nach spätestens fünfundvierzig Sekunden gestartet werden. Das alles finde ich sinnvoll. Beim Fußball hingegen herrscht eine Art Lethargie oder Laschheit, die mir die Bedeutung der Uhr zu untergraben scheint – das passt nicht zusammen, schließlich wird das Spiel doch von der Uhr bestimmt. Mache ich mich verständlich?

Ich glaube nicht, dass ich Israel besser kenne oder verstehe als Du, schließlich war ich erst zweimal dort. Dein Vergleich mit dem Ende der Apartheid ist verlockend, verführerisch, auf verdrehte Weise optimistisch, aber … ich bin mir nicht sicher. Die Situation in Südafrika war im Wesentlichen hausgemacht: eine rassistische Regierung, die die Mehrheit ihrer Bürger unterdrückt hat. Aber Südafrika wurde nicht von seinen Nachbarn bedroht, wie es leider in Israel der Fall ist. So sehr ich die israelische Regierung für ihren Starrsinn verachte, für ihre falschen Ansichten und ihre Grausamkeit, ist doch die Bedrohung zweifellos real. Die einzige konstruktive Maßnahme der Israelis in den vergangenen Jahren – die Räumung jüdischer Siedlungen im Gazastreifen – hat etliche Katastrophen zur Folge gehabt. Die Wahl der Hamas, tausendfachen Raketenbeschuss über die Grenze, die Blockade – um nur ein paar zu nennen. Du fragst Dich, ob die israelische Armee sich eines Tages gegen die Regierung wenden könnte. Schon möglich, aber es scheint mir doch sehr weithergeholt. Allein schon deshalb, weil die Regierung das Militär mit Hinweis auf die ständige Bedrohung – sei sie real oder eingebildet – durch die Nachbarstaaten auf Linie halten kann.

Manchmal denke ich, der beste Weg, die Pattsituation zu beenden, wäre die Einstaatenlösung. Die zionistischen Prinzipien aufgeben, das Westjordanland und Gaza als Teil Israels erklären und den arabischen Einwohnern gleiche Bürgerrechte zugestehen. Aber dann sage ich mir, dass das niemals funktionieren kann. Israel würde zu einem zweiten Belgien. Einem mörderischen, von Hass verseuchten Belgien.

Einige Tage bevor wir Anfang Juni aus Europa abreisten, brachte die *New York Times Book Review* einen Artikel des amerikanischen Autors Jonathan Franzen zum siebzigsten Jahrestag des Erscheinens von Christina Steads *Der Mann, der seine Kinder liebte*. Eigentlich kein schlechter Artikel; im großen Ganzen recht scharfsinnig und wohlwollend, aber am Anfang stand der folgende Absatz, den ich äußerst sonderbar fand:

> Es gibt viele Gründe dafür, dass Sie *Der Mann, der seine Kinder liebte* in diesem Sommer nicht lesen sollten. Zum einen ist es ein Roman; und haben wir alle uns nicht in den letzten ein, zwei, drei Jahren insgeheim darauf geeinigt, dass Romane ins Zeitalter der Zeitungen gehören und denselben Weg wie diese gehen werden, nur schneller? Wie ein alter Freund von mir, ein Englischprofessor, zu sagen pflegt, haben Romane eine eigenartige moralische Dimension, insofern als wir Schuldgefühle haben, weil wir nicht mehr davon lesen, Schuldgefühle aber auch, weil wir es leichtfertig finden, sie zu lesen; und wären wir mit einem Grund für Schuldgefühle weniger nicht alle besser dran?

Franzen ist enorm erfolgreich hier – sowohl bei der Kritik als auch kommerziell. Er hat sein Leben lang Romane geschrieben, was doch wohl darauf hindeutet, dass er das Lesen von Romanen für eine gute Sache hält. Warum also beginnt er dann seinen Artikel mit einem Angriff auf sich selbst? Schließlich wurde der Artikel für ein Wochenmagazin geschrieben, das sich ausschließlich mit Büchern beschäftigt, und das heißt, dass jeder, der sich die Mühe macht, diesen Artikel zu lesen, an Büchern interessiert ist, ein Leser ist, nicht unbedingt von Sachbüchern, aber von Romanen – also genau das tut, wovon Franzen ihm sagt, das sollte er lieber lassen. Da bleibt mir nur, mich verblüfft am Kopf zu kratzen.

Siris siebenundachtzig Jahre alte Mutter ist jetzt bei uns, und übermorgen begleiten wir sie zu einer großen Familienfeier nach Norwegen. Mir graut bei der Vorstellung, schon wieder in ein Flugzeug zu steigen, aber wir müssen. Es könnte durchaus ihre letzte Reise in die Heimat sein, und da ruft die Pflicht. Am fünfzehnten kommen wir zurück, und dann werde ich mich in mein Zimmer einschließen und mich bis zum Ende des Sommers nicht mehr von der Stelle rühren.

Mit verschwitzten Grüßen
bei siebenunddreißig Grad im Schatten,
Paul

Lieber Paul,

im Sog der Fußballweltmeisterschaft habe ich mir Gedanken über die Frage gemacht, warum Du und ich, Du nicht mehr so jung wie einst und ich definitiv bejahrt, so viel Zeit damit verbringen, uns Sport, den wir selbst nicht mehr ausüben können, anzuschauen.

Die Antwort ist wahrscheinlich, dass wir beide im organisierten Sport und in dem Schauspiel des Sports, für das sich so viele Menschen begeistern, eins der wichtigsten sozialen Phänomene unserer Zeit sehen. Wir sehen das und heißen es vielleicht auch gut – heißen den Sport an und für sich gut und ebenso die indirekte Teilnahme am Sport.

Wir halten also den Sport für eine gute Sache. Aber warum? Denn Männersport macht aus einem bestimmt keinen besseren Menschen – es gibt zu viele Beispiele von Personen, die großartige Sportler sind, aber keine besonders guten Menschen. Doch vielleicht gibt es da etwas, das wir nicht thematisieren wollen. Ich verweise auf meine kürzlichen Äußerungen über die Palästinenser, für die es vielleicht gut wäre, wenn sie eine Niederlage wegzustecken lernten, und möchte einige Gedanken mitteilen, die ich mir über das Verlieren beim Sport gemacht habe.

Man denke an das Profitennis. Zweiunddreißig Männer nehmen an einem Turnier teil. Die Hälfte von ihnen wird in der ersten Runde verlieren und nach Hause gehen, ohne etwas von der Süße des Siegs gekostet zu haben. Von den sechzehn Verbleibenden werden noch einmal acht nach Hause gehen, die einen einzigen Sieg und danach Niederlage und Ausscheiden erlebt haben. Aus menschlicher Sicht wird die vorherrschende Erfahrung des Turniers die der Niederlage sein.

Oder betrachten wir das Boxen. Ein Boxer schafft es in den Caesars Palace mit einer Bilanz von zweiunddreißig Siegen und drei Niederlagen. Aber wie steht es um die zweiunddreißig Burschen, die er besiegt hat, die es nie in den Caesars Palace oder einen anderen glamourösen Austragungsort schaffen werden? Wie steht es um die, die keinen einzigen Kampf gewinnen, die Profi-Verlierer, Männer, die nur in den Ring geschoben werden, weil es keinen Gewinner geben kann, wenn da nicht auch ein Verlierer ist?

Im Sport gibt es Gewinner und Verlierer; was keiner gern sagen will (ist es zu offensichtlich?): Es gibt viel mehr Verlierer als Sieger. Bei der Tour de France, die gerade ausgetragen wird, während ich das schreibe, traten ungefähr 200 Starter an, von denen einer am Ende als Sieger in der Gesamtwertung feststeht, während 199 Nicht-Sieger sein werden, d.h., ganz gleich, welche tröstenden Dinge sie sich sagen werden, Verlierer.

Sport lehrt uns mehr über das Verlieren als über das Siegen, weil einfach so viele von uns nicht gewinnen. Vor allem aber lehrt er, dass es okay ist zu verlieren. Verlieren ist nicht das Schlimmste auf der Welt, weil im Sport, anders als im Krieg, dem Verlierer nicht vom Sieger die Kehle durchgeschnitten wird.

Man denke an den außerordentlich interessanten Moment im Leben eines kleinen Jungen, wenn er vom Sport als Spiel, bei dem ihn die Erwachsenen oder die älteren Jungen die ganze Zeit gewinnen lassen und ihm ganz allgemein das Gefühl verschaffen, dass er ein kleiner König ist, zum Echten übergeht, bei dem man, wenn man den Ball nicht trifft, ausscheidet, das Schlagholz an einen, der besser ist als du, weiterreichen und sich unrühmlich zurückziehen muss. Das versetzt der Psyche des kleinen Jungen einen Schock. Er möchte heulen, einen Wutanfall haben, alle die Tricks ausprobieren, die bei seinen Eltern funktionieren. Er möchte die Realität seinem Ego unterwerfen. Aber damit erreicht er nichts. »Stell dich nicht so an, Kleiner!« Aber auch: »Stell dich nicht so an, Kleiner – du bekommst eine neue Chance.«

Weil das die große Lehre des Sports ist. Man verliert die meiste Zeit, aber *solange du im Spiel bleibst*, gibt es immer ein Morgen, wieder eine Chance, sich hervorzutun.

In dieser großen Schule des Verlierens fliegst du nicht raus, es sei denn, du weigerst dich anzuerkennen, dass du verloren hast, es sei denn, du lehnst das Urteil des Spiels ab und begibst dich in erhabene Isolation.

Ich würde gern erleben, dass die Israelis und die Palästinenser einmal im Monat Fußball gegeneinander spielen, mit neutralen Schiedsrichtern. Da können die Palästinenser lernen, dass sie verlieren können, ohne alles zu verlieren (es gibt immer das Spiel nächsten Monat), während die Israelis lernen können, dass man gegen die Palästinenser verlieren kann, und was ist schon dabei?

Vielen Dank für den Brief (5. Juli). Eine kurze Bemerkung zur südafrikanischen Geschichte (»Südafrika wurde nicht von seinen Nachbarn bedroht«.) In den 1980er Jahren führte die südafrikanische Armee einen größeren Feldzug gegen kubanische Streitkräfte in Angola und verlor, oder musste zumindest Verluste hinnehmen, die sie nicht verkraften konnte. Sie war nicht nur zahlenmäßig unterlegen – die Kubaner flogen russische Kampfflugzeuge, die an Wendigkeit und Feuerkraft den französischen Mirage-Flugzeugen der Südafrikaner überlegen waren. Die Generäle kehrten heim und traten den Politikern entgegen. »Das Blatt hat sich zu unseren Ungunsten gewendet«, sagten sie. »Ihr müsst darauf reagieren.«

Tausende (Zehntausende?) Kubaner sind in afrikanischem Boden begraben. Aus kubanischer Sicht zählt ihre brüderliche Angola-Expedition als einer der Höhepunkte ihrer Geschichte.

Du zitierst in Deinem Brief den einleitenden Abschnitt einer vor kurzem erschienenen Rezension von Jonathan Franzen, der wiederum einen befreundeten Professor zitiert. Ich fürchte, die von dem Freund (ausgerechnet einem Englisch-Professor!) vertretene Haltung ist nur allzu typisch. Literaturprofessoren sind im Großen und Ganzen nicht auf dem Laufenden über Neuerscheinungen auf dem Gebiet der Lyrik und der Prosa, sie sehen es nicht als zu ihrem Aufgabengebiet gehörig. Wenn Du Leute treffen willst, die neue Literatur lesen, musst Du in die Buchklubs und Lesezirkel gehen, wo die Leser meist Frauen sind, die mit ihrem Abschluss in den Geisteswissenschaften etwas anfangen wollen. Aber Dir muss ich das nicht sagen.

Was Franzens eigene Position angeht – die mir nach dem von Dir zitierten Ausschnitt zu urteilen mit Ironie durchsetzt scheint –, vermute ich, dass ich mehr Verständnis für ihn habe als Du. Vor die Alternative gestellt, einen mittelmäßigen Roman zu lesen oder Laub im Garten zu harken, würde ich mich wahrscheinlich fürs Laubharken entscheiden. Mir bereitet das Lesen von Romanen nicht viel Vergnügen; und – was wichtiger ist – ich glaube, dass die Gleichgültigkeit gegenüber dem Lesen von Literatur als Freizeitbeschäftigung in der Gesellschaft wächst. Es ist inzwischen ziemlich respektabel, zumindest unter Männern, wenn man sagt, man lese überhaupt keine Literatur. Ich bin vom Fach und fachlich involviert, daher kannst Du mich nicht zum Maßstab nehmen. Aber ich muss schon sagen, dass ich ungeduldig werde bei Romanen, die nicht etwas versuchen, das noch nie vorher versucht wurde, am besten mit dem Medium selbst.

Viele Grüße
John

Lieber John,

einen der Gründe, warum ich nach all diesen Jahren immer noch so sehr am Baseball hänge, nennst Du selbst in Deinem Brief: die Häufigkeit der Niederlagen, die Unausweichlichkeit des Verlierens. Ein Blick auf die Tabelle in der heutigen Morgenzeitung zeigt, dass die Spitzenmannschaft dieser Saison achtundfünfzig Siege und vierunddreißig Niederlagen zu verzeichnen hat – also eine Erfolgsquote von 63 %, was bedeutet, dass die stärkste der dreißig Mannschaften in 37 % der Fälle frustriert nach Hause gegangen ist.

Baseball-Saisons sind sehr lang – 162 Spiele –, und im Lauf dieser sechs Monate macht jede Mannschaft Höhen und Tiefen durch: Pech- und Glückssträhnen, Verletzungen, schmerzliche Verluste, die den Verlauf eines wichtigen Spiels auf den Kopf stellen, unerwartete Siege in letzter Sekunde. Anders als beim Boxen – wo immer nur der eine Kampf der entscheidende ist – geht es beim Baseball über eine lange Strecke von Kämpfen, und wenn man eine Niederlage erlebt, muss man aufstehen und beim nächsten Mal wieder alles geben. Deswegen wird Beharrlichkeit beim Baseball so hoch geschätzt. Niederlagen schüttelt man ab, Siege nimmt man ohne übermäßigen Jubel mit. Man sagt, Baseball spiegle das Leben – es lehre einen, das Gute zusammen mit dem Schlechten anzunehmen. Die meisten anderen Sportarten spiegeln eher den Krieg.

Im Universum des Sports hat sich diesen Sommer viel Seltsames abgespielt. Das längste Set in der Geschichte des Tennis, bizarre Fehlentscheidungen von Schiedsrichtern bei der Weltmeisterschaft, die offizielle Rückkehr ins weibliche Geschlecht im Falle jener südafrikanischen Läuferin, deren Name mir gerade nicht einfällt. Am faszinierendsten ein Vorfall vor einigen Monaten bei einem Baseballmatch in der Major League – eine Geschichte, in der es weniger um Sport, eher um menschlichen Anstand geht. Grob geschätzt wurden in den vergangenen 120 Jahren etwa eine Viertelmillion Baseballspiele ausgetragen. Und in dieser ganzen Zeit hat nur zwanzigmal ein Pitcher ein perfektes Spiel hingelegt – also ein Spiel, in dem der Pitcher jeden Batter der gegnerischen Mannschaft von Anfang bis Ende out gemacht hat, siebenundzwanzig Batter nacheinander, drei pro Inning über alle neun Innings hinweg. Ein junger Pitcher aus Detroit, Galarraga (sehr jung, Anfang zwanzig, am Beginn seiner Karriere, ich hatte noch nie von ihm gehört), war drauf und dran, in den Palast der Unsterblichkeit einzugehen. Er hatte die ersten sechsundzwanzig Batter out gemacht, und als der siebenundzwanzigste auf der ersten Base abserviert wurde, sah es ganz danach aus, als habe das Tor des Palasts sich geöffnet, und er sei schon auf der Schwelle. Der Batter war eindeutig out (das wurde durch alle Zeitlupen aus sämtlichen Blickwinkeln einwandfrei bewiesen), aber der First-Base-Schiedsrichter, ein Mann namens Jim Joyce (James Joyce!) sah das anders und entschied auf safe. Ein unglaublicher Irrtum, vielleicht die schlimmste Fehlentscheidung in der Geschichte des Sports, und dann geschah etwas Wunderbares. Denn was tat Galarraga, als er begriff, dass man ihm sein perfektes Spiel kaputtgemacht hatte? Er lächelte. Kein höhnisches oder verächtliches Lächeln. Nicht einmal ein ironisches Lächeln, sondern ein echtes Lächeln, ein kluges Lächeln – als wolle er sagen:

»Natürlich. So ist das Leben, was kann man schon erwarten?«
Ich habe so etwas noch nie gesehen. Jeder andere Spieler in
dieser Situation hätte heftig protestiert und sich wütend über
die Ungerechtigkeit beschwert. Nicht aber dieser Junge. In
aller Ruhe, ohne eine Spur von Verärgerung (denn das Spiel
ging weiter) machte er den achtundzwanzigsten Batter out
und beendete damit ein perfektes Spiel, das perfekter war als
alle anderen und ihm niemals angerechnet werden wird.

Als Jim Joyce später die Zeitlupen sah, schämte er sich
sehr. »Ich habe den Jungen um sein perfektes Spiel gebracht«, sagte er und bat Galarraga öffentlich um Entschul-
digung – der nahm sie an und erklärte, jeder mache mal einen
Fehler, und er nehme ihm das nicht übel.

*

Verzeih mir, dass ich Angola vergessen habe. Dumm, dumm.
Aber trotzdem, würdest Du mir zustimmen, wenn ich sage,
dass die Apartheid eine innere Angelegenheit Südafrikas war
und dass die Welt jahrzehntelang tatenlos zugesehen hat, bis
dann in schon ziemlich fortgeschrittenem Stadium interna-
tionale Sanktionen verhängt wurden?

Ich weiß nicht, ob Du Dich daran erinnerst, aber mir hat
es sich unauslöschlich eingebrannt und macht mich immer
noch wütend: Irgendwann in den Siebzigern oder Achtzigern
forderte der US-Kongress die südafrikanische Regierung
symbolisch auf, Nelson Mandela aus dem Gefängnis zu entlassen. Die Erklärung wurde nahezu einstimmig abgegeben.
Unter den zwei oder drei Abweichlern: Dick Cheney.

*

Was das Lesen von Romanen angeht, so denke ich, Romanautoren selbst sollten von der Diskussion freigestellt werden.
Man kann nicht anderer Leute Romane lesen, während man
selber einen schreibt. Und wenn wir doch welche lesen,
sollen es natürlich keine mittelmäßigen sein. Laub rechen ist
zweifellos vorzuziehen (und ich hasse es, Laub zu rechen),
aber wir dürfen nicht vergessen, wie begeistert wir reagieren,
wenn wir auf etwas richtig Gutes stoßen. Und dann – ah, und
dann – wie könnten wir vergessen, mit welcher Leidenschaft
wir in unserer Jugend gelesen haben, als ginge es um unser
Leben?

Mir ist schon klar, dass Franzen in seinem ersten Absatz
versucht hat, komisch – oder ironisch – oder herausfordernd
zu sein. Nur ist der Witz bei mir nicht angekommen. Die
Verachtung für alles, was mit künstlerischen oder intellektuellen Bestrebungen zu tun hat, ist heutzutage in Amerika so
weit verbreitet, ein so fester Bestandteil rechtspopulistischen
Denkens, dass es mich schmerzt, wenn F. diese hässlichen
Plattitüden wiederkäut – auch im Scherz. Amerika ist schließlich das Land, wo George W. Bush, Spross einer reichen, pri-
vilegierten Familie, sich als »Mann von der Straße« bezeichnen kann – und damit durchkommt –, während Obama, der
in schwierigen Verhältnissen aufgewachsen ist, als »elitär«
gesehen wird, weil er ein paar Bücher geschrieben, in Columbia und Harvard gut abgeschnitten und als Juraprofessor gearbeitet hat.

*

Wir sind jetzt aus Norwegen zurück, das ich als das Land
ohne Pein bezeichnen müsste. Landschaften von unirdischer
Schönheit – buchstäblich nicht von dieser Welt, als seien wir

auf einem anderen Planeten gelandet. Siris Mutter, die noch vor sechs Wochen dem Tod geweiht schien, ist nach der Fehldiagnose eines Arztes wieder vollständig genesen und war die Königin des Familientreffens (insgesamt 49 Personen aller Altersklassen), letzte lebende Angehörige ihrer Generation und daher die Matriarchin, freilich eine stille, zurückhaltende, die es zufrieden war, sich in der Zuneigung ihrer Kinder, ihrer Nichten und Neffen, und der Kinder ihrer Kinder, Nichten und Neffen zu sonnen. Ein wunderbarer Anblick.

*

Neulich schrieb mir Philip Roth in einem Brief: »Die italienische Presse berichtet, Debenedetti habe erklärt, er wolle seine erfundenen Interviews in Buchform herausbringen, mit einem Vorwort von mir.«

Wie es aussieht, geht die Geschichte weiter.

Beste Grüße,
Paul

Lieber Paul,

heute Vormittag habe ich Philip Roth' *Exit Ghost* ausgelesen, und heute Abend habe ich mir François Ozons Film *Le temps qui reste (Die Zeit die bleibt)* angesehen. Ein gemeinsames Motiv: Krebs. *Exit Ghost* hat einen Siebzigjährigen zum Helden, der nach einer Prostata-Operation impotent ist und sich Hals über Kopf in eine junge Frau verliebt. Der Film handelt von einem ziemlich eitlen und egoistischen jungen Mann, der erfährt, dass er unheilbar an Krebs erkrankt ist und der im Laufe seiner letzten Tage wird, was man nur einen besseren Menschen nennen kann. Also: das eine ist eine Krebs-Komödie, von der bitteren Roth'schen Art, das andere eine ziemlich bewegende Elegie.

Ich finde nicht, dass *Exit Ghost* eine besonders bemerkenswerte Ergänzung des Roth'schen Werks darstellt. Ich weiß, dass Roth die Herausforderung schätzt, stereotypen Situationen etwas Frisches abzuringen, aber man kann das Thema des alternden Mannes, der gegen den körperlichen Verfall ankämpft, um seine Männlichkeit ein letztes Mal zu beweisen, nur eine gewisse Zeit lang mit Erfolg benutzen.

Ganz anders der Film von Ozon. Kennst Du sein Schaffen? Der Film ist auf seine Weise vollkommen, indem er die Einsamkeit der Sterbenden und die Mischung von Mitleid, Gleichgültigkeit und Angst einfängt, mit denen wir übrigen auf sie reagieren. Er benutzt auf zarte Weise eine kleine eingefügte Geschichte, die in anderen Händen hätte grotesk werden können: Eine Kellnerin nähert sich dem jungen

Mann in einem Café, macht ihm Komplimente über sein Aussehen und lädt ihn ein, sie zu schwängern, da ihr Mann – der an dem Vorschlag beteiligt ist – steril ist. Sie bietet sogar Bezahlung an. Zuerst ist der junge Mann beleidigt, doch am Ende ändert er seine Meinung: Es ist eine Möglichkeit, etwas von sich zurückzulassen.

Diese eingefügte Geschichte hat, wie sie Ozon behandelt – teilnahmsvoll, doch kühl und klarsichtig –, ein Tschechow'sches Flair. Die ziemlich ängstliche Frage des Paares an den jungen Mann bei der Verabschiedung: Kannst Du uns versichern, dass Du an Krebs leidest (stirbst) und nicht an Aids? Er würde sie gern wiedersehen, das ist klar; sie haben diesen Wunsch nicht.

Ich nehme an, Du hast *Exit Ghost* gelesen, da weißt Du auch, dass es ein gewisses Sammelsurium darstellt. Es enthält eine völlig unmotivierte Tirade gegen Trends im sogenannten Kulturjournalismus, die Roth' Charakter Lonoff in den Mund gelegt wird. Bei dieser Tirade entgeht mir, als Nicht-New-Yorker, ohne Zweifel viel. Doch Lonoff (auch Roth?) empfindet deutlich nichts als Verachtung für die Mischung von Moralisieren und Reduzieren auf Biographisches, die in euren kulturellen Sprachrohren (auch in unseren) als Literaturkritik durchgeht. (Mit Reduzieren auf Biographisches meine ich die Behandlung von Literatur als einer Form von Selbsttarnung, die von Schriftstellern betrieben wird – die Aufgabe der Kritik ist es, die Tarnung zu beseitigen und die »Wahrheit« dahinter aufzudecken.) Der Schurke in *Exit Ghost* ist einer dieser Kritiker. Er droht damit, eine Interpretation von Lonoffs Prosa als eine getarnte Geschichte (oder vielleicht eine zugedeckte Geschichte – man weiß es nicht) von Inzest mit einer älteren Schwester zu veröffentlichen.

Mir fällt es nicht schwer zu verstehen, warum Roth, eine sehr im Blickpunkt der Öffentlichkeit stehende Person der literarischen Landschaft, starke Gefühle in Bezug auf diese Sorte Literaturkritik haben muss, auch wenn ihm bewusst ist, dass je mehr er wettert, desto mehr werden sich die Klimans dieser Welt (Kliman ist der Kritiker-Schurke) die Lippen lecken *(Was versucht er zu verstecken?)*. Ich bin sicher, dass Du, der Du im selben Teich wie Roth schwimmst und nur geringfügig weniger im Blickpunkt stehst, eigene Ansichten zu dem Thema hast, die ich meine erraten zu können. Was mich angeht, denke ich gern, dass ich, da ich am Rand des bekannten Universums lebe, der Aufmerksamkeit der Klimans entgehen werde; aber es mag sein, dass ich mich täusche.

Herzlich grüßt
John

PS: Ich möchte die Diskussion über südafrikanische Geschichte nicht unnötig ausdehnen, aber wenn es keinen Kalten Krieg gegeben hätte, wäre die ganze südafrikanische Schweinerei viel eher bereinigt worden. Jahrzehntelang hat sich das südafrikanische Regime als Bastion gegen das russische Eindringen in das rohstoffreiche subsaharische Afrika dargestellt, und eine US-Regierung nach der anderen hat diese Geschichte abgekauft. Es war auch nicht hilfreich, dass der ANC mit der südafrikanischen Kommunistischen Partei verflochten war.

Das alte südafrikanische Regime gehörte zu einem Rattennest von Diktaturen und Oligarchien weltweit, die von den USA während des Kalten Krieges aus strategischen Gründen unterstützt wurden. Es war kein Zufall, dass

F. W. de Klerk das Verbot des ANC im gleichen Jahr aufhob, in dem die Sowjetunion auseinanderbrach und die Berliner Mauer fiel.

Lieber John,

nein, *Exit Ghost* habe ich leider nicht gelesen, und *Le temps qui reste* habe ich auch nicht gesehen. Ich habe im Lauf der Jahre einige Romane von Roth gelesen (nur einen Bruchteil seines Werks) und kenne zwei oder drei Filme von Ozon – einer davon, *Swimming Pool*, hat mich sehr beeindruckt.

Schwimme ich im selben Teich wie Roth? Ich bin mir nicht sicher. Wir sind uns ein paarmal begegnet, zweimal haben wir zusammen mit Don DeLillo gegessen (mit dem ich seit vielen Jahren eng befreundet bin), und wir haben eine Handvoll Briefe gewechselt. Mit anderen Worten, er ist ein Bekannter, kein Gefährte. Am meisten interessiert mich an ihm, dass wir beide in Newark geboren wurden. Was New York betrifft, bin ich nicht »etwas weniger sichtbar« als er – ich bin sehr viel weniger sichtbar als er. Roth ist ein Gott, dessen Werk seit seinem ersten Buch von allen Seiten gepriesen wird, ich hingegen bin bloß ein kleiner Sterblicher, dessen Werk so viel Prügel hat einstecken müssen, dass ich gar nicht daran denken will. Dazu kommt, dass ich Menschenansammlungen, Partys und öffentliche Äußerungen zu meiden pflege und mich lieber um meinen kleinen Garten in Brooklyn kümmere. Roth wiederum ist seit über fünfzig Jahren eine unübersehbare literarische Erscheinung – eine außerordentlich lange Zeit nicht nur für einen Schriftsteller, sondern überhaupt für jeden. Ein Beweis für seinen Ruhm: Er ist der einzige lebende Romanautor, dessen Werk in der Library of America erschienen ist.

Da ich *Exit Ghost* nicht gelesen habe, kann ich zu Lonoffs Tirade gegen den zeitgenössischen Kulturjournalismus nichts Näheres sagen, aber nach Deiner Beschreibung scheint er mir ins Schwarze zu treffen. Amerikaner scheinen den Kontakt zum Wesentlichen der Fiktion verloren zu haben – soll heißen die Fähigkeit, Imaginiertes zu verstehen – und können daher nicht so recht glauben, dass ein Romanschriftsteller »etwas erfinden kann«. Ihnen wird jeder Roman zu einer heimlichen Autobiographie, zu einem *roman à clef*. Ich brauche nicht näher zu erläutern, was für eine klägliche Einstellung das ist – oder wie hässlich so etwas in den Händen eines böswilligen Journalisten werden kann.

Dein Fax kam gestern Abend, während ich meinem glücklosen Baseballteam (die New York Mets) dabei zusah, wie es wieder einmal in der Verlängerung verlor, und da wir in letzter Zeit so viel über Sport geschrieben haben und da es in Deinem Brief um ein Buch und um einen Film geht, haben mich die zwei beiliegenden Artikel aus der *New York Times* von heute besonders fasziniert.

Zu »E-Books Mehr Als Bloßer Text«. Natürlich hat jeder eine Meinung zu E-Books. Sie sind *das* Thema im heutigen Verlagswesen, und zweifellos sind wir Zeugen einer Revolution, die von Minute zu Minute an Schwung zu gewinnen scheint. Aber nicht einmal ich, eher ein Feind der Technik, fühle mich von Kindles, Nooks oder iPads bedroht. Alles, was zum Lesen ermuntert, sollte als etwas Gutes betrachtet werden, und diese Geräte sind unbestreitbar ein Segen für jeden, der auf Reisen gern Bücher liest. Statt einen Koffer mit dreißig Büchern zu schleppen, kann man diese dreißig jetzt auf ein fast schwereloses Ding laden und sich damit frei von Ort zu Ort bewegen.

Andererseits habe ich gewisse Befürchtungen. (Befürchtungen übrigens, die sich mit der Vernichtung der Musikindustrie schon bewahrheitet haben. Wie es mir fehlt, in Plattenläden zu stöbern!) Amazon, das den hiesigen Markt praktisch allein beherrscht, verkauft Bücher unter Preis, nimmt tatsächlich mit jedem verkauften Buch Verluste hin, womit die Kundschaft gelockt werden soll, diese Geräte zu kaufen. Die schlimmen langfristigen Folgen lassen sich absehen: Zusammenbruch der Verlage, Sterben von Buchhandlungen, eine Zukunft, in der jeder Autor sein eigener Verleger ist. Jason Epstein hat vor ein paar Monaten in der *New York Review* erklärt, es sei geradezu lebenswichtig, weiterhin Bücher auf Papier zu veröffentlichen und die Bibliotheken zu erhalten, da sie das Fundament der Zivilisation seien. Stell Dir vor, was für ein Unheil daraus folgen könnte, wenn alles digitalisiert würde. Gelöschte Texte, verschwundene Texte oder, nicht weniger beängstigend, veränderte Texte.

Okay. Das ist meine Meinung. Was mich jetzt beschäftigt, ist der Artikel aus der Zeitung von heute, und warum ich das Gelesene zwiespältig sehe. Der Riss scheint sich mir zwischen den Begriffen »Literatur« und »Sachbuch« aufzutun. Seit Monaten recherchiere ich für den Roman, mit dem ich nun endlich angefangen habe und in dem es unter anderem um Amerika in den frühen fünfziger Jahren gehen wird. Dazu habe ich eine Menge Bücher gelesen, über den Koreakrieg, die Angst vor der Roten Gefahr, die Polioepidemie, die Wasserstoffbombe usw., aber auch Dokumentarfilme angesehen, was sehr hilfreich sein kann. Als ich in dem heutigen Artikel auf die Beschreibung der »erweiterten« Fassung von *Nixonland* stieß, war ich fasziniert. Was für eine großartige Idee, dachte ich, geschriebenen Text und Filmmaterial in einem

Geschichtsbuch miteinander zu verbinden. Wahrlich eine großartige Idee, an der ich nichts falsch finden kann.

Bei Romanen aber sträube ich mich dagegen. Die erwähnten Bücher sind Massenware, aber trotz allem doch Literatur, und die Vorstellung, dass da Ausschnitte aus Fernsehserien hinzugefügt werden, ist mir unheimlich. Die Frage ist: warum? Hat es mit dem eben erwähnten Verlust des Glaubens an die Imagination zu tun? Als seien Bücher irgendwie zu schwer aufzunehmen, und die Geschichte könne nur richtig erlebt werden, wenn man sie mit bloßem Auge vor sich sieht? Aber ist Lesen nicht die Kunst, etwas selbst zu sehen, Bilder in seinem eigenen Kopf heraufzubeschwören? Und ist das Schöne am Lesen nicht gerade die *Stille*, die einen umgibt, wenn man in die Geschichte eintaucht und die Stimme des Autors alle anderen Geräusche ausschließt?

Mag sein, dass ich ein alter Spießer geworden bin. Es gibt kritische Ausgaben klassischer Romane, mit gestrichenen Passagen, alternativen Schlüssen und sogar Fotos im Anhang. Warum nicht auch Filme? Ich weiß es nicht, aber etwas in mir wehrt sich gegen die Vorstellung, bei der Lektüre von, sagen wir, *Schande* mitten im Satz auf der zweiten Seite von Kapitel 4 die Verfilmung anklicken zu können. Möchte wissen, ob es Dir auch so geht.

Zu »Wie bekommt man ein Stadion voll«. Da bin ich ähnlich verwirrt. Versteht sich, dass man ein Spiel heutzutage im Fernsehen besser »sieht« als in dem Stadion, wo es ausgetragen wird. Aber wie der dreiundsechzigjährige Fan auf die Frage, warum er lieber ins Stadion geht, so treffend bemerkt: »Ich brauche einfach die Atmosphäre, ich will die Spieler mit eigenen Augen sehen und die Menge spüren. Mir wär's viel lieber, man könnte die Atmosphäre des Spiels nach Hause übertragen, und nicht anders herum.« Der zweiunddreißig-jährige Fan widerspricht (und hat gute Gründe), aber ich bin mir nicht sicher, dass die Lösung darin besteht, ein echtes Er-lebnis in ein Videoerlebnis umzuwandeln. Erst recht zu sol-chen Kosten. Macht es nicht sprachlos, wenn 100 Millionen Dollar für »Stadiontechnik« ausgegeben werden, ganz zu schweigen davon, dass man allein für das Recht, eine Ein-trittskarte kaufen zu dürfen, bis zu 20 000 Dollar bezahlen soll? Nicht dass ich mich nach den alten Zeiten sehne, aber ich erinnere mich deutlich, wie ich 1961 mit ein paar Freun-den ins Yankee Stadium gegangen bin (wir waren vierzehn), um die Giants gegen die Browns zu sehen; damals hat ein Tri-bünenplatz fünfzig Cent gekostet. Wie wir schon die ganze Zeit sagen, Sport ist heute ein großes Geschäft, eine Mega-industrie, ein Leviathan, und die meisten scheinen sich nur zu gern von dem Wal verschlingen zu lassen.

Was Südafrika und seine Rolle im Kalten Krieg angeht, hast Du natürlich zu 100 % recht. Als ob ich Dir das zu sagen brauche.

New York ist immer noch ein Backofen – der heißeste Juli aller Zeiten. Als ich Dir neulich schrieb, wir hätten 37 Grad, war das nicht richtig. Wir hatten 41.

Mit schönsten Grüßen,
Paul

Lieber Paul,

kürzlich habe ich eine Alumnus-Zeitschrift einer Universität
in Südafrika bekommen. Darin war auch ein Artikel, der die
Eröffnung einer neuen Universitätsbibliothek feierte, ausgestattet mit Computerarbeitsplätzen, Studienkabinen, Semi-
nar- und zahllosen Arbeitsräumen. Ich habe den Artikel gelesen und noch einmal gelesen, um sicherzugehen. Ich hatte
recht. Das Wort *Buch* tauchte nicht ein einziges Mal auf.

Als die Architekten die Bücherei entwarfen, hatten sie sich
ohne Zweifel von Bibliothekaren beraten lassen, Bibliothekaren der neuen Generation, die auf Bücher herabblicken und
sie für altmodisch halten, die von einer papierlosen Bücherei
träumen.

Was haben solche Leute gegen Bücher? Warum teilen sie
nicht meine Vision von einer Bücherei, in der sich weitläu-
fige, schlecht beleuchtete Magazine mit Reihen um Reihen
dicht gedrängter Bücher in jede Richtung unendlich ausdehnen?

Das Argument gegen die Borges'sche Bibliothek ist fast zu
langweilig, um es aufzuwärmen – zu langweilig und zu treffend, in einem Zeitalter, in dem die Ökonomie zur Königin
der Wissenschaften erhoben wurde. Es lautet: Bücher nehmen zu viel Raum ein. Man kann unmöglich den Erhalt eines
materiellen Gegenstands rechtfertigen, der 20 cm × 15 cm ×
3 cm kostbaren Platz beansprucht und vielleicht Jahrzehnte
und Jahrhunderte lang in einem Regal steht, unberührt, ungelesen. Wenn wir unsere lieben Verstorbenen in Erdlöcher

versenken oder sie den Flammen überantworten, warum sollte es dann ein Sakrileg darstellen, tote Bücher zu entsorgen?

Entsorgt Bücher, ersetzt sie durch Abbilder von Büchern, elektronische Abbilder. Entsorgt die Toten, ersetzt sie durch Fotografien.

Die Aussicht auf die Bibliothek der Zukunft macht mich bestürzt. Und ich bin sicher, dass dieses Gefühl von vielen geteilt wird. Aber einmal abgesehen von sentimentalen Gefühlen, was rechtfertigt eine solche Bestürzung? Ein Hunger nach dem Realen in einer Welt der Schatten? Bücher sind nicht real, nicht in irgendeinem wichtigen Sinn. Allein schon die Buchstaben auf den Seiten sind Zeichen, Abbilder von Lauten, die Abbilder von Ideen sind. Die Tatsache, dass das, was wir ein Buch nennen, in die Hand genommen werden kann, dass man es beriechen und befühlen kann, ist ein Zufallsprodukt seiner Herstellung, ohne Relevanz für das, was das Buch vermittelt.

Als ich mit sechzehn etwas Geld zur Verfügung hatte, kaufte ich ungefähr zehn Bücher, die die Grundlage einer eigenen Bibliothek bilden sollten. Darunter auch *War and Peace* in der Übersetzung von Aylmer Maude, erschienen bei Oxford University Press, ein dickes kleines Buch mit Dünndruckpapier. (Ich kaufte *Krieg und Frieden*, weil das *Time*-Magazin sagte, es sei der größte Roman aller Zeiten.)

Aylmer Maudes *War and Peace*, in seinem originalen rötlichbraunen und cremefarbenen Umschlag, hat mich durch die Wanderungen von Kontinent zu Kontinent eines halben Jahrhunderts hindurch begleitet. Ich habe ein sentimentales Verhältnis zu ihm – nicht zu Tolstois *Krieg und Frieden*, dem riesigen Wort- und Ideengebäude, sondern zu dem Objekt, das 1952 aus der Druckerei Richard Clay and Sons kam und aus dem Lager von Oxford University Press irgendwo in London zum Buchvertrieb des Verlags in Kapstadt geschickt wurde und von dort zu Jutas Buchladen und zu mir kam.

Diese Art von Beziehung zu einem Autor – extrem schwach und höchst indirekt, bewerkstelligt mit Hilfe von vielleicht einem Dutzend Vermittlern – wird zukünftig immer weniger möglich sein. Ob solche Beziehungen überhaupt einen Wert haben, scheint mir eine offene Frage zu sein, wie auch die Frage, ob es besser ist, ein gegenständliches Exemplar eines Buches zu besitzen, als eine Abbildung seines Textes herunterladen zu können.

Der Zweifel und die Bestürzung, die ich hier ausdrücke, ähneln dem Zweifel und der Bestürzung, die Du in Deinem letzten Brief über die Art und Weise, in der Sport für das Fernsehen umgemodelt (neu verpackt) wird, ausgedrückt hast. Zufällig existiert noch eine Übereinstimmung der Interessen zwischen dem, was die Medien von dem Spiel wollen, und dem, was die Fans, die die Spiele wirklich besuchen, wollen – die Fans wollen, was sie naiverweise das Echte nennen, kein bewegtes Abbild davon, während die Medien leere Stadien verabscheuen, weil ein leeres Stadion den Tod für das Spektakel bedeutet – das heißt jedoch nicht, dass die Geschäftsinteressen, die den Sport beherrschen, wirklich die Fans berücksichtigen, außer als Konsumenten. Wenn sie eine Möglichkeit entdecken, die Sitze mit holographischen Abbildern zu füllen, dann werden sie es tun, schätze ich.

Deine Bestürzung und meine Bestürzung: die geteilte Bestürzung zweier alternder Gentlemen über den Lauf der Welt. Wie entgeht man nur dem ganz und gar lächerlichen Schicksal, sich in Opapa zu verwandeln, den alten Knacker, der immer wieder seine »zu meiner Zeit«-Leier anstimmt, worauf die Kinder in stiller Verzweiflung die Augen verdrehen? *The world is going to hell in a handbasket**, pflegte mein Vater zu sagen, und sein Vater vor ihm, und so zurück bis zu Adam. Wenn die Welt wirklich die ganzen Jahre über zur Hölle gefahren ist, müsste sie da nicht inzwischen dort angekommen sein? Wenn ich mich umschaue, erscheint mir, was ich sehe, nicht wie die Hölle.

Aber was ist die Alternative zum Nörgeln? Die Lippen zusammenpressen und die Kränkungen erdulden?

Viele Grüße
Dein John

---

* frei übersetzt, etwa »den Bach runtergehen«

Lieber Opapa,

ich habe mich immer gefragt, wie die Welt, die doch sehr groß ist, in etwas so Kleines wie ein Handkörbchen passen kann. Zur Steigerung meiner Verwirrung weiß ich noch nicht einmal, was ein Handkörbchen ist. Sind nicht alle Körbe *Hand*körbe, und wenn ja, ist das Präfix *Hand* dann nicht völlig überflüssig? Vielleicht sollten wir sagen: »Die Welt geht in einem Korb zum Teufel«, obwohl sich das sogar noch schlimmer anhört, oder? Worin sollte sich die Welt befinden, wenn sie zum Teufel geht? In einer Lokomotive? In einem Auto? In einem Briefumschlag? Oder womöglich in etwas so Kleinem, dass es gar nicht zu sehen ist? In einem Atom?

Es ist doch so: Nörgeln macht Spaß, und als rapide alternde Herrschaften, erfahrene Beobachter der menschlichen Komödie, weise Grauköpfe, die schon alles gesehen haben und die nichts mehr überraschen kann, sind wir zum Nörgeln und Schimpfen verpflichtet, müssen wir gegen die Heucheleien, Ungerechtigkeiten und Dummheiten der Welt, in der wir leben, schweres Geschütz auffahren. Sollen die Jungen über unsere Reden die Augen verdrehen. Sollen die nicht ganz so Jungen unsere Reden ignorieren. Wir müssen mit äußerster Wachsamkeit weitermachen, verspottete Propheten in der Wüste –, denn dass wir auf verlorenem Posten kämpfen, heißt noch lange nicht, dass wir den Kampf aufgeben sollten.

In Freundschaft Dein
Paul

4. September 2010

Lieber Paul,

Dorothy und ich reisen diese Woche nach Frankreich. Wir treffen in Montpellier alte Fahrradfreunde und machen mit ihnen eine Radtour in der Hoffnung, dass es nicht zu spät im Jahr für angenehmes Wetter ist. Ich habe zeitweise Zugriff auf das E-Mail-Programm, aber keine Möglichkeit, Faxe zu senden oder zu empfangen.

Ich habe »*going to hell in a handbasket*« in einem Idiom-Wörterbuch nachgeschlagen. Dort stand »*going to hell in a handcart*« als Variante, aber keine Erklärung, was ein *handbasket* ist. Nicht alle Körbe sind *handbaskets* (Einkaufskörbe), es gibt auch so etwas wie einen *bushel basket* (Scheffel- oder Bushelkorb). Und jetzt wird es interessant. Im mittelalterlichen Frankreich hatte jede Marktstadt ihren eigenen Scheffelkorb und daher ihre eigene Auffassung davon, was ein Scheffel Weizen ist. Man sprach vom Orléans-Scheffel und vom Lyons-Scheffel. Für Getreidehändler war das zum Verrücktwerden. Eines der Argumente für die Durchsetzung einer Zentralregierung für das ganze Land war die Standardisierung von Gewichten und Maßen. Wahrscheinlich traf das, mutatis mutandis, auch auf andere Länder zu. Mehr als diese Erinnerung will nicht auftauchen, jedenfalls keine Jahreszahlen.

Herzlich grüßt
John

Lieber John,

um die Reise nach Montpellier beneide ich Dich – und bewundere Deinen Mut, schon wieder für einen Langstreckenflug ins Flugzeug zu steigen. Das Wetter sollte um diese Jahreszeit perfekt sein. Die starke trockene Hitze des Sommers ist weg, die Kälte des Winters noch weit entfernt.

Schreib mir bitte ausführlich darüber, wenn Du zurück bist. Die Wonne und Mühsal des Radfahrens. Wir haben so viel über Sport im Fernsehen geschrieben, da wäre es vielleicht hilfreich, einen Bericht von einem von uns zu haben, der wirklich etwas getan hat.

Apropos: Vorige Woche hat mir ein Freund ein kleines Buch geschickt, *A Day in the Bleachers*, 1955 von einem amerikanischen Sportjournalisten herausgebracht; darin wird ein einziges Baseballspiel bis ins letzte Detail beschrieben, das erste Spiel der World Series 1954 zwischen den New York Giants und den Cleveland Indians in dem heute nicht mehr existierenden Stadion Polo Grounds, zufällig das Spiel, in dem Willie Mays seinen historischen Fang gemacht hat. Ein entzückendes, unterhaltsames Buch, das ich mit großem Vergnügen gelesen habe. Eine Klage des Autors: zu viele Leute seien mit Transistorradios ins Stadion gekommen und hätten die Liveübertragung gehört, während sich das Spiel vor ihren Augen entfaltete. Die Einführung von Technik in eine, wie er es nennt, reine und unmittelbare menschliche Erfahrung hat ihn entsetzt. Sechsundfünfzig Jahre ist das her, und dennoch praktisch dieselben Vorbehalte wie gegen die riesigen Videoleinwände in den heutigen Stadien.

Ich danke Dir sehr für Deine Ausführungen zu Scheffel-körben. Natürlich haben wir so etwas in Amerika, meist sind sie so klein, dass eine Person allein sie tragen kann, aber die Körbe, die in alten Zeiten zur Lagerung von Getreide ver-wendet wurden, ja, die müssen ziemlich groß gewesen sein. Ich wünsche Dir eine wunderbare Reise – und schreib, wenn Du zurück bist.

Herzliche Grüße an Dich und Dorothy,
Paul

Lieber Paul,

Dorothy und ich sind aus Frankreich zurück, und ich habe
die Höllenqualen der Umstellung auf australische Zeit halb-
wegs hinter mir. Ich ergreife jede Gelegenheit zu einem kurzen Schlaf, die sich mir bietet, tagsüber oder nachts, aber
meist wandere ich im Haus herum und fühle mich hunds-
miserabel.

Die Radtour war sehr gelungen. Das Wetter war perfekt,
das fünfköpfige Team verstand sich hervorragend, und die
Landschaft war stets interessant. Ich spreche von den Céven-
nen – ich weiß nicht, ob Du die Region kennst.

Vermutlich könnte ich sagen, dass ich nichts dagegen
hätte, dahin zurückzukehren und die Tour noch einmal zu
machen; aber in meinem Alter erscheint es allmählich etwas
hypothetisch, irgendwohin zurückzukehren und irgendetwas
noch einmal zu machen.

Ich hätte ein Tagebuch führen sollen, habe es aber nicht
getan. Es gab viele Fahrten bergauf, und bei einigen bin
ich fast an meine Grenzen gestoßen. Mit dem Rad bergauf
fahren kann eine großartige Schule des Stoizismus sein, wenn
man Stoizismus anstrebt. Ich will nicht glauben, dass die
ganze Anstrengung, das ganze Leiden, einen nichts lehrt.

Im Poststapel, der mich bei meiner Rückkehr erwartete,
war ein langer Brief von einer Frau aus Frankreich. Es ist der
dritte Brief, den ich im Lauf von etwa fünfzehn Jahren von
ihr erhalten habe. Ich habe sie nie getroffen. Ihre Briefe sind
jeweils zwanzig oder dreißig Seiten lang, geschrieben in einer

217

ansprechend flüssigen Kursivschrift. Sie handeln zum größten Teil von ihr, von ihrer Einsamkeit, ihrem gestörten Verhältnis zu ihrem erwachsenen Sohn, ihren schwierigen Beziehungen zu Männern und von mir, das heißt, von dem Bild, das sie sich aus meinen Büchern von mir gemacht hat.

Sie weiß sehr wohl, dass das *vous*, an das sie schreibt, eine Vorstellung ist und möglicherweise nur wenig mit meiner Vorstellung von mir zu tun hat. Hin und wieder spricht sie die Möglichkeit an, dass ich antworte und mich mit ihr in Verbindung setze. Es gefällt ihr, uns für so etwas wie Seelenverwandte zu halten. Aber sie phantasiert nicht groß über unsere Begegnung, oder schreibt wenigstens nicht darüber.

Manchmal scheint sie nahezulegen, der eigentliche Zweck ihres Tuns sei es, mich mit einem Charakter (sie selbst) zur Verwendung in einem zukünftigen Buch zu versorgen. Mit anderen Worten, sie scheint darum zu bitten, ihr ein neues Leben zu geben, indem ich sie zur Heldin eines Buches mache.

Töricht ist sie auf keinen Fall. Sie ist in der Lage, ihr Verlangen nach einem anderen Leben mit gebührendem Abstand zu betrachten, ohne die Stichhaltigkeit dieses Verlangens zu leugnen. Aber etwas sieht sie nicht und wird es vermutlich nicht sehen, es sei denn, ich sage es ihr, was ich keinesfalls tun werde, (a) weil ich nicht die Schleusen einer regelrechten Korrespondenz öffnen will und (b) weil es zu grausam wäre – nämlich dass ich mich für ihre Gedanken über sich oder über mich oder über das Leben nicht besonders interessiere, dass sie eine bessere Chance hätte, zur Heldin eines Buches zu werden, wenn sie mir eine lange, akribische Beschreibung eines typischen Tages in ihrem Leben schicken würde.

An dieser Stelle muss im Hinblick auf Romanautoren und die Quellen ihrer Inspiration auf etwas hingewiesen werden, nämlich dass sie oft (meist?) nicht daran interessiert sind, das einzigartige, individuelle Wesen ihres Vorbilds zu erfassen, sondern nur irgendeine interessante, verwertbare Eigenart oder Eigenschaft übernehmen wollen: wie sich die Haare über ihrem Ohr ringeln, wie sie das Wort »himmlisch!« ausspricht, wie sich ihre Zehen beim Gehen bewegen.

Und für mich muss ich sagen, dass ich Charaktere lieber ohne Vorgabe erfinde. So fühlt es sich echter an.

Viele Grüße
John

Lieber John,

freut mich, dass Du heil wieder zurückgekommen bist – wenn auch nur knapp. Mich auf dem Fahrrad einen Berg hinaufzuquälen ist keine Tätigkeit, die ich genießen würde, und wenn ich mir vorstelle, was Du gelitten haben musst, schwillt mir das Herz vor Mitgefühl. Ich bezweifle, dass Schmerzen dieser Art mich etwas lehren würden, und ich bewundere Dich für den Mumm, bis an Deine Grenzen zu gehen, und dass Du solchen Anstrengungen einen Sinn beimessen kannst. Geistiger Stoizismus, ja. Psychischer Stoizismus, ja. Aber selbstauferlegte physische Qualen sind mir ein vollkommenes Rätsel. Meine Vorstellung von einer schönen Fahrradtour wäre, durch die Ebenen der Niederlande oder des amerikanischen Mittleren Westens zu rollen – mit Rückenwind.

In den Cévennes bin ich nie gewesen – aber ganz in der Nähe, ich kenne die enorme Schönheit dieser Landschaft. Es gibt wohl wenig Besseres auf der Welt, vielleicht gar nichts. Anstrengende Klettertouren einige schwierige Berge hinauf, dann aber auch der Genuss, diese freundliche Nachsommerluft in der Lunge zu spüren, und plötzlich hat sich das ganze Abenteuer gelohnt …

Ich habe manch lange Briefe von Lesern bekommen, aber zwanzig, dreißig Seiten lange noch nie, und schon gar nicht drei lange Briefe von ein und derselben Person. Ziemlich oft jedoch haben Leute mir geschrieben oder gesagt: Sie sollten meine Geschichte schreiben – oder die meiner Mutter, oder die meines Großvaters. Darauf habe ich nie eine Antwort gewusst. Ein Roman kommt doch von innen, und ich kann mir nicht vorstellen, wie ein Romanautor das Leben eines Fremden für ein Buch requirieren kann. Ich sehe das genau wie Du: Sich Leute komplett neu ausdenken scheint mir eher das Wahre zu sein.

Wobei es keine Frage ist, dass wir uns bei der Realität bedienen. Persönliche Erfahrungen (oft mikroskopische) oder die Erfahrungen von Menschen, die uns nahe sind. In einem meiner frühen Bücher *(Hinter verschlossenen Türen)* habe ich sogar einmal einen realen Menschen als Figur benutzt und ihn bei seinem richtigen Namen genannt – er war ein Freund aus meiner Pariser Zeit, Ivan Wyshnegradsky, ein achtzigjähriger russischer Komponist von Vierteltonmusik. Als ich das Buch schrieb, war er bereits tot, und dadurch, dass ich ihn in einem Roman zum Leben erweckte, wollte ich sein Andenken ehren – alles, was ich von ihm erzähle, beruht auf Tatsachen. Demnächst erscheint mein *Sunset Park*; die Szene zu Beginn des zweiten Teils ist direkt aus dem Leben genommen: am 31. Dezember 2008 haben Siri und ich tatsächlich am Begräbnis der Tochter von Freunden teilgenommen, die sich ein paar Wochen zuvor in Venedig das Leben genommen hatte. Ich könnte noch andere Beispiele anführen, aber noch interessanter finde ich die Verwendung historischer Gestalten in Romanen. Wie Du es in *Der Meister von Petersburg* getan hast oder ich in viel kleinerem Umfang mit Tesla *(Mond über Manhattan)* und Dizzy Dean *(Mr. Vertigo)*. Und wir beide haben *uns selbst* als Romanfiguren verwendet *(Sommer des Lebens, Stadt aus Glas)*, auch wenn diese Figuren keine präzise Darstellung dessen sind, was wir außerhalb der Seiten dieser Bücher sind.

Andererseits – und hier kann ich nur von mir selbst reden – habe ich kein einziges Mal einen realen Menschen genommen, ihm einen anderen Namen gegeben und in eins meiner Bücher gesteckt. Ich meine den ganzen Menschen, also inklusive seiner körperlichen Erscheinung, seiner Vorgeschichte, seines Seelenlebens. Viele Romanautoren haben das getan (Stichwort Schlüsselroman), aber ich gehöre nicht dazu.

Und doch reißen wir uns, wie Du so treffend sagst, ständig interessante, brauchbare Eigenarten oder Züge unter den Nagel. Bemerkenswerte Augenbrauen, das Timbre eines Lachens, das Muttermal am Hals einer Frau. Alles andere scheint ungeheißen aus den tiefsten Tiefen der Phantasie emporzusteigen.

Ein anderer Aspekt des Romanschreibens (und Romanlesens), über den ich oft nachdenke, ist die Frage des Raums. Als Leser habe ich manchmal Mühe, die Handlung zu verorten, die Geographie einer Geschichte zu verstehen. Das mag an meinem verkümmerten visuellen Vorstellungsvermögen liegen. Statt mich in die vom Autor geschilderte fiktive Umgebung zu projizieren (eine kleine Stadt in Mississippi, eine Straße in Tokio, ein Schlafzimmer in einem englischen Haus im achtzehnten Jahrhundert), neige ich dazu, die Figuren an Orte zu versetzen, mit denen ich vertraut bin. Dass ich dieser Angewohnheit schuldig war, erkannte ich erst, als ich mit Anfang zwanzig *Stolz und Vorurteil* las (ein Buch, das praktisch ohne physische Beschreibungen auskommt) und mich dabei ertappte, dass ich die Figuren in dem Haus agieren »sah«, in dem ich als kleiner Junge gewohnt hatte. Eine erstaunliche Offenbarung. Aber wie kann man ein Zimmer in einem Buch sehen, wenn der Autor einem nicht erzählt, was darin ist? Also erfindet man sich ein Zimmer oder verpflanzt die Szene in ein Zimmer, das man kennt. Das erklärt, warum jeder einzelne Leser eines Romans ein anderes Buch liest als jeder andere Leser dieses Romans. Man ist aktiv beteiligt, und jeder Kopf produziert ständig seine eigenen Bilder.

Beim Schreiben jedoch scheint es bei mir andersherum zu laufen. Die Räume in meinen Romanen sind für mich vollkommen real. Jede Straße, jedes Haus, jedes Zimmer habe ich deutlich vor Augen – auch wenn ich wenig oder nichts darüber sage. Vielleicht erwähne ich nicht, wo das Sofa steht, aber ich weiß genau, wo es sich im Verhältnis zu den anderen Möbeln befindet. Offenbar speist sich die Phantasie aus dem Konkreten, so dass man glauben kann – oder sich vormachen kann, es zu glauben –, dass die Dinge, über die man schreibt, tatsächlich geschehen.

Ich würde gern wissen, ob das bei Dir auch so ist – als Leser und auch als Autor.

Freundschaftliche Grüße
Paul

PS: Es gibt einen sehr unterhaltsamen amerikanischen Radfahrer-Film aus den späten Siebzigern – *Breaking Away (Vier irre Typen)* –, den Du Dir vielleicht mal ansehen solltest. Die Atmosphäre des Orts (Bloomington, Indiana) ist wunderbar eingefangen, eine Seltenheit in amerikanischen Filmen.

PPS: Paulo Branco war vorige Woche in der Stadt und sagte, er hätte uns nächstes Jahr gern wieder in der Jury – einer Jury, die sich ausschließlich aus Schriftstellern zusammensetzt. Ich bin mehr als bereit.

Lieber Paul,

Du erwähnst, dass Paulo Branco uns eventuell wieder für seine Jury in Estoril engagieren möchte. Das wäre schön. Soviel ich mich erinnere, findet die Sache immer im November statt.

Ich kenne den Film *Breaking Away (Vier irre Typen)* – ich glaube sogar, dass ich ihn besitze. Er wird zum Ende hin etwas klischeehaft – der Held aus der Arbeiterklasse fährt das Radrennen gegen reiche Studenten –, doch ich stimme zu, dass das lokale und soziale Umfeld hervorragend getroffen ist.

Was das bergauf fahren mit dem Rad angeht, so sei versichert, dass es mir genauso wenig Spaß macht wie Dir. Die Genugtuung über die erbrachte Leistung, die das Erreichen des Gipfels begleiten sollte, ist meiner Erfahrung nach stark überschätzt. Was Menschen dazu treibt, lange Strecken zu laufen oder Rad zu fahren, bleibt ein Geheimnis für mich. Dennoch tun es Tausende Menschen auf der ganzen Welt jeden Tag.

Auf die Gefahr hin, dass es weithergeholt erscheint, möchte ich das mit der Frage *Warum schreiben?* verbinden. Samuel Johnson sagte sinngemäß, dass man töricht wäre, wenn man nicht angemessene Bezahlung für seine Arbeit erwarten würde. Doch ich ertappe mich dabei, dass ich stundenlang Prosastücke aufpoliere, beträchtlich über den für eine Veröffentlichung und daher für eine Bezahlung üblichen Standard hinaus.

Vermutlich würde ich mich damit entschuldigen, dass ich sage: »Ich bin nicht einer, der mangelhafte Prosa in die Welt bringt«, wie ich auch sagen würde: »Ich bin nicht einer, der vom Fahrrad absteigt und läuft« (der vom Rad steigt und läuft, *selbst wenn keiner zuschaut*). Das ist, glaube ich, der interessante Teil. Nur wenige Leser werden zu schätzen wissen, wie viel Arbeit investiert wird, um einen Abschnitt stimmig zu machen. Keiner sieht es, wenn du vom Rad steigst und läufst oder auch wenn du aufgibst und im Leerlauf den Berg wieder hinunterrollst. *Aber so bin ich nicht, das ist nicht meine Vorstellung von mir!*

Du schilderst in Deinem Brief, dass Du ganz genau weißt, wo das fiktive Sofa in Deinem fiktiven Zimmer ist, obwohl keiner in Deinem Buch darauf sitzen oder ihm auch nur einen Blick gönnen wird. Ich glaube, ich bin etwas weniger gründlich. Das Zimmer, in dem meine fiktive Handlung stattfindet, ist ein ziemlich karger Ort, eigentlich ein leerer Würfel; ich führe ein Sofa nur ein, wenn sich herausstellt, dass eins gebraucht wird (wenn jemand darauf sitzen oder es betrachten wird), und danach das Büfett mit dem Besteck im Schubkasten oben links, ohne das wir nicht zu dem Buttermesser kommen, mit dem die Heldin ihren Toast mit Butter bestreichen wird.

Ich habe gehört, dass Vladimir Nabokov während seiner Zeit als Literaturdozent in Cornell von seinen Studenten verlangte, dass sie auf der Grundlage der Informationen aus dem Roman, den sie gerade im Seminar behandelten, Grundrisse zeichneten. Die schwache Nabokov'sche These wäre, dass der Romanautor keine sich widersprechenden Angaben machen sollte (ein Teppich, der auf der einen Seite rot und auf einer anderen blau ist). Die starke These wäre, dass es genug

Angaben im Text geben sollte, damit die Studenten Grundrisse zeichnen und die Bewegungen der Charaktere Szene für Szene darstellen können.

Ich sehe eine gewisse Parallele zwischen der starken These und dem, was in Seminaren, die Anleitung zum Verfassen von Bühnenstücken oder Filmskripts geben, empfohlen und allgemein akzeptiert wird: Der Schriftsteller sollte in der Lage sein, die vollständige Vorgeschichte zu jedem seiner Charaktere zu notieren, wenn auch nur als Hilfe für die Schauspieler, sogar wenn diese Vorgeschichten im Film oder Stück selbst in keiner Weise auftauchen werden.

Wenn das der branchenübliche Standard ist, falle ich durch. Für keinen der erwachsenen Charaktere meiner Bücher habe ich zum Beispiel eine genauere Vorstellung davon, was für eine Kindheit sie hatten, wie ich auch nicht die leiseste Vorstellung davon habe, was nach der letzten Seite mit ihnen geschehen wird.

Seit meinem letzten Brief haben in den USA Wahlen zum Kongress stattgefunden, und die Republikaner haben ein gewaltiges Comeback erlebt. Ich werde Dich nicht um eine Erklärung bitten. Aber das sieht allmählich wie ein interessanter Moment in der Geschichte aus (und ich meine damit nicht nur die US-Geschichte).

Ungefähr ab 1970 propagierte und förderte man eine recht armselige Vorstellung und ließ sie die Entwicklung des Planeten bestimmen – eine Vorstellung vom Menschen als Eigennutz-gesteuerter Maschine und von ökonomischer Aktivität als Kampf aller gegen alle um materielle Vorteile (Ökonomie: eigentlich der *nomos* des *oikos*, die Führung des Haushalts).

Als eine Folge davon herrscht nun eine vorwiegend würdelose Vorstellung vom Charakter des politischen Lebens, und das hat wiederum eine ziemlich verächtliche Meinung vom Charakter der politischen Praxis hervorgebracht. Somit bekommen dieselben Politiker, die der armseligen Vorstellung vom gesellschaftlichen Leben nichts entgegengesetzt haben, die Wut und die Verachtung, die wütende Verachtung, der Wähler zu spüren, die in ihnen selbst nicht viel mehr sehen als Eigennutz-gesteuerte Maschinen. Das Wort »Vertrauen« ist nichts mehr wert. Wenn heute ein Politiker auf einem öffentlichen Podium äußern würde: »Ich bitte um euer Vertrauen«, würde er ausgelacht werden, ganz egal wie ehrlich er es gemeint hätte.

Ich grüße Dich in dunklen Zeiten
John

Lieber John,

ja, die Zwischenwahlen hier in Amerika sind ungünstig ausgegangen – aber nicht unerwartet nach zwei Jahren massi-
ver Propaganda der Rechten und der extrem Rechten gegen
Obama und die Demokraten. Es stimmt, wir leben in finsteren Zeiten, die Nachrichten sind schlimm, aber ich gebe mir
Mühe, keine Weltuntergangsstimmung aufkommen zu lassen, indem ich den langfristigen Standpunkt einnehme, den
historischen Standpunkt, und tröste mich mit der Tatsache,
dass wir so etwas auch früher schon hatten. Nicht nur in jün-
gerer Vergangenheit – zum Beispiel die Wahlerfolge der
Rechten 1994 und 1980 –, sondern auch Ende der Vierziger
und Anfang der Fünfziger, als die Republikaner, die seit 1932
nicht mehr im Weißen Haus waren, immer irrsinnigere Attacken gegen Roosevelt, den New Deal und »unamerikani-
sches« linkes Denken ritten, was uns den Koreakrieg,
McCarthy und die ideologische Hysterie des Kalten Kriegs
eingebracht hat. Und davor: die Gräuel des Zweiten Welt-
kriegs und das Elend der Großen Depression. Und davor:
die grimmigen, oft gewalttätigen Auseinandersetzungen zwischen Kapital und Arbeiterschaft. Ich könnte noch weiter zurück, bis zur Gründung der Republik. Ein seltsames Pendeln
hin und her zwischen denen, die an die Einzigartigkeit Amerikas glauben (wir, nicht die Juden, sind das auserwählte Volk,
n'est-ce pas?), an zügellosen Kapitalismus und Kampf jeder
gegen jeden, und den anderen, die an das glauben, was Du
und ich eine gerechte Gesellschaft nennen würden, die auf-

richtig davon überzeugt sind, dass Menschen füreinander verantwortlich sind. Heute hat die eine Seite alle Antworten, morgen jagt die andere Seite sie zum Teufel. Im Ganzen betrachtet hat es gewisse Fortschritte gegeben (die Abschaffung der Sklaverei, Sozialversicherung, Grundrechte, legalisierte Abtreibung), aber der Fortschritt kommt immer langsam in diesem zu großen, zu zänkischen Land. Drei Schritt nach vorn, zwei Schritt zurück; drei Schritt nach vorn, fünf Schritt zurück; zwei Schritt nach vorn, einen Schritt zurück.

Aber so ungern ich das auch zugebe: Für die westliche Welt sind das gar keine so schrecklichen Zeiten. Absurde Zeiten, mag sein, frustrierende Zeiten, aber bei weitem nicht die schlimmsten. Es werden keine Hexen verbrannt, französische Katholiken und Protestanten gehen sich nicht an die Gurgel, Amerika befindet sich nicht im Bürgerkrieg, Millionen Europäer sterben nicht in schlammigen Gräben oder Konzentrationslagern. Hitler ist tot, Stalin ist tot, Franco ist tot. Die Ungeheuer des zwanzigsten Jahrhunderts sind allesamt weg, und wenn jetzt im ganzen Westen eher Pygmäen an der Macht sind, so ist es doch wesentlich besser, über Pygmäen zu lachen, als vor blutrünstigen Tyrannen im Staub zu kriechen.

Aber es stimmt, zur Zeit ist Amerika kein schöner Ort zum leben. So viele Probleme, die es anzugehen gilt, und nichts davon wird in den nächsten zwei Jahren geschehen, was die Probleme nur noch größer machen wird. Und dann geht der Kampf wieder von vorne los. Unterdessen hocke ich hier in Brooklyn und schaue dem großen Karneval der Dummheit zu, zu dem unser öffentliches Leben verkommen ist, schüttle den Kopf und hoffe, dass das Pendel eines Tages wieder in die andere Richtung ausschlägt.

Die »armselige Vorstellung«, von der Du schreibst, haben wir leider schon sehr viel länger als erst seit 1970. Und im Gegensatz zu meiner Meinung in jungen Jahren – dass die Leute bei Wahlen an ihre wirtschaftlichen Interessen denken – habe ich inzwischen den Eindruck, dass viele Wahlentscheidungen völlig irrational sind – bzw. ideologisch, auch wenn die betreffende Ideologie sich *gegen* das wirtschaftliche Wohlergehen des Wählers richtet. 1984, während Reagans Wahlkampf, war ich einmal in Brooklyn mit dem Taxi unterwegs. Der Fahrer, vormals Schweißer im Brooklyner Marinehafen, hatte seinen Job verloren, als seine Gewerkschaft vom Management zerschlagen wurde. Ich sagte zu ihm: »Dafür können Sie sich bei Reagan bedanken – dem größten Gewerkschaftsfeind der Geschichte.« Und seine Antwort: »Mag sein, aber ich werde ihn trotzdem wählen.« »Aber warum denn nur?«, fragte ich. Seine Antwort: »Weil ich nicht will, dass die Scheißroten Südamerika an sich reißen.«

Ein unauslöschlicher Augenblick in meiner politischen Erziehung. Männer wie er, stelle ich mir vor, haben Hitler 1933 an die Macht gebracht.

Ich möchte noch einmal kurz auf Lesen und Schreiben zurückkommen, auf Deine höchst interessanten Bemerkungen zu leeren Würfeln, Nabokovs Grundrissen und den »Vorgeschichten« von Figuren in Theaterstücken und Romanen. Du sprichst von deinem Raumgefühl als Schriftsteller, aber ich möchte auch wissen, was Du in Deinem Kopf »siehst«, wenn Du einen Roman oder eine Erzählung liest – oder, noch besser, ein Märchen. Wenn Du liest: »Es war einmal eine alte Frau, die lebte mit ihrer Tochter in einer Hütte am Rand eines dunklen Waldes« – welche Bilder ruft das in Dir auf? Als Leser bekommt man hier nicht viel. Keine Namen, keine Altersangaben, keinen speziellen Ort, keine physischen Beschreibungen, und doch neige ich aus mir vollkommen schleierhaften Gründen immer dazu, die Leerstellen auszufüllen. Vielleicht nicht sehr ausführlich, aber immerhin sehe ich eine dicke kleine Frau mit Schürze vor mir, ein schlankes heranwachsendes Mädchen mit langen braunen Haaren und bleichem Teint, Rauch, der aus dem Schornstein der Hütte aufsteigt. Graut es den Menschen vor dem Vakuum? Haben wir das Bedürfnis, Unbestimmtes und Formloses auszugestalten, die Handlung zu konkretisieren, oder gibst Du Dich mit den Wörtern auf dem Papier zufrieden, und was geschieht mit Dir, wenn Du diese Wörter liest?

Nein, ich wollte *Breaking Away* nicht als cineastisches Meisterwerk hinstellen. Ich wollte nur sagen, dass es der einzige mir bekannte Film ist, der sich nahezu ausschließlich aufs Radfahren konzentriert – und dass ich ihn unterhaltsam fand. Natürlich ist das triumphale Rennen am Schluss typischer Hollywoodkitsch. Aber die letzte, die allerletzte Einstellung ist wirklich komisch – wo der Junge, der sich zwei Monate lang als Italiener ausgegeben hatte, auf dem Campus einer Französin begegnet und seinem verdutzten Vater zuruft: »Bonjour, papa!«

Etwas zum Nachdenken. In den vergangenen Wochen haben mich ungefähr ein Dutzend amerikanische Journalisten wegen *Sunset Park* interviewt, das kürzlich erschienen ist. Viele von ihnen, insbesondere die weiblichen Journalisten (nein, es waren überhaupt nur weibliche Journalisten, wie mir jetzt auffällt), sind schockiert, ja ausgesprochen empört über die

Affäre meines achtundzwanzigjährigen Helden mit seiner siebzehnjährigen Liebsten. Bei »Sex mit Minderjährigen« scheinen heute in Amerika alle Alarmglocken zu schrillen. Andererseits: Als ich mit Journalisten über *Unsichtbar* sprach, wurde der Inzest zwischen Bruder und Schwester von nahezu keinem zum Thema gemacht. Ehrlich gesagt, ich bin verblüfft.

Fällt Dir dazu was ein?

Feste Umarmung für Dich und Dorothy,
Paul

Lieber Paul,

»Zwei Schritt vor und einen zurück« – mit dieser Redewendung beschreibst Du den gesellschaftlichen Fortschritt in Deinem Land, einem Land, das, weil es eine Weltmacht darstellt, in einem wichtigen Sinn auch mein Land ist und das eines jeden anderen auf dem Planeten, aber unter dem Vorbehalt, dass wir übrigen uns nicht an seinen politischen Prozessen beteiligen können.

Meine eigene, etwas verbitterte Meinung als lebenslanges Mitglied der Klasse der Beherrschten lautet, dass es naiv ist, von den Herrschenden zu erwarten, dass sie uns in eine bessere Zukunft führen. Sie haben im eigenen Interesse Wichtigeres zu tun. Deshalb werde ich, solange sie das Problem der friedlichen Nachfolge unter sich ausmachen, nichts weiter von ihnen verlangen. Mit dem Problem der Nachfolge meine ich einfach die Übergabe der Macht von einem der ihren zum Nächsten, ohne die Bevölkerung Gewaltakten auszusetzen.

Man muss den Blick nur auf Staaten lenken, die das Nachfolgeproblem nicht gelöst haben, um zu erkennen, welche Errungenschaft das ist und welches Elend es andererseits bedeutet, in einem Land zu leben, wo Regierungsanwärter die Macht mit Waffengewalt erobern wollen.

Ein zweifaches Hoch auf die Vereinigten Staaten aus diesem Grund.

Ich denke, die Stabilität der USA resultiert weitgehend aus der Verehrung für eure Gründungsdokumente, die euch

Amerikanern beigebracht wurde (und die ihr verinnerlicht habt). Und das wirft interessante Fragen zum Fundamentalismus auf. Wie ich es sehe, gibt es in Deinem Land Menschen, die glauben, dass die Verfassung und die *Bill of Rights* (Zusatzklauseln) nur auf eine Weise zu interpretieren sind, während andere glauben, dass diese Dokumente von Zeit zu Zeit im Licht der veränderten historischen Gegebenheiten neu interpretiert werden müssen. Diese Meinungsverschiedenheit zur Frage der Interpretation (was ein schriftlicher Text bedeutet oder welche Bedeutung man herauslesen kann) spiegelt ziemlich exakt die theologischen Meinungsverschiedenheiten zwischen christlichen Fundamentalisten und ihren fortschrittlichen Gegnern wider, und zweifelsohne Meinungsverschiedenheiten innerhalb anderer Religionen, die auf Texten basieren, wie der Judaismus und der Islam.

Ich weiß nicht, was Deine Ansichten zum Interpretieren und den Grenzen der Interpretation sind. Ich habe das Gefühl, dass das Schauspiel von Wissenschaftlern (oder Richtern), die herauszufinden versuchen, was zweitausend Jahre alte Texte über Stammzellforschung zu sagen haben, mehr als nur leicht komisch ist. Und wenn wir auf die Gegenwart zu sprechen kommen, so bin ich ganz entschieden der Ansicht, dass die Gründungsväter der Vereinigten Staaten damals im 18. Jahrhundert versäumt haben, unmissverständlich darzulegen, was sie damit meinten, wenn sie das Recht eines jeden Bürgers auf Waffenbesitz bestätigten, und dass sie sich damit schuldig gemacht haben; und wenn man an die Hunderttausende von Menschen denkt, die im Lauf der Jahre als direkte Folge der allzu wörtlichen Auslegungen dieses Gesetzes getötet wurden, so haben sich aufeinanderfolgende Regierungen der USA schuldig gemacht, weil sie nicht die Entschlossenheit hatten, das Gesetz abzuschaffen und es durch genauere Formulierungen zu ersetzen.

Ein Kommentar von Nietzsche *(Götzendämmerung)*, auf den ich gerade gestoßen bin: »Wonach misst sich die Freiheit, bei einzelnen wie bei Völkern? Nach dem Widerstand, der überwunden werden muss, nach der Mühe, die es kostet, *oben* zu bleiben. Den höchsten Typus freier Menschen hätte man dort zu suchen, wo beständig der höchste Widerstand überwunden wird.« Eine logische Konsequenz: Selbst wenn man theoretisch frei geboren sein kann, nutzt sich die Freiheit bald ab. Eine andere logische Konsequenz: Es ist unwahrscheinlich, dass es so etwas wie das Land der Freien gibt.

In Deinem letzten Brief bringst Du die Diskussion über fiktive Räume in den Vordergrund und fragst mich, was ich vor meinem inneren Auge sehe, wenn ich in einem Buch lese, dass eine alte Frau mit ihrer Tochter in einer Hütte am Waldesrand lebt. Verglichen mit Dir scheine ich eine ziemlich armselige visuelle Imagination zu haben. Beim normalen Lesevorgang »sehe« ich wohl überhaupt nichts. Erst wenn Du mit dem Ansinnen kommst, dass ich darüber berichten soll, füge ich vor dem inneren Auge eine rudimentäre alte Frau zusammen und eine Tochter und eine Hütte und einen Wald.

Was ich offenbar statt einer visuellen Bildsprache habe, ist, was ich vage Aura oder Tonalität nenne. Wenn ich an ein bestimmtes, mir bekanntes Buch zurückdenke, beschwöre ich offenbar eine einzigartige Aura, die ich natürlich nicht in Worte fassen kann, ohne praktisch das Buch neu zu schreiben.

Du gestehst, dass Du ratlos bist, wenn Du zu verstehen versuchst, warum Kritiker nichts am Inzest zwischen Bruder und Schwester (in *Unsichtbar*) auszusetzen haben, aber sich über Sex zwischen einem achtundzwanzigjährigen Mann und einem Mädchen (einer Frau?) von siebzehn (in *Sunset Park*) aufregen.

Auch ich bin ratlos – besonders da im letzteren Fall die intimen Handlungen so diskret dargestellt sind. Besonders rätselhaft ist die Frage, in welchem historischen Zeitalter wir leben: in einem puritanischen oder einem freizügigen. Denn es scheint Züge von beiden zu haben. Einerseits haben Eltern nichts dagegen einzuwenden, wenn ihre sechzehnjährige Tochter einen Jungen zum Übernachten nach Hause mitbringt. Vielleicht bieten sie den beiden sogar am nächsten Morgen Frühstück an. Andererseits wird ein Erwachsener, der am Strand ein Foto von einem Kind im Badeanzug macht, ins Gefängnis gesteckt.

Meine vorsichtige Hypothese lautet, dass die Stimmung unserer Zeit lustfeindlich ist und Lust bestrafen will. Gleichzeitig sind wir aber nicht bereit, Kinder zu bestrafen, die per definitionem schuldlos sind. Deshalb wird das Verhalten eines Erwachsenen, der ein Kind begehrt, als doppelt strafwürdig angesehen.

Ein Freudianer würde sich auf die Frage konzentrieren, warum wir aufgehört haben, unsere Kinder zu bestrafen, und insbesondere von körperlicher Züchtigung Abstand genommen haben, die einmal die Norm war, nun aber praktisch mit einem Tabu belegt ist. Ich vermute, dass der Freudianer eine Verbindung entdecken würde zwischen der zunehmenden Sexualisierung recht kleiner Kinder und der sexuellen oder sexualisierten Färbung, die körperliche Züchtigung von Kindern unter diesen Umständen unweigerlich annimmt. Der unerträgliche Gedankengang lautete etwa so: Dieses Kind versucht mich zu verführen. Aber wenn ich es dafür bestrafe, dann erliege ich seiner Versuchung. Was also tun?

In Australien hat es vor ein oder zwei Jahren einen interessanten Fall gegeben. Ein angesehener Fotograf hatte eine Ausstellung, bei der auch Fotos von einem nackten Modell (weiblich), das (ich glaube) zwölf war, zu sehen waren. Von Bürgerschutzgruppen dazu aufgefordert, schloss die Polizei die Ausstellung. Der Premierminister Kevin Rudd wurde in einem Interview befragt, was er von den Fotos halte (die natürlich im Internet verbreitet worden waren). Aus welchem Motiv auch immer – vielleicht hatte er gemeint, dass es ihm Wählerstimmen bringen würde – bezeichnete er die Fotos als »widerwärtig« und stellte laut die Frage, warum wir Kinder nicht einfach in Ruhe Kinder sein lassen.

Zu dieser Reaktion gäbe es vieles zu sagen, eine Reaktion, wie sie heute von einem Politiker, der auf die öffentliche Meinung hört, zu erwarten ist. Beispielsweise, dass damit nahegelegt wird: Wenn wir nackt sind, sind wir sexuelle Wesen, d.h., dass das Nackte, das Aktgemälde und das Sexuelle mehr oder weniger alles das Gleiche ist.

Mir fällt ein, dass ich vor einigen Jahren einen Essay über Pornographie geschrieben habe, in dem ich öffentlich fragte – und ich hielt dies für ein gelungenes rhetorisches Manöver, für eine reductio ad absurdum –, ob wir in Zukunft von Filmemachern eine Bestätigung fordern wollen, dass die von ihnen in Sexszenen eingesetzten Schauspieler keinesfalls minderjährig sind. Und siehe da, Filmemacher müssen heute Erklärungen genau dieser Art unterschreiben.

Herzlich grüßt
John

Lieber John,

Du fragst, ob ich eine Meinung zum Interpretieren oder zu den Grenzen des Interpretierens habe, und was mir dazu als Erstes einfällt (mir in den begriffsstutzigen, assoziativen, hyperaktiven Schädel schießt), ist eine Stelle in einer englischen Übersetzung ausgewählter Teile des Talmud, die ich vor vielen Jahren gelesen habe. Mehrere Rabbiner debattieren über die Umstände, die einen Menschen daran hindern könnten, seine täglichen Gebete zu sprechen. Einer nennt als Hinderungsgrund Scheiße. Stünde man zufällig neben einem Scheißhaufen, wäre es Blasphemie, den Namen Gottes anzurufen, oder? Die anderen stimmen zu. Aber was kann man tun? Anderswo hingehen, natürlich. Was aber, wenn einem das nicht möglich ist? Ein Rabbiner schlägt vor, den Scheißhaufen mit einem Tuch oder einem Stück Papier abzudecken. Wenn die Scheiße nicht zu sehen ist, sagt er, kann man so tun, als sei sie gar nicht da. Die anderen stimmen zu. Jetzt stellt der jüngste Rabbiner eine verzwickte Frage. Was, wenn man die Scheiße an der Schuhsohle hat – und man merkt es nicht? Darf man dann beten oder nicht? Ich weiß noch genau, wie der nächste Satz lautete: »Darauf hatten sie keine Antwort.«

Was wohl bedeutet, dass eine Interpretation stets nur bis zu einem bestimmten Punkt gehen kann; früher oder später wird man auf eine Frage stoßen, die sich nicht beantworten lässt. Ist man gezwungen, eine Antwort zu geben (so wie Richter dazu gezwungen sind), kann diese nur willkürlich sein, soll heißen: persönlich, ein Produkt dessen, wer oder was man ist, ein Abbild privater Ansichten dazu, wie es auf der Welt zugehen sollte. Im Fall der erwähnten Rabbiner kann ich mir ohne weiteres vorstellen, wie die Debatte weitergeht – aber zum Glück tut sie das nicht. Ein freisinniger Rabbiner würde seinem jungen Kollegen sagen, er soll einfach weiterbeten. Solange er nicht weiß, dass er Scheiße an der Schuhsohle hat, kann man ihn nicht zur Rechenschaft ziehen. Gott wird verstehen und verzeihen. Ein fundamentalistischer Rabbiner würde genau das Gegenteil sagen. Scheiße ist Scheiße, würde er argumentieren, Gesetz ist Gesetz, und da es verboten ist, in Gegenwart von Scheiße zu beten, beleidigt man Gott, wenn man mit Scheiße an der Schuhsohle betet.

Ich bleibe noch ein wenig beim Thema, da Du vom friedlichen Machtwechsel in den Vereinigten Staaten und der Hochachtung der Amerikaner vor ihren »Gründungsdokumenten« schreibst … Du hast hier lange genug und oft genug gelebt und verstehst das amerikanische Leben genauso gut wie ich, zugleich aber hast Du (naturgemäß) eine Distanz dazu, wie es mir nicht möglich ist. Du siehst Dich als einen der »Beherrschten«, und angesichts des Unheils, das Amerika in den vergangenen Jahrzehnten rund um den Globus angerichtet hat, sind gewisse Zweifel am amerikanischen Projekt nicht unberechtigt, vielmehr absolut verständlich. Ich habe diese Zweifel auch, aber ich bin auch ein Bürger dieses Landes und fühle mich ihm sehr verbunden, und wann immer Amerika in den Fettnapf trampelt (viel zu oft), schmerzt mich das enorm. Am allerschlimmsten (wo wir schon mal bei Themen wie Regierungswechsel, Textinterpretation, Fundamentalismus und Gründungsdokumente sind) bei der Entscheidung des Obersten Gerichtshofs nach der Präsidentschaftswahl 2000, dem Fiasko Gore gegen Bush. Du erinnerst Dich bestimmt. Für mich war das Bemerkenswerte, wie schnell – und gierig – mutmaßlich fundamentalistische Interpreten des Gesetzes bereit waren, ihre sogenannten Überzeugungen zu verraten, um ihren Mann ins Amt zu bringen. Selten hat man Gelegenheit, intellektuellen Betrug auf einer so großen Bühne am Werk zu sehen, und die Heuchelei dessen, was ich in jenen Wochen vorgeführt bekam, hat mich so verbittert, dass ich es noch zehn Jahre danach kaum verwinden kann. So viel zu unserer Hochachtung vor Amerikas Gründungsdokumenten. Im Kampf um politische Macht zählen Ideen wenig oder nichts. Der Oberste Gerichtshof hat unter der Maske vollkommener Gesetzestreue einen Staatsstreich der Republikanischen Partei ermöglicht.

Gore hatte gewonnen. Aber so knapp, dass man ihm den Sieg entreißen konnte, und einer der Gründe, vielleicht der einzige Grund, warum er nicht mit überwältigender Mehrheit gewonnen hat, war der, dass Bill Clinton mit heruntergelassener Hose erwischt worden war. (Ein Witz aus dieser Zeit: Warum trägt Bill Clinton Unterhosen? Antwort: Um seine Knöchel warmzuhalten.) Nicht nötig, die Fakten noch einmal durchzukauen, aber hier kommen wir zum letzten Teil Deines Briefs und Deiner Äußerung (Deiner zutreffenden Äußerung), dass heutzutage, wenn es um Sexuelles geht, gern nach Bestrafung gerufen wird. Auf der einen Seite ungeheure Freiheiten, auf der anderen immer noch dieselben alten puritanischen Auffassungen wie zu der Zeit, als die ersten Siedler nach Neuengland kamen. Ohne Clintons Sexskandal wahrscheinlich kein Bush. Und ohne Bush vielleicht kein 11. September – und folglich dann auch kein Irak, kein Afghanistan, keine gesetzwidrige Folter. Ein Loch ist im Eimer …

Alles, was Du in Deinem Brief ansprichst, scheint in dieser einen finsteren Geschichte zusammenzulaufen.

Ich muss los, wollte Dir aber vor der Abreise noch ein paar Worte hinwerfen. Am sechzehnten komme ich nach New York zurück. Einstweilen habe ich noch einen Slangausdruck amerikanischer Soldaten aus dem Zweiten Weltkrieg für Dich, den ich neulich zum ersten Mal gehört habe: FUBAR (soll heißen: *fucked up beyond recognition*). Nicht übel, oder?

Schönste Grüße,
Paul

19. Januar 2011

Lieber Paul,

ich bin gestern in ein kleines Gedankenexperiment hinein-
geraten, das mich abwechselnd beunruhigt und amüsiert
hat.

Ich habe über meine Lebenssituation nachgedacht, darüber, wie ich dort hingeraten bin, wo ich bin (nämlich im
Vorort einer australischen Kleinstadt), und habe nachgedacht
über die verschiedenen Zufälle, einschließlich des Zufalls
meiner Geburt (dass ich an einem bestimmten Tag bestimmten Eltern geboren wurde), die dazu geführt haben, dass ich
nicht nur bin, wo ich bin, sondern auch wer ich bin. Der Gedanke kam mir, dass ich mir nur allzu leicht eine Welt vorstellen könnte, in der dieser Mensch John Maxwell Coetzee,
geboren am 9. Februar 1940, nicht anwesend ist und nie anwesend war, oder aber ein völlig anderes Leben gehabt hatte,
vielleicht nicht einmal ein menschliches; doch im nächsten
Moment kam mir auch der Gedanke, dass es unmöglich ist,
mir eine Welt vorzustellen, in der *ich* nicht anwesend bin und
nie anwesend war.

Ich probierte den Trick noch einmal, dachte zunächst den
einen Gedanken (die Welt ohne JMC), dann den anderen
(die Welt ohne *mich*), und es funktionierte wieder. Der erste
war leicht zu denken, der zweite unmöglich.

Die einfache logische Schlussfolgerung scheint zu sein,
dass die Gleichung »ich = JMC« falsch ist. Und die Intuition
bestätigt einem diese Schlussfolgerung. Ich stelle mir vor,
dass Du die Gleichung »ich = PA« ebenso falsch findest.

Aber hast Du jemals zuvor die Falschheit der Gleichung so einleuchtend demonstriert bekommen?

Dorothy und ich treten morgen früh unsere Reise nach Indien an, es ist unser erster Besuch dort. Die Reisevorbereitungen hatten mit einer ungewöhnlichen Menge an Scheiße zu tun – ich meine Scheiße im wörtlichen Sinn. Wir mussten uns gegen Krankheiten impfen lassen, die durch Scheiße übertragen werden (Hepatitis, Cholera), wir wurden von allen Seiten ermahnt, uns in regelmäßigen Abständen die Hände zu waschen und keine Nahrungsmittel in den Mund zu stecken, die durch die (von Scheiße verunreinigten) Hände von Fremden gegangen sind, und jetzt lese ich im Blog der *New York Review of Books*, dass zwar Männer in Indien in der Öffentlichkeit ohne Scham scheißen können, es jedoch für indische Frauen unakzeptabel ist, wenn sie während der Tageslichtstunden dabei beobachtet werden, wie sie sich erleichtern. Deshalb gibt es eine große Bandbreite von Darm- und Harnwegserkrankungen bei Frauen.

Die Entdeckung, wie elementar die Basis von Tabus ist, schockiert immer wieder. Zum Beispiel eine Moschee mit Schuhen zu betreten und sich in ihr hinzusetzen ist beides tabu. Warum? Weil man mit den Schuhsohlen vielleicht in Scheiße getreten ist (naheliegend); und weil der Hosenboden vielleicht auch schmutzig ist (nicht so naheliegend).

Vielen Dank für Deinen letzten Brief (3. Dezember), in dem Scheiße an Schuhen auch eine Rolle spielt.

Viele Grüße
John

28. Januar 2011

Lieber John,

nach monatelanger Arbeit und hundert geschriebenen Seiten habe ich beschlossen, den Roman, den ich im Spätfrühling angefangen habe, aufzugeben – oder jedenfalls vorläufig beiseitezulegen. Das Buch schien in alle Richtungen zu wuchern, statt feste Form anzunehmen, und mir ist keine Idee gekommen, wie dem abzuhelfen sein könnte. Noch nie habe ich ein so weit fortgeschrittenes Projekt abgebrochen – bin mir aber trotz aller Enttäuschung sicher, die richtige Entscheidung getroffen zu haben. Ist Dir so etwas auch schon mal passiert – und falls ja, wie bist Du damit fertiggeworden?

Erzähl mir von Indien. Dort bin ich nie gewesen und weiß entsprechend wenig.

Vorigen Monat anderthalb Meter Schnee in New York – ein Unwetter nach dem andern. Das wird mal wieder einer *dieser* Winter.

Eine herzliche Umarmung für Euch beide,
Paul

Lieber Paul,

ich wollte Dir über Indien berichten, dachte dann aber, ich sollte genug Zeit vergehen lassen, damit sich meine Gedanken setzen und vielleicht reifer, interessanter werden können. Nun stelle ich fest, dass sie überhaupt nicht reifen, dass sie sich nur setzen, also gibt es keinen Grund, noch länger zu zögern.

Ich war zum Jaipur Literaturfestival eingeladen und dachte mir, dass ich das als Entree zu einer Rundreise nutze, wenn nicht durch Indien, dann wenigstens durch Rajasthan. Wenn es mit Rajasthan funktionierte, dachte ich, könnte ich irgendwann in der Zukunft einen anderen Landesteil, vielleicht Kerala, mit größerem Selbstvertrauen erkunden.

Dem Jaipur Festival sah ich mit gemischten Gefühlen entgegen. Ich hatte gehört, es sei ein großes und lautes Ereignis, und das war in meinen Augen keine Empfehlung. Andererseits gäbe es gewiss wohlwollende Menschen dort, Inder und Ausländer, und ich würde Gelegenheit haben, mich mit ihnen über gute und schlechte, empfehlenswerte und weniger empfehlenswerte Möglichkeiten, das Land zu bereisen, beraten können.

Ich glaube nicht, dass ich mich auf dem Festival besonders hervorgetan habe. Ich war entschlossen, mich nicht der öffentlichen Befragung zu unterziehen, die heute zu einem üblichen Bestandteil von Festivals geworden ist. Das ist kein Medium, das mir liegt. Meine Antworten sind zu kurz, wo Kürze (Knappheit) allzu leicht als ein Zeichen für Gereiztheit oder Ärger missverstanden wird. Ich kündigte also an, dass ich einfach ein Prosastück lesen würde. Und das tat ich dann. Der Text war nicht amüsant (er handelte von Leben und Tod und der Seele) und war daher wahrscheinlich eine schlechte Wahl für eine solche Gelegenheit. Die Reaktion der Zuhörer: respektvoll, aber verdutzt.

Wie dem auch sei, nach fünf Tagen war das Festival zu Ende, und ich hatte keine besonderen Erkenntnisse aus gelegentlichen Gesprächen darüber, wie man sich Indien nähern sollte, gewonnen. Schlimmer noch, ich hatte mir ein leichtes Fieber eingefangen, das mich die meiste Zeit lethargisch machte.

Also begaben Dorothy und ich uns auf eine einwöchige Rundreise durch Rajasthan zu einem vereinbarten Preis, in einem Auto mit einem Fahrer namens Rakesh. Rakesh chauffierte uns von Jaipur über Pushkar, Jodhpur, Udaipur nach Bundi und zurück nach Jaipur und setzte uns zum Schluss in ein Flugzeug, das uns außer Landes brachte.

Vermutlich könnte ich hier die Sehenswürdigkeiten entlang unserer Route aufzählen, die mich beeindruckt haben. Doch ich nehme an, Du erwartest mehr als das von einem Brief. Daher will ich mich auf zwei Beobachtungen, die ich gemacht habe, beschränken und mich dann der Frage zuwenden, warum ich ein so armseliger Berichterstatter bin, nicht nur über Indien, sondern über das gesamte Leben.

Meine erste Beobachtung war, dass Indien das erste Land ist, das ich bereist habe, wo Menschen und Tiere anscheinend zu einem anständigen modus vivendi gekommen sind. Ich konnte nur wenige Tierarten wirklich beobachten – Kühe, Schweine, Hunde, Affen –, doch ich habe keinen Grund zur Annahme, dass nur diese Tiere in der menschliche Sphäre akzeptiert sind. Ich sah kein Anzeichen von grausamer Behandlung, nicht einmal ein Anzeichen für Ungeduld, obwohl die Kühe im äußerst dichten Verkehr herumwandern und die Leute aufhalten.

Es ist allgemein bekannt, dass Kühe in Indien verehrt werden. Aber Verehrung scheint mir das falsche Wort zu sein. Die Beziehungen zwischen Menschen und Tieren sind viel profaner: einfache Toleranz und ein Akzeptieren der tierischen Existenz, selbst wenn sie in die menschliche eindringt.

Dieser Beobachtung liegt meine Erfahrung in Afrika zugrunde, wo Tiere auch überall anwesend sind, wo jedoch eine gedankenlose Grausamkeit ihnen gegenüber weit verbreitet ist, eine Haltung der Verachtung für sie als einer niederen Lebensform.

Meine andere Beobachtung betrifft die Armut, und wieder hatte ich den Kontrast zu Afrika im Hinterkopf. »Die Armen« in Indien leben offenbar wirklich gefährlich nah am Existenzminimum und scheinen ihre bloße Existenz von Tag zu Tag nur mühsam zu sichern. Doch je mehr ich von dieser bloßen Existenz sah, desto mehr beeindruckte mich das Reservoir an praktischen Fähigkeiten, aus dem die Menschen schöpften, und ebenso ihr schierer Fleiß. Ob man Männer beim Behauen von Bausteinen aus gebrochenem Sandstein sah oder Straßenverkäufer beim Zubereiten von Speisen am Straßenrand, das alles waren geschickte Leute mit intelligenten Händen (ich kann es nur so nennen), die unter anderen ökonomischen Bedingungen erfolgreiche Handwerker sein könnten. Mit anderen Worten, es schien mir, als gebe es gewaltige Humanressourcen, die zur Zeit nur sehr ungenügend genutzt werden.

Und nun kommen wir zum Beobachter selbst, dem Mann,

der zwei Wochen lang in eine fremde Kultur (und fremde Zivilisation) eintaucht und daraus auftaucht mit nichts als einer Reihe abgedroschener und ziemlich abstrakter Beobachtungen. Warum bin ich unfähig zu Reisebeschreibungen in all ihrer Pracht – unfähig, fremde Sehenswürdigkeiten und Laute lebensprall heraufzubeschwören? Ich weiß, dass du sagen wirst: »Du bist aber in guter Gesellschaft. Wo sind die lebensprallen Beschwörungen fremder Sehenswürdigkeiten und Laute bei Kafka? Wo sind sie bei Beckett?« Aber darf man sich auf einen solchen Trost verlassen? Ist es nicht schlichte Unfähigkeit, die man offenbart – eine unangemessene Reaktion auf die Schönheit und Großzügigkeit der Welt? Was ist lobenswert daran, wenn man eine angeborene Armut zur Tugend umwandelt?

Fragen über Fragen.

Viele Grüße
Dein John

7. März 2011

Lieber Paul,

von den Organisatoren der Veranstaltungen in Kanada habe ich gehört, dass sie für uns schon Hotelzimmer gebucht haben. Ausgezeichnet. Ich freue mich sehr darauf, einige Zeit mit Dir zu verbringen. Schade, dass Siri nicht dabei sein kann.

Dorothy wird mitkommen – sie hält ungefähr zur gleichen Zeit einen Vortrag auf einer wissenschaftlichen Konferenz an der Queen's University.

Es tut mir leid, dass Du Dich (im Januar) gezwungen fühltest, ein Vorhaben aufzugeben, in das Du offensichtlich schon viel Arbeit gesteckt hattest. Aber diese Investitionen sind doch nie völlig vergeblich, oder? Ein oder zwei Seiten, der eine oder andere Gedanke, können doch bestimmt gerettet werden und (um eine gärtnerische Metapher zu verwenden) könnten vielleicht mit der Zeit eigene Wurzeln ausbilden.

Ich habe in der Vergangenheit schon Vorhaben aufgegeben, obwohl ich eher dazu neige, vielleicht zu lang und zu verbissen an einem hoffnungslosen Projekt dranzubleiben.

Was mich zum jetzigen Zeitpunkt interessiert, ist die Frage, wie und wann sich versagende Kräfte ankündigen. Man kann nicht ewig weiterschreiben; und man möchte sich nicht mit einem peinlich schlechten Produkt aus Altersschwäche verabschieden. Wie findet man heraus, dass man einfach nicht mehr das Zeug dazu hat, einem Sujet gerecht zu werden?

Herzliche Grüße
John

Lieber John,

danke für Deinen Brief – Deine beiden; bin froh, dass Du heil zurückgekommen bist.

Tatsache ist, auf Reisen langweile ich mich meistens, und selbst Filme über exotische Orte – die einen doch theoretisch am Hosenboden packen sollten – haben mich immer kalt gelassen. Ich erinnere mich an die Reiseberichte, die man in meiner Kindheit zwischen den Zeichentrickfilmen und dem Hauptfilm zeigte – Werke von unsäglicher Stumpfheit, die mich binnen zwei Minuten aufspringen und zum Getränkestand hasten ließen.

Nicht dass ich an manchen Klassikern des Genres kein Vergnügen gehabt hätte – Herodot, Marco Polo, Sir John Mandeville, Saint Brendan, Columbus, Cabeza de Vaca – und wie es bei ihnen von Lügen und bizarren Erfindungen wimmelt – und auch an einigen Büchern aus dem neunzehnten Jahrhundert, die echte literarische Verdienste haben: Doughtys *Travels in Arabia Deserta*, Parkmans *The Oregon Trail* und Powells *Exploration of the Colorado River and Its Canyons* –, aber die vielen Reisebücher in den achtziger Jahren haben mir überhaupt nichts gegeben, und letzten Endes lese ich viel lieber frei erfundene Anthropologien wie Calvinos *Unsichtbare Städte* oder Henri Michaux' Prosagedicht »Ich schreibe Dir aus einem fernen Land« oder sogar Cyrano de Bergeracs im siebzehnten Jahrhundert geschriebenen Bericht seiner Reise zum Mond – Werke reiner Phantasie, die mehr über das menschliche Leben zu sagen

scheinen als jede realistische Reportage in Buch- oder Arti-
kelform.

Du beklagst Deine Schwäche als Beobachter »fremder
Sehenswürdigkeiten und Laute«, aber Du bist kein Repor-
ter – weder dazu ausgebildet noch dazu angelegt –, und die
Aufmerksamkeit, die Du Deinen Erlebnissen entgegenbringst,
ist von anderer Art als die eines Journalisten. Zeitungsmann
und Reiseschriftsteller konzentrieren sich auf die Oberfläche
der Dinge. Ihre Aufgabe ist es, für ihre Leser Bilder aus Worten zu machen, alle optischen Eindrücke einzeln für sich zu
betrachten und einen treffenden Ausdruck dafür zu finden;
Du hingegen betrachtest mehrere Dinge gleichzeitig, alles
gleichzeitig, und versuchst hinter den Sinn des Ganzen zu
kommen – soll heißen, Du versuchst die einzelnen Tatsachen
zu einer Beobachtung zusammenzufassen, die mehr als nur
die Oberfläche der Dinge erfasst, die bis ins Innere durch-
dringt. Ich bin Dir dankbar für Deine Bemerkungen zu den
Beziehungen zwischen Menschen und Tieren in Indien (so
etwas hatte ich nie zuvor gehört) und zum Fleiß der von Dir
sogenannten »intelligenten Hände«. Viel besser, so etwas zu
lesen, als erzählt zu bekommen, welche Farbe die Tassen haben, aus denen arme Leute trinken.

10. März

Strukturlose, hektische Tage – weshalb ich am achten nicht
weitermachen konnte.

Ein Wort zu Kanada im September. Ich weiß, wie unwohl
Dir beim Gedanken an »öffentliche Befragung« ist, aber genau das scheint man von uns beiden zu erwarten. Wir zwei allein auf einer Bühne, ohne Moderator, erst lesen wir kurz aus

unseren Büchern, dann sollen wir uns unterhalten. Vielleicht sollten wir uns im Voraus verständigen, worüber wir sprechen wollen (ganz allgemein, nur die Richtung), und dann einfach loslegen. Manche unserer Bemerkungen werden zweifellos in Form von Fragen daherkommen – hin und her –, aber wir müssen uns ja nicht wie bei gewöhnlichen Interviews in die Mangel nehmen. Ich denke, das kriegen wir hin, und wenn Du undeutlich sprichst – was macht das schon? Auch ich spreche ziemlich undeutlich.

Die Schwierigkeit, aktuelle Geschehnisse in fernen Ländern zu verstehen. Abgesehen von dem, was hier in Amerika unmittelbar vor meiner Nase geschieht, ist alles, was ich erfahre, durch die Medien gefiltert (hauptsächlich *New York Times* und *New York Review of Books*, aber auch Fernsehen und Radio), und je weiter ich von den Geschehnissen entfernt bin, desto weniger sicher bin ich mir, was ich weiß. Ich begreife die schäbige Farce der aktuellen Skandale in Italien (die europäische Politik ist mir nicht fremd), aber wenn es um die Ereignisse im Nahen Osten geht, wird es schon schwierig. Die amerikanische Presse erzählt uns, in Tunesien und Ägypten hätten spontane Revolutionen stattgefunden, auch in anderen Ländern der Region gebe es Protestbewegungen, und der Konflikt in Libyen entwickle sich rapide zu einem blutigen Bürgerkrieg. Um kurz bei Ägypten zu bleiben: Wie es aussieht, ging der friedliche Aufstand von weltlichen Kräften aus, größtenteils von jungen Leuten, Zwanzig-, Dreißigjährigen – gebildeten jungen Leuten, viele von ihnen arbeitslos oder unterbeschäftigt in dieser durch jahrelange Korruption und Tyrannei nicht mehr richtig funktionierenden Gesellschaft –, mit dabei waren aber auch Frauen, Staatsbeamte, verarmte Arbeiter und sogar das Militär. Allenthalben wurden die außerordentliche Leidenschaft und Hingabe der Rebellen gepriesen, und doch tun sich jetzt, nur wenige Wochen später, schon wieder Risse auf, gewalttätige Auseinandersetzungen nehmen zu (aktuell zwischen Christen und Moslems), und alles in allem scheint mir die Lage gefährlich instabil zu sein. Jahrzehnte ohne echtes politisches Leben, ohne organisierte politische Parteien und ohne Betätigungsmöglichkeit für irgendeine Opposition haben zu einer Art Massensehnsucht nach gesellschaftlicher Veränderung geführt, nur dass es keine politischen Instrumente gibt, sie herbeizuführen – weshalb die Armee die Herrschaft übernehmen musste, zumindest fürs Erste. Offenbar gibt es dort ein Machtvakuum, und wenn ich an Revolutionen vergangener Zeiten denke, bringt ein solches Vakuum am Ende womöglich einen Napoleon oder Lenin hervor, einen geschickten Opportunisten, der in die Bresche springt und die Macht mit Gewalt an sich reißt. Das ist meine Befürchtung – aber was weiß ich denn wirklich über die Vorgänge, und was weiß ich wirklich über die Beteiligten? So gut wie nichts. Unterdessen debattiert Amerika darüber, ob wir anfangen sollten, Libyen zu bombardieren. Man zittert bei dem Gedanken …

Herzliche Grüße,
Paul

Lieber Paul,

Du benutzt kein E-Mail-Programm und Du hast kein Handy (vermute ich). Ich nehme an, dass das prinzipielle Entscheidungen Deinerseits sind. Es interessiert mich überhaupt nicht, was das auf persönlicher Ebene bedeutet. Was mich beschäftigt, ist, was es bedeutet, ein Mensch des 21. Jahrhunderts zu sein und eine Prosa zu schreiben, in der Kommunikationsmittel des 21. Jahrhunderts wie das Handy nicht vorkommen.

Ehe ich mehr sage, will ich versichern, dass ich sehr viel Sympathie für Deine Haltung habe. Auch ich bin unversehens zu einem Menschen des 21. Jahrhunderts geworden, doch ich schreibe Bücher, in denen Papierbriefe geschrieben (und gemailt) werden, Bücher, in denen das modernste benutzte Kommunikationsmittel (hin und wieder) das Telefon ist, das zufällig eine Erfindung des 19. Jahrhunderts darstellt.

Das Vorhandensein/Fehlen von Handys in der eigenen fiktiven Welt wird keine triviale Angelegenheit sein, vermute ich. Warum? Weil bei der technischen Seite des Romanschreibens, in der Vergangenheit und in der Gegenwart, eine große Rolle spielt, dass Charakteren Informationen zugänglich gemacht oder vorenthalten werden, dass Menschen im selben Raum zusammengebracht oder getrennt gehalten werden. Wenn nun plötzlich jeder Verbindung mit jedem hat – das heißt, elektronische Verbindung –, was wird aus all den heimlichen Planspielen? Im Film ist man schon daran gewöhnt, dass alle möglichen kleinen Handlungselemente eingebaut werden, um zu erklären, warum Charakter A *nicht* mit Charakter B sprechen kann (ein im Taxi vergessenes Handy; ein durch Berge blockierter Empfang). Die Standardsituation ist mittlerweile, dass, abgesehen von außergewöhnlichen Umständen, B stets für A erreichbar ist.

Wird es die erzählerische Norm von morgen (eigentlich von heute) sein, dass jeder stets Verbindung mit jedem hat, mit der logischen Konsequenz, dass, wenn in einer fiktiven Welt nicht jeder Verbindung mit jedem hat, diese fiktive Welt der Vergangenheit angehört?

Früher konnte man viele Seiten gewinnen aus dem Nichtvorhandensein des Telegraphen/Telefons (die noch erfunden werden mussten) und der daraus folgenden Notwendigkeit, Nachrichten persönlich auszuhändigen oder sogar an einem Ende auswendig zu lernen und am anderen Ende aus dem Kopf aufzusagen (Beispiel: der Mann, der von Marathon nach Athen laufen musste). Sind viele der Geschichten, die Du und ich und Leute wie wir schreiben, dazu verdammt, als Texte gesehen zu werden, die auf der Nichtexistenz des Handys beruhen und deshalb als verschroben gelten?

Man denke des weiteren daran, was das Handy für die Praxis des Ehebruchs bedeutet hat (wie Ehebrecher sich darauf einstellen mussten) und für die Praxis des Betrugs im Allgemeinen. Ein Gegenwartsroman mit dem Thema Ehebruch (ein Ehebruchroman in der Gegenwart) hätte eine ganz andere Funktionsweise.

Ohne aus einer Mücke einen Elefanten machen zu wollen, möchte ich auch auf die wachsende Liste an Waren und Dienstleistungen hinweisen, die für Leute ohne Handy nicht erhältlich sind (nicht annähernd so groß wie die Liste von Waren und Dienstleistungen, die für Leute ohne Internetanschluss nicht erhältlich sind, aber trotzdem ...). Wir werden definitiv unter Druck gesetzt, damit jeder von uns ein Handy hat – damit eigentlich jeder eine Nummer, einen Code hat, unter der/dem er tags und nachts jederzeit lokalisiert werden kann. Wenn jeder Bürger eine solche Nummer hat, welche Notwendigkeit gibt es dann noch für einen Personalausweis?

Es gibt schon Erzählungen, in denen Handys als Aufspürhilfen benutzt werden. Irgendein Unglücksmensch mit Turban schaltet sein Handy ein und wird einen Augenblick später von einem Geschoss getroffen, das von einer Drohne abgefeuert wird.

22. März 2011

Mit der Erinnerung an Deine Begeisterung über William Wyler im Hinterkopf habe ich mir alle Filme von ihm angesehen, die ich beschaffen konnte – während der letzten Wochen. *Mrs. Miniver*, *The Desperate Hours (An einem Tag wie jeder andere)*, *The Children's Hour (Infam)* und einen Film nach einer Erzählung von Somerset Maugham, mit Bette Davis in der Hauptrolle, dessen Titel mir entfallen ist.

Wyler tut alles so effektiv und unaufdringlich, dass man kaum die Hand des Autors spürt. Irgendwann einmal würde ich gern mit Dir über ihn sprechen und hören, was Du, als Sachkundiger, bewunderst.

Dein Kommentar zur gegenwärtigen Situation in Ägypten trifft den Kern. Man sieht diese intelligenten, jugendfrischen, enthusiastischen Menschen auf den Straßen von Kairo, die vor den Fernsehkameras sagen, wie großartig es sich anfühlt, frei zu sein, wie sehr sie ein neues Ägypten herbeisehnen, und man fragt sich, wie sie in zwei oder drei Jahren reden werden, wenn eine neue herrschende Elite sich in ihrer Machtposition eingerichtet hat.

Ich denke immer, dass die Menschen nur in jenen kurzen Zwischenzeiten, in denen eine Macht gestürzt worden ist und die nächste sich noch installieren muss, einen wahren Vorgeschmack von Freiheit haben – zum Beispiel Europa zwischen dem Untergang der Nazis und der Austeritätspolitik. Wie selten haben die Massen eine Chance, auf den Straßen zu tanzen! Und wie seltsam dieser Begriff – *die Massen*!

Viele Grüße
John

Lieber John,

wieder einmal hat mir ein Freund eine alte mechanische Schreibmaschine geschenkt, eine Olivetti Lettera 22 (circa 1958–60), die ich gerade aus Manhattan nach Hause getragen habe, nachdem sie dort zwei Wochen lang in den Händen eines Mannes namens Paul Schweitzer gewesen war, dessen Gramercy Office Equipment Co. *der letzte Ort in New York* ist, wo noch Schreibmaschinen repariert werden. Für 275 Dollar wurde mein neues Spielzeug komplett überholt, und jetzt benutze ich es zum ersten Mal und erfreue mich sehr am Gefühl der Tasten unter meinen Fingern und der Eleganz seines Designs. Was für ein hübsches, kompaktes Maschinchen – klein genug und leicht genug, dass sie mir künftig als Reiseschreibmaschine dienen kann, etwas, das ich jahrelang nicht hatte.

Gutes Timing (oder merkwürdiges Timing) in Anbetracht Deiner Bemerkungen neulich über Handys und andere Formen digitaler Technik. Ja, alle diese Werkzeuge sind jetzt wesentlicher Teil des Alltags, und Romanautoren können nicht von der heutigen Welt erzählen, ohne die Existenz dieser Erfindungen anzuerkennen. Obwohl ich selbst kein Handy mehr besitze (ich hatte kurz mal eins, benutzte es aber kaum und gab es dann meiner Teenager-Tochter, die binnen neun Monaten drei Stück verloren hatte), bin ich nicht so ahnungslos oder verstockt, dass ich den Figuren in meinen Büchern meine kapriziösen Ansichten aufoktroyieren würde. In meinem letzten Roman, der vollständig im Heute spielt, kom-

men Handys vor, und wenn ich auch meinen Laptop weg-
gegeben habe (den ich für die Arbeit an einem Drehbuch
gebraucht hatte), gibt es doch Computer und Internet in anderen Romanen, die ich im einundzwanzigsten Jahrhundert
geschrieben habe. Ich bin Realist! Ich mag mich nach den alten Zeiten sehnen (Plattenläden, Kinopaläste, Rauchen überall erlaubt), es mag mich deprimieren, wenn ich feststelle,
dass meine Freunde beim Essen plötzlich zu reden aufgehört
haben und alle auf ihre Handys starren, aber so gemischte
Gefühle ich auch ob dieser erstaunlichen Apparate haben
mag – die ursprünglich dazu gedacht waren, Menschen zusammenzubringen, sie aber in Wahrheit oft auseinandertrei-
ben –, ist mir doch bewusst, dass die Welt heute nun einmal so
ist und dass mir nichts übrigbleibt, als gute Miene zum bösen
Spiel zu machen.

Man könnte natürlich historische Romane schreiben. Das
heißt, wenn man an historischen Romanen interessiert wäre –
und das bin ich nicht.

Der Ehebruchroman: ein entzückender Ausdruck, der mir
ein Lächeln ins Gesicht zauberte. Zweifellos ist es schwieri-
ger, sich vor seinem Partner zu verstecken, wenn beide
Handys haben. Aber es gibt Leute, die ihr Handy auch mal
abschalten oder die einen Anruf bekommen, erst einmal
nachsehen, wer da anruft, und dann nicht rangehen (habe ich
selbst schon beobachtet). Andererseits wäre es wohl keine
gute Idee, Anrufe der eigenen Frau allzu oft nicht anzunehmen, wenn einem daran liegt, die Ehe aufrechtzuerhalten –
und das scheint mir doch bei allen Ehebrechern der Fall zu
sein. Trotzdem kann ich nicht glauben, dass Ehebruch heutzutage weniger verbreitet ist als zu den Zeiten, wo noch nicht
jeder ein Handy in der Tasche hatte. Möglich, dass jetzt neue

Formen von Verschlagenheit gefragt sind – aber das wäre eine Herausforderung, die die meisten Romanautoren gern annehmen würden.

Du schreibst, heute sei jeder für jeden anderen erreichbar, und in gewissem Sinne stimmt das natürlich – aber nur bruchstückhaft. Es gibt keine Telefonbücher für Handys. Diese dicken Wälzer mit den Nummern der traditionellen Festnetzanschlüsse existieren immer noch (in einer großen Stadt wie New York sind die ausgesprochen korpulent), aber die Bekanntmachung von Handynummern ist Privatangelegenheit. Ich habe Deine Nummer, weil Du sie mir gegeben hast, aber nachschlagen kann ich sie nirgendwo, Deine Privatnummer ist öffentlich nicht zugänglich. Aber es stimmt, sobald ich sie habe, kann ich Dich jederzeit von überallher anrufen, weil das Mobiltelefon eben mobil ist und Dich überallhin begleitet. Das hat viele Vorteile (besonders in Notsituationen), aber auch viele Nachteile (etwa bei heimlichen, ehebrecherischen Aktivitäten). Alles in allem wohl ein Patt. Was Filme betrifft, halte ich Handys jedoch für einen großen Fortschritt. Heute, wo niemand mehr rauchen darf, geben sie den Schauspielern etwas, womit sie hantieren können.

Apropos Film. Ich bin beeindruckt, dass Du Dir die Mühe machst, Dich näher mit William Wyler zu beschäftigen. Ich kann nicht behaupten, dass ich ihn so sehr bewundere, wie Du glaubst (oder ich Dich vielleicht glauben gemacht habe). Wann immer ich im Kopf eine Liste meiner Lieblingsregisseure aus aller Welt anlege, oder auch nur meiner amerikanischen Lieblingsregisseure, ist sein Name nicht dabei – ja, wird nicht einmal in Betracht gezogen. Es stimmt, ich habe eine enorme Schwäche für *Die besten Jahre unseres Lebens*, den ich für seinen schönsten Film und einen der größten Hollywoodfilme aller Zeiten halte, aber nichts anderes von ihm reicht daran heran. Natürlich gefallen mir auch einige andere, aber nicht unbedingt die, die Du in letzter Zeit gesehen hast – obwohl, wenn der Bette-Davis-Film *The Letter (Das Geheimnis von Malampur)* hieß, dürftest Du seinen zweitbesten nach *Die besten Jahre* … gesehen haben. Zwei weitere, die ich für außerordentlich gelungen halte, wurden nach amerikanischen Romanen gedreht: *Dodsworth*, 1936 *(Zeit der Liebe, Zeit des Abschieds)*, (Sinclair Lewis), und *The Heiress*, 1949 *(Die Erbin)*, (Henry James, *Die Erbin vom Washington Square*). Er ist ein brillanter Stilist, ein hervorragender Lenker von Schauspielern (da gibt es viele beeindruckende Leistungen), visuell anregend (besonders in den Filmen mit Gregg Toland als Kameramann – ein Genie, das mit vierundvierzig an einem Herzinfarkt starb), aber so gut in seinem Handwerk, dass ich selten den Ausdruck von etwas Persönlichem darin finde, von jenem undefinierbaren Etwas, das die Großen von den sehr Guten unterscheidet. André Bazin, der bekannte französische Filmkritiker, hat Ende der Fünfziger in den *Cahiers du Cinéma* großes Aufhebens von Wylers Bedeutung gemacht, aber am Ende ist Wyler nicht so sehr ein Regisseur, den man liebt, als vielmehr einer, vor dem man respektvoll den Hut zieht. Ich lege eine Fotokopie des Wyler-Eintrags aus meiner Filmenzyklopädie bei; da gibt es neben einer chronologischen Auflistung aller seiner Filme einige interessante Informationen, insbesondere die Tatsache, dass er in seinen ersten zwei Jahren als Regisseur über vierzig 20-Minuten-Western gedreht hat. Damals gab es noch keine Filmakademien, aber lässt sich eine bessere Ausbildung denken als eine so intensive Praxis? Jungen Regisseuren gibt man heutzutage keine Chance, sich durch Fehlschläge von einem

Film zum anderen zu verbessern. Ein einziger Flop, und schon sind sie raus.

Ebenfalls beigelegt: Kopie eines Fotos, das mich als Fünfjährigen im Footballdress zeigt. Als ich gestern zufällig darauf stieß – als ich in einer Schachtel nach etwas ganz anderem suchte –, fiel mir ein, dass ich Dir in einem früheren Brief von diesem Dress erzählt hatte. Beachte den makellosen Zustand der Kleidung. Kein Grashalm, kein Bröckchen Erde hat sie je berührt. Und wie ernst ich dreinschaue. Ich frage mich, wer um Himmels willen dieser kleine Junge war.

Mit herzlichsten Grüßen,
Paul

PS: Ich habe für zwei dieser Universitätsdebatten in Kanada nächsten September zugesagt. Die ersten akademischen Sitzungen meines Lebens. Nein, ich mache Dir keinen Vorwurf. Für einen Freund tue ich alles.

Lieber Paul,

vielen Dank für die Betrachtungen und das Material über William Wyler. Hast Du *The Children's Hour* (1962, *Infam*) gesehen, nach einem Stück von Lillian Hellman? Ich habe den Film vor kurzem zum ersten Mal gesehen – in meinem letzten Brief habe ich es erwähnt – und halte ihn für einen mutigen Film. Oder, um genauer zu sein, ich halte es für mutig von Wyler, einen solchen Film an den Torwächtern von Hollywood vorbeizuschleusen. (In den 1950er Jahren wäre es vermutlich noch mutiger gewesen.)

Ein zusätzliches Vergnügen bereitet das Betrachten restaurierter Schwarzweißfilme, die man in der Jugend (oder sogar in der Kindheit) in schäbigen Kinos mit gleichgültigen Vorführern und mangelhaften Projektoren gesehen hat. Man erlebt nur sehr selten, dass in Farbfilmen Schwarz mit all den Tonabstufungen, zu denen es fähig ist, benutzt wird. Der Gedanke, dass es kein Publikum für neue Schwarzweißfilme gibt, ist traurig.

Ist deine neuerstandene Olivetti eines von den kleinen, flachen Dingern, die in einer mit Reißverschluss versehenen Segeltuchtasche geliefert werden? Meine Frau brachte eine davon als Teil ihrer Aussteuer in unsere Ehe ein. Ich habe auf ihr meine Magisterarbeit geschrieben. 1972 habe ich mir dann eine Adler gekauft, eine Schweizer Schreibmaschine, die für einen Transport zu schwer war, und die habe ich bis zum Aufkommen von Computern und Druckern benutzt. Ich werde nicht zu ihnen, der Olivetti und der Adler, zurückkehren, doch ich habe nostalgische Gefühle für sie. Sie sind noch immer irgendwo in einem Schrank. Gott weiß wo man heute Farbbänder kaufen könnte, ganz zu schweigen von Kohlepapier.

Du sagst, Du wärst durchaus bereit, Romane zu schreiben, in denen Menschen mit persönlichen elektronischen Geräten herumlaufen. Ich muss das für mich verneinen. Bis zum Telefon würde ich in einem Buch so ungefähr gehen, und auch das nur ungern. Warum? Nicht nur weil mir nicht gefällt, wozu die Welt geworden ist, sondern weil, wenn die Menschen (»Charaktere«) beständig über eine Entfernung miteinander sprechen, ein ganzes Spektrum an zwischenmenschlichen Zeichen und Signalen, verbal und nicht-verbal, gewollt und ungewollt, aufgegeben werden müsste. Ein Dialog, im eigentlichen Wortsinn, ist einfach über das Telefon nicht möglich.

Es ist mir nie aufgefallen, dass kein Telefonbuch mit den Handynummern der Menschen öffentlich erhältlich ist. Wenn man jemandem seine Nummer anvertraut, hat das heute ein besonderes Gewicht bekommen.

Stell Dir all die alten Filme der Film-noir-Serie vor, in denen der Detektiv das Telefonbuch benutzt, um sein Opfer zu verfolgen. Großaufnahme einer Telefonbuchseite mit einem schwarz eingekreisten Namen samt Telefonnummer.

18. April

Seit Jahren schon schlafe ich schlecht. Ich schätze mich glücklich, wenn ich nachts vier Stunden Schlaf bekomme; und was vier Stunden hintereinander angeht, ist das meine Vorstellung von Seligkeit.

Eine Folge davon ist, dass ich am Tag einnicke, manchmal an meinem Schreibtisch sitzend – kurze Absencen, die gewöhnlich nicht länger als ein paar Sekunden dauern, sich aber manchmal bis zu fünf oder sogar zehn Minuten ausdehnen.

Während dieser Fluchten habe ich angefangen, äußerst interessante Träume zu haben: Episoden mit glaubwürdigen kleinen Handlungen, völlig realistisch in ihren Situationen, ihrem Dialog, dem Aussehen der Dinge. Sie basieren offenbar nicht im Geringsten auf Erinnerungen, sondern sind reine Erfindung. Es ist nichts Phantastisches an ihnen, nichts Bedrohliches. Ich halte sie für Fingerübungen der Vorstellungskraft, für Improvisationen eines Gehirns, das ungefähr eine vierzigjährige Übung darin hat, Situationen zu erfinden. Sie nützen mir nichts – sie passen nicht in das, was ich schreibe –, es ist sinnlos, sie aufzuschreiben. Sie gefallen mir, sie erfreuen mich sogar, während sie ablaufen, doch sie hinterlassen auch einen Rest an Traurigkeit. Es erscheint so schade, dass man über Jahrzehnte hin diese spezielle kleine Fähigkeit entwickelt hat, die, wenn man es bedenkt, verloren sein wird, ausgelöscht, wenn ich davongehe. Nichts, was man hinterlassen kann.

Viele Grüße
John

Lieber John,

inzwischen wirst Du meine kurze Nachricht erhalten haben, dass Siri und ich wieder nach Europa reisen und erst am 30. Mai wieder nach Hause kommen werden. Wie schön, dass Dein Brief gerade noch rechtzeitig eingetroffen ist.

Noch ein letztes Wort zu William Wyler. Es gibt tatsächlich eine frühere Version von *The Children's Hour (Infam)* – die hat er bereits 1936 gedreht. Diese erste Adaption hieß *These Three (Infame Lügen)*. Ich habe den Film vor langer Zeit einmal gesehen, kann mich aber nur noch erinnern, dass ich ihn gut fand. (Beiliegend eine kurze Inhaltsangabe aus einem Filmführer, den wir gelegentlich zu Rate ziehen.) Nach meiner Rückkehr werde ich versuchen, ihn aufzutreiben. Falls Du ihn bis dahin gesehen hast, schreib mir, was Du davon hältst. Wäre interessant, die beiden Versionen miteinander zu vergleichen.

Ich möchte mich nicht in Deine Privatangelegenheiten einmischen, aber was Du von Deinen Schlafproblemen berichtest, macht mir Sorgen. Ich an Deiner Stelle würde bestimmt halb wahnsinnig werden. Wie sieht es mit Schlaftabletten aus, mit einer Schlafklinik oder was es sonst noch so gibt? In einem Zustand permanenter Erschöpfung kann man einfach nicht leben. Mir scheint, es könnte am Reisen liegen, an Deinen zahlreichen Reisen nach Europa und dem nervenaufreibenden Kampf mit den verschiedenen Zeitzonen – besonders wenn man in Australien lebt, das so verteufelt weit weg von allem ist. Hattest Du diese Probleme auch schon in

Südafrika, oder sind die erst nach dem Umzug aufgetreten? Ich habe Siri davon erzählt – nicht nur, weil sie Dir so sehr zugetan ist, sondern auch, weil sie sich intensiv mit Schlaf beschäftigt und darüber geschrieben hat und viel mehr darüber weiß als ich –, und sie war beunruhigt. Sie sagt, sie würde Dir gern schreiben und ein paar Vorschläge machen. Wäre Dir das recht?

Andererseits sind die kleinen Träume, von denen Du erzählst, faszinierend und höchst ungewöhnlich. Die meisten Leute geraten beim Wegdösen in ein Reich zwischen Wachen und Schlaf, wo bunte Filmschnipsel wild durcheinanderwirbeln. Deine kleinen Geschichten scheinen in Schwarzweiß zu sein (in eben dem Schwarzweiß, das wir beide in zeitgenössischen Filmen vermissen), und gerade dass sie weder grotesk noch beängstigend sind, macht sie für mich so ergreifend. Ein Jammer, dieses Talent zu vergeuden – dieses einzigartige Talent –, und wenn Du auch das Gefühl hast, diese Traumgeschichten in Deinem aktuellen Buch nicht »verwenden« zu können, kommt doch vielleicht einmal der Tag, wo Du dieses Phänomen in einem Roman oder in einem Essay direkt ansprechen kannst, oder noch besser, in einem Film. Ich jedenfalls wäre sehr gespannt darauf.

Vor ein paar Tagen hatte ich eine verblüffende Erkenntnis über die Wirkung, die unsere Korrespondenz auf mich ausübt. Wir sind jetzt seit fast drei Jahren dabei, und in dieser Zeit bist Du für mich zu einem »abwesenden anderen« geworden, wie ich das nennen möchte, so etwas wie ein erwachsener Verwandter der imaginären Freunde, die kleine Kinder sich erfinden. Mir ging auf, wie oft ich im Kopf mit Dir spreche, dass ich wünschte, Du wärest bei mir, ich könnte Dich auf die merkwürdige Person aufmerksam machen, die eben auf der Straße an mir vorbeiging, könnte etwas zu dem seltsamen Gesprächsfetzen bemerken, den ich soeben gehört hatte, oder mit Dir in den kleinen Sandwichladen gehen, wo ich mir oft etwas zum Mittagessen hole, damit Du mit eigenen Ohren hören könntest, was da drin so geredet wird. Ich liebe diesen Laden, ein absolut anspruchsloses Lokal mit einer heterogenen Kundschaft aus Polizisten und Feuerwehrleuten, Angestellten des Krankenhauses gegenüber, Müttern mit Kindern, Studenten, Lastwagenfahrern und Sekretärinnen; und was den Laden zu etwas Besonderen macht, sind die Männer hinterm Tresen, gutgelaunte junge Burschen, typische Brooklyner, die jeden einzelnen ihrer Kunden zu kennen scheinen (»Ich habe gestern mit deiner Mutter gesprochen«, »Wie ich höre, ist Ihr Sohn in der Little League ziemlich erfolgreich«, »Schön, Sie wiederzusehen. Wie war die Reise?«); da kommt es mir vor, als lebe ich in einem kleinen Provinznest und nicht in einer gigantischen Metropole, und ich weiß, die Stimmung in diesem Laden würde Dir gefallen, Du würdest verstehen (falls Du es nicht jetzt schon tust), was ich so interessant daran finde, in New York zu leben. Da bist Du also in meinem Kopf, John, ich rede mit Dir, und das ist etwas, das ich noch nie zuvor erlebt habe – wahrscheinlich weil ich noch nie mit jemandem so regelmäßig korrespondiert habe –, und ich kann Dir versichern, ich fühle mich sehr wohl dabei.

Seit einigen Wochen geht mir immer wieder ein Satz durch den Kopf: Neue Hoffnung für die Toten. Das ist der Titel eines Krimis, den ich vor vielen Jahren gelesen habe (gutes Buch, von einem Amerikaner namens Charles Willeford), und er fiel mir wieder ein, nachdem ich gelesen hatte, dass

Doctorow mit seinen achtzig Jahren einen Band mit neuen Erzählungen herausbringt, nachdem ich mit Coover (neunundsiebzig) über seinen Beckett-Vortrag gesprochen hatte, den er im Herbst in Irland halten wird, nachdem ich mit Roth (achtundsiebzig) und DeLillo (vierundsiebzig) gegessen und alle diese sogenannten alten Männer in bemerkenswert guter Verfassung gefunden hatte, voller Pläne, Witze reißend, mit gesundem Appetit, und was ich da sah und hörte, machte mir Mut. Neue Hoffnung für die Toten. Heißt: Neue Hoffnung für uns.

Bis zu meiner Rückkehr. Herzlichen Gruß
Paul

PS: Ja, die Olivetti ist genau so, wie Du sie in Erinnerung hast. Klein und flach, Köfferchen mit Reißverschluss – in diesem Fall blau mit einem schwarzen Streifen in der Mitte.

Lieber John,

ich schreibe Dir aus Italien auf meiner neuen-alten italienischen Schreibmaschine; Siri und ich weilen hier seit einer
Woche in einem Schloss, und ich sitze auf der obersten Ter-
rasse und schaue auf eine außerordentlich schöne Landschaft
voller Weingärten und Hügel hinaus. Womit haben wir das
verdient? Die Organisatoren des kleinen Festivals, an dem
wir am Freitag und Samstag teilnehmen werden, haben uns
diesen Ruheort angeboten, und wir haben blindlings angenommen, ohne zu wissen, worauf wir uns einlassen, und alles hat sich als besser, viel besser erwiesen, als wir uns jemals hätten vorstellen können. Wir sind die einzigen Gäste in
dem Hotel, das in der Tat ein Schloss ist, allerdings ein für
diese Gegend relativ neues (circa 1880), eine architektoni-
sche Posse, aber gleichwohl ein echtes falsches Schloss, und
nachdem wir drei Wochen lang durch die Großstädte Nord-
europas marschiert sind, beschert uns die Stille dieses Orts
(Novello, in den Langhe-Bergen des Piemont) eine willkom-
mene Zeit herrlicher, selten erlebter Ruhe. Keine Verpflich-
tungen, keine Sorgen. Wir schreiben, lesen, essen, und jeden
Tag scheint die Sonne – jeder Tag milder und sonniger als der
Tag davor.

Es begann mit zehn Tagen in Paris, wo ich nichts anderes zu tun hatte, als an meinem Buch zu schreiben und mich
mit alten Freunden zu treffen, während Siri mit einer Unzahl
von Journalisten sprechen (ihr Roman ist gerade in Frankreich erschienen) und an etlichen Veranstaltungen teilnehmen

musste. Ich war dabei, als sie vor der Pariser Psychoanalytischen Gesellschaft einen Vortrag hielt, als sie an der Sorbonne ein kontrovers diskutiertes, überaus erfrischendes Seminar über Trauma und Schreiben leitete (einmal krempelte sie die Ärmel hoch und sagte: »Ich liebe es, für Ideen zu kämpfen«), als sie an einer Podiumsdiskussion in der Bibliothèque Nationale teilnahm, als sie bei Shakespeare & Company mit einer anderen Schriftstellerin debattierte (Motto der Veranstaltung: »Ich lese keine Romane, aber meine Frau. Würden Sie ihr das Buch widmen?«) und, schließlich, als sie gemeinsam mit der Schauspielerin Marthe Keller einen Leseabend bestritt. Dann weiter nach Wien, wo sie vor vollem Haus ihre lang erwartete Sigmund-Freud-Vorlesung hielt. Ein glänzender Vortrag, ein brillanter Vortrag, das Produkt von zwei, drei Monaten geistiger Schwerstarbeit, und mir kamen Tränen in die Augen, als am Schluss der Beifall auf sie niederregnete. Dann gingen wir vier Tage jeder unserer eigenen Wege, Siri nach Deutschland zu Leseveranstaltungen in Berlin, Hamburg und Heidelberg und ich nach Stockholm, wo auch ich mal was für mein Geld tun musste. Anschließend trafen wir uns in Kopenhagen, da wir unserem dänischen Verleger versprochen hatten, an einem von ihm veranstalteten Festival teilzunehmen, unserem ums Überleben kämpfenden dänischen Verleger, dessen Verlag an einem seidenen Faden hängt und der sich von unserer Anwesenheit ein wenig Auftrieb versprach, und fünf Tage lang strengten wir uns an, zu sehr, so dass wir am Ende vor Erschöpfung nicht mehr konnten. Ich habe Siris öffentliche Auftritte zusammengezählt: fünfzehn Veranstaltungen in neunzehn Tagen – ein unmenschliches Programm, und ich habe mir von ihr versprechen lassen, dass sie so etwas nie mehr im Leben tun wird.

Seltsam, aber ich scheine mit meinem Buch fertig zu sein. Nachdem ich vorigen November mit dem Roman an die Wand gefahren bin (ich habe Dir davon erzählt), habe ich eine Pause eingelegt und ein paar Tage nach Neujahr mit etwas anderem angefangen: ein autobiographischer Text, eine Sammlung von Fragmenten und Erinnerungen, ein eigenartiges Projekt, das um die Geschichte meines Körpers kreist, jenes physischen Ichs, das ich nun seit vierundsechzig Jahren mit mir herumschleppe. Zweihundert Seiten später habe ich das Gefühl, genug gesagt zu haben, und nachdem Siri es gestern gelesen und gebilligt hat, bin ich plötzlich wieder arbeitslos. Deshalb schreibe ich Dir diesen zusätzlichen Brief –, weil ich in einem falschen Schloss in Italien wohne und nicht weiß, was ich heute mit mir anfangen soll. Also noch ein Brief, um diese geruhsamen Vormittagsstunden auszufüllen und Dir zwei kleine Anekdoten zu erzählen, zwei Sätze, die mir seit einiger Zeit nicht aus dem Kopf gehen wollen.

1. »Die denken alle, das hört niemals auf.«

Jeden September findet in Deauville, Frankreich, ein Festival des amerikanischen Films statt – mit den neuen Filmen, die im Herbst in beiden Ländern herauskommen werden. Ich weiß nicht, wie oder warum es mit diesem Festival angefangen hat, aber jedes Jahr wird (oder wurde) dort ein amerikanischer Schriftsteller für sein Werk ausgezeichnet. 1994 war ich der Glückliche, und als ich erfuhr, dass dieser Preis in früheren Jahren an Mailer und Styron gegangen war, schien mir die Ehre groß genug, dafür den Atlantik zu überqueren, und so fuhren Siri und ich nach Deauville in die Normandie. Es war ein gutes Jahr für einen Besuch – der fünfzigste Jahrestag der alliierten Landung. Aus diesem Anlass hatte man etliche Kinder und Enkel der alliierten Generäle zu dem Festival eingeladen, darunter ein Nachkomme von Leclerc und Eisenhowers Enkelin Susan. Siri und ich verbrachten einige Zeit mit Susan Eisenhower (sie war uns sehr sympathisch), und als wir erfuhren, dass sie »Russlandexpertin« und mit einem Wissenschaftler aus einer der Republiken der ehemaligen Sowjetunion verheiratet war, ging uns beiden auf, dass der Kalte Krieg wirklich und wahrhaftig zu Ende war. Eisenhowers Enkelin: verheiratet mit einem sowjetische Wissenschaftler!

Zur Feier des Tages wurden auf dem Festival auch einige Filme über den Zweiten Weltkrieg gezeigt, und man hatte mehrere amerikanische Schauspieler eingeladen, die darin mitgewirkt hatten. Auf die Weise lernten wir Leute kennen wie Van Johnson (stocktaub), Maureen O'Hara (immer noch schön) und Roddy McDowall. Während des Essens, das zu Ehren dieser Filmstars vergangener Zeiten gegeben wurde und an dem auch wir teilnahmen, beugte sich O'Hara einmal zu McDowell hinüber und fragte: »Roddy, wie lange kennen wir uns schon?« Worauf McDowall antwortete: »Vierundfünfzig Jahre, Maureen.« Die beiden hatten in John Fords *How Green Was My Valley (Schlagende Wetter)* mitgespielt. Großartig, dabeigewesen zu sein, diesen Wortwechsel mitgehört zu haben.

Ein anderer Teilnehmer in diesem Jahr war Budd Schulberg. Den hatte ich in Amerika ein paarmal gesehen, und seine Verbindung zu Hollywood ging wahrscheinlich weiter in die Vergangenheit zurück als die jedes anderen noch lebenden Zeitgenossen, denn sein Vater war B. P. Schulberg gewesen, in den Zwanzigern und Dreißigern der Chef von Paramount, und Budd hatte schon mit neunzehn mit F. Scott Fitzgerald an einem Drehbuch gearbeitet. Der Mann hatte

On the Waterfront (Die Faust im Nacken) geschrieben, außerdem einen der besten Romane über Hollywood, *What Makes Sammy Run? (Was treibt Sammy an?)* und das Drehbuch zu Bogarts letztem Film *The Harder They Fall (Schmutziger Lorbeer)*, einem hervorragenden Film aus der Welt des Boxens – ein komplexer Mann, ehemals Mitglied der Kommunistischen Partei, der Ende der Vierziger oder Anfang der Fünfziger vor dem Komitee für Unamerikanische Umtriebe ausgepackt hatte; nach dem, was ich gelesen habe, wandte er sich gegen seine Parteigenossen, nachdem die versucht hatten, sich in seine Arbeit einzumischen, und beschimpfte sie alle miteinander als Schweine. Wie auch immer, ich kannte ihn nicht sehr gut, wir waren bestenfalls flüchtige Bekannte, aber in Amerika hatte ich mich gern mit ihm unterhalten und war jedes Mal beeindruckt gewesen, wie gut er sich trotz seiner doppelten Sprachstörung (Stottern und Lispeln) über die Runden schlug, und jetzt, 1994 in Deauville, begegneten wir uns unerwartet im Foyer des Hotels, in dem wir beide wohnten, in dem alle wohnten, die mit dem Festival zu tun hatten (Filmstars, Regisseure, Produzenten, junge Schauspieler und Schauspielerinnen), und da wir beide noch auf unsere Frauen warteten, die zum Essen nach unten kommen wollten, setzten wir uns auf eine Bank und schauten behaglich dem hektischen Kommen und Gehen der Reichen und Berühmten und Schönen zu. Auftritt Tom Hanks (es war das Jahr vor *Forrest Gump* – ein schrecklicher Film, falls es Dich verlocken sollte, ihn Dir anzusehen), Auftritt eines glamourösen Starlets mitsamt Gefolge, Auftritt Dutzender anderer, alle selbstbewusst, von ihrer Wichtigkeit durchdrungen, *die Welt lag ihnen zu Füßen*, und nach einer Weile drehte Budd sich zu mir herum, der achtzig Jahre alte Budd, der solche Leute seit seiner

Kindheit kannte, der ganz oben und ganz unten gewesen war, der weise alte Mann, der stotterte und lispelte, drehte sich zu mir herum und sagte: »Die denken alle, das hört niemals auf.«

2. »Sie waren alle tot.«

Die dritte Hustvedt-Schwester ist mit einem Bildhauer namens Jon Kessler verheiratet, und seit fünfundzwanzig Jahren sind Jon und ich gute Freunde – Schwager, die einander eher wie Brüder als Schwager behandeln. Jons Großonkel Bernie Kamber, der vor ein paar Jahren mit über neunzig starb, war ein wunderbarer Mensch, der in den Vierzigern, Fünfzigern und Sechzigern als Presseagent für Hollywood gearbeitet hatte, einer, der noch aus den Zeiten von Damon Runyon stammte und eine spezielle Form von Newyorkesisch sprach, die inzwischen längst ausgestorben ist, und der im hohen Alter nichts lieber tat, als uns Geschichten von den Eskapaden seiner Jugend zu erzählen. Er schien sie alle gekannt zu haben, von Rita Hayworth und Joe DiMaggio und Marilyn Monroe bis zu George Burns (sein bester Freund) und Burt Lancaster, für den er bei mehreren Projekten gearbeitet hatte. »Burt war ein ernster Bursche«, erzählte er uns einmal, »er las dauernd so schwierige Bücher. Ihr wisst schon, Leute wie Pluto und Aristoteles.« (Pluto – der Comic-Hund – nicht Plato.) Eine meiner Lieblingsgeschichten von ihm spielt im Krieg, als die USA und die Sowjetunion Alliierte waren. Er sollte Werbung für einen mittelmäßigen Film namens *Three Russian Girls* machen, und für die Premiere in Kansas City hatte er sich etwas Besonderes ausgedacht, um möglichst viele Zuschauer ins Kino zu locken: Jeder, der bereit war, einen halben Liter Blut für unsere russischen Freunde zu spenden, sollte freien Eintritt erhalten. Bernie erzählte, er sei etwas zu spät gekommen; der Film hatte schon angefangen, und als er sich dem Eingang nähert, steht dort der Kinobesitzer und streitet sich lautstark mit einem Mann. Bernie fragt, was denn los sei, und bekommt von dem Besitzer die aufgebrachte Antwort: »Sie und Ihre tollen Ideen. Dieser Mann will sein Blut zurück!«

So einer war Jons Onkel Bernie. Ein paar Jahre vor seinem Tod erzählte Bernie uns eines Abends von einer neuen Biographie über John F. Kennedy, die er gelesen hatte. Darin war er zu seiner freudigen Überraschung auf den Namen eines in den 1950ern bekannten Bordells gestoßen, das Kennedy anscheinend ebenso regelmäßig besucht hatte wie Bernie und viele seiner Freunde. Begeistert ging Bernie zum Telefon, um seinen alten Kumpels diese Stellen vorzulesen, aber als er die Liste im Kopf durchging, stellte er fest, dass keiner von ihnen mehr in der Lage war, seinen Anruf entgegenzunehmen. »Sie waren alle tot«, erzählte er uns. Bernie hatte seine Freunde überlebt, er war als Letzter noch übrig und hatte niemanden mehr, mit dem er über die Vergangenheit sprechen konnte. Das erinnerte mich an eine dieser anthropologischen Kuriositäten, von denen ich gelegentlich lese: der letzte lebende Angehörige seines Stammes, der letzte Mensch, der eine bestimmte Sprache spricht – die mit seinem Tod aussterben wird.

Herzlichste Grüße aus dem Nirgendland,
Paul

Lieber Paul,

vielen Dank für den Brief vom 22. April. Ich hoffe, Deine Europareise verläuft angenehm.

Du schreibst von mir als dem »abwesenden anderen«, mit dem Du in Gedanken sprichst. Ich möchte ein paralleles, doch etwas anderes Geständnis machen. Ich bin bei Dir zu Hause gewesen, habe aber, wie Du weißt, die Wohnung nicht gesehen – ziemlich einfach eingerichtet, wie Du sie beschreibst –, in der Du arbeitest. Ab und zu habe ich Visionen von Dir in dieser Wohnung, die in meiner Vorstellung weiß gestrichen ist, gut beleuchtet und fensterlos, einem von Deinen erdachten Räumen des Eingesperrtseins nicht unähnlich. Du sitzt an Deinem Schreibtisch, die Finger über Deiner Schreibmaschine schwebend, die in diesen Visionen eine ziemlich alte, unförmige Remington ist (manchmal bleibt das Farbband hängen, und Du musst es wieder gängig machen – der Tintenfleck auf Deinem Daumen ist mittlerweile permanent). Dort sitzt Du, Stunde um Stunde, Tag um Tag, in Deine Gedanken eingesponnen.

Wenn ich Dich so sehe, empfinde ich eine gewisse brüderliche Zärtlichkeit für Dich und Deine verbissene, nicht gewürdigte Tapferkeit. Natürlich weiß ich, dass es ein anderes, öffentliches Gesicht von Dir gibt – das eines bewunderten Schriftstellers. Aber ich bin überzeugt, dass meine Vision von Dir als freiwilligem Gefangenen der Muse wahrer ist. Die Welt liegt ihm zu Füßen, denke ich bei mir, doch da ist er jeden Morgen halb neun, schließt die Tür seiner Zelle auf und checkt ein für die Strafe des neuen Tages.

Ich weiß, dass eine Menge romantischer Unsinn über das Schriftstellerleben verbreitet wird, über die Verzweiflung angesichts des leeren Blattes, über die Qual der sich versagenden Inspiration, über unvorhersehbare – und unzuverlässige – Anfälle schlaflosen, fiebrigen Schaffens, über den bohrenden und unstillbaren Selbstzweifel und so weiter. Aber so ganz und gar Unsinn ist es doch nicht, wie? Schreiben bedeutet geben, geben und geben, ohne große Pause. Ich denke an den Pelikan, den Shakespeare so liebt, der sich die Brust aufreißt, um seine Jungen mit seinem Blut zu füttern (welch bizarre Folklore!). Ich denke also an Dich an diesem einsamen Ort, der Du Dich in den aufgesperrten Rachen der Remington einspeist.

Ich gestehe, dass ich ein kleines Problem damit habe, den von Dir beschriebenen Sandwichladen in dieses Bild der klösterlichen Entsagung einzufügen. Aber dann denke ich, vielleicht sitzt Paul, wenn er in den Sandwichladen geht, in einer Ecke, stumm und unerkannt, und verschwindet wie ein Geist, sobald er fertig mit Essen ist.

Neue Hoffnung für die Toten: das ist ein großartiger Titel. Wie schade, dass er schon vergeben ist.

Sehr freundlich von Dir, dass Du wegen meiner Schlaflosigkeit besorgt bist. Ich zögere, auf Deinen Vorschlag einzugehen und Siri damit zu befassen, nicht weil ich ihre Kompetenz in dieser Sache anzweifle, sondern weil ich das Gefühl habe, dass mir nicht mehr zu helfen ist. Ich hatte vor ein paar Jahren eine lange Serie von Konsultationen bei einer Schlafspezialistin. Sie schien auf dem neusten Stand und verordnete mir einen Tagesablauf, der vielleicht geholfen hätte, wenn ich ein geregelteres Leben gehabt hätte und ein robusterer Typ gewesen wäre. Doch letztlich konnte ich das Elend nicht ertragen, mich um 3 Uhr früh zum Aufstehen zu zwingen, danach mich den Tag über mühsam wach zu halten, bis ich um 21 oder 22 Uhr zu Bett ging. Und jeder eventuell erreichte Erfolg würde sowieso zunichte gemacht – wie auch die Therapeutin zugeben musste –, sobald ich auf meinen Reisen Zeitzonen überwand, und ein zweites Mal bei meiner Rückkehr.

Merkwürdigerweise fällt es mir in Westeuropa, das zufällig in einer Zeitzone mit meinem Geburtsland Südafrika liegt, leichter zu schlafen als in Australien. Vielleicht hat sich mein Organismus auch nach neun Jahren noch nicht an den antipodischen Erdteil gewöhnt.

31. Mai 2011

Vielen Dank für den langen und frohgestimmten Brief aus Deinem italienischen Schloss (24. Mai). Du fragst, womit Du dieses Glück verdient hast. Die Antwort: Diese spezielle glückliche Zeit entschädigt für eine entsprechende unglückliche Zeit, die Dir irgendwann in der Vergangenheit zugestoßen ist und die Du vergessen hast, weil es nicht Deine Art ist, mit dem Schicksal zu hadern.

Du hast also eine zweihundertseitige Geschichte Deines Körpers vollendet. Was für eine interessante Idee, und wie beneide ich Dich, nicht nur dafür, die Idee gehabt zu haben, sondern sie auch mit Leben erfüllt zu haben – was stets der schwierigere Teil ist. Ich bin gespannt, ob Du Deinen Körper Teil für Teil oder als Ganzes abhandelst.

Ich fand es immer interessant, dass, während wir Menschen davon ausgehen, unser Körper habe Teile – Arme, Beine und so weiter –, Tiere das nicht tun. Eigentlich bezweifle ich, dass Tiere überhaupt denken, sie »haben« einen Körper. Sie sind einfach Körper.

Kommenden Monat werde ich an einer Konferenz über Samuel Beckett in Großbritannien teilnehmen. Törichterweise habe ich mich bereit erklärt, mit einem der Organisatoren vorab ein E-Mail-Interview über mein Verhältnis zu Beckett zu führen. Wie er und ich entdeckt haben, habe ich nichts Neues über Beckett zu sagen und habe vielleicht nicht einmal ein Verhältnis zu ihm. Ich wäre ganz bestimmt nicht der Schriftsteller, der ich bin, wenn es Beckett nie gegeben hätte. Ich stehe in seiner Schuld, aber die Art der Schuld – aus Mangel an einem anderen Wort will ich es Schuld nennen – wird am besten nicht genauer untersucht. Lieber würde ich einfach am Schrein oder Tempel von SB meinen schweigenden Respekt erweisen (das Grab von SB habe ich nie besucht).

Viele Grüße
John

Lieber John,

gut, von Dir zu hören.

Nur zu Deiner Beruhigung: Ich esse mittags nicht in dem Sandwichladen. Vielmehr gehe ich morgens auf dem Weg zur Arbeit dort vorbei und nehme mir etwas mit – das ich dann Stunden später in meiner kleinen Wohnung und immer allein verzehre. Das heißt, in dem Laden bin ich etwa vier bis sieben Minuten, und außer dass ich dem Verkäufer sage, was für ein Sandwich ich haben möchte, spreche ich dort selten mit irgendwem. Aber wie viel kann man in vier bis sieben Minuten sehen und hören!

Aber man kennt mich dort (zumindest ein paar von den Angestellten), da ich den Laden in der *Brooklyn-Revue* beim Namen genannt und eine Bemerkung zitiert habe, die einer der Verkäufer vor gut zehn Jahren einmal Siri gegenüber gemacht hatte: »Ich wollte einen Zimt-Rosinen-Bagel verlangen, aber die Zunge gehorchte mir nicht, und es kam etwas heraus wie *Zimt-Reagan*. Postwendend erwiderte der junge Mann hinter der Theke: ›Tut mir leid, die führen wir nicht. Wie wär's stattdessen mit einem Pumpernixon?‹«

Der Arbeitsplatz hat mehrere Fenster und viel Licht. Die Schreibmaschine ist keine Remington, sondern eine Olympia – aber egal, ich bekomme jedes Mal Tinte an die Daumen, wenn ich ein neues Farbband einlege, und der Geist des Orts – wenn nicht gar die physische Umgebung – ist ziemlich so, wie Du es Dir vorstellst. Und, nein, was Du sagst, ist kein völliger Blödsinn, und es rührt mich, es rührt mich sehr, dass

Du mich inzwischen so gut kennst und weißt, dass der wichtigste Teil meines Lebens sich in der Stille dieser vier Wände abspielt. Das Wort »Tapferkeit« mag ein wenig übertrieben sein (ich selbst habe mich nie als tapfer gesehen), aber das bedeutet nicht, dass ich daran keinen Gefallen finde.

Ich habe mir weiter Gedanken um Deine Schlafprobleme gemacht, und nachdem ich nun seit zwei Wochen wieder zu Hause bin und immer noch Mühe habe, mich an die New Yorker Zeit zu gewöhnen (ich wache jeden Morgen um fünf Uhr auf), bin ich mir sicher, dass Du unter permanentem Jetlag leidest – einem neun Jahre während Fall von Jetlag, dem schlimmsten Fall von Jetlag aller Zeiten. Heilung wäre nur möglich, wenn Du für ein oder zwei Jahre nicht mehr auf Reisen gehen würdest, Du müsstest in Australien bleiben und Deinem Körper erlauben, sich endlich an das Leben in dieser weit abgelegenen Gegend zu gewöhnen. Aber schon bist Du wieder zu einer Beckett-Konferenz in England unterwegs! (Fast jedes Mal, wenn wir uns schreiben, ist einer von uns gerade dabei, sich in ein anderes Land aufzumachen.) Wenn Du dem Drang, mehrmals im Jahr nach Europa zu reisen, nicht widerstehen kannst, wäre es vielleicht am besten (darf ich das sagen? es scheint so simpel und offensichtlich), die Zelte abzubrechen und nach Europa zu ziehen. Klingt eigentlich logisch – aber das Leben ist nun mal nicht logisch, und Du musst dort leben, wo Du Dich am wohlsten fühlst. Andererseits: Du brauchst Schlaf. Du brauchst unbedingt Schlaf.

Zu dem neuen Buch über meinen Körper – nein, es geht mir nicht um eine anatomische Zergliederung, ein Körperteil nach dem anderen. Es gibt Abhandlungen über Vergnügen und Schmerzen (Sex und Essen, zum Beispiel, daneben dann Krankheiten und Knochenbrüche), einige längere Passagen über meine Mutter (in deren Körper mein eigener Körper seinen Ursprung hatte), eine Liste aller Orte, wo ich jemals gelebt habe (die Behausungen, die meinen Körper beherbergt haben), Betrachtungen über körperliche Makel, den Tod sowie Ereignisse, die den Tod herbeigeführt haben könnten ...

Dabei fällt mir ein, vielleicht wäre es gar keine schlechte Idee, bei unserer gemeinsamen Veranstaltung nächsten September in Kanada daraus vorzulesen. Und kaum erwähne ich Kanada, fällt mir Portugal im November ein. Vorhin habe ich mit Paulo Branco gefrühstückt – er ist für ein paar Tage in New York; er sagt, er schickt Dir eine offizielle Einladung, wieder bei der Jury mitzumachen. Aufgrund der Finanzkrise in Portugal war zunächst unklar, ob das Festival in diesem Jahr stattfinden würde, aber Paulo versichert mir, die Probleme seien gelöst, alles sei gut. Ich gehe hin, Siri geht hin, unsere Tochter Sophie geht hin (sie wird dort singen), und ich hoffe, Du und Dorothy werdet ebenfalls kommen. Scheiß auf den Jetlag! Es wäre so schön, dort mit euch zusammen zu sein.

Ein weiteres Kapitel aus der endlosen Saga *Neue Hoffnung für die Toten*.

Die Mutter meiner ersten Frau wurde hundert Jahre alt, fast noch hunderteins. 1903 geboren, jüngstes von sechs oder sieben Kindern, zeigte sie mir einmal ein Foto von ihrem ersten Geburtstag, ein Familienporträt: ihre Eltern, ihre Geschwister, Tanten und Onkel, Cousins und Cousinen, Großeltern und sie selbst, ein kleines Baby, das bei jemandem auf dem Schoß saß. Ganz links in der hinteren Reihe stand ein alter Mann mit weißem Bart. Sie erzählte mir, dies war ihr

Großonkel, siebenundneunzig Jahre alt, als das Bild aufgenommen wurde. Ich rechnete kurz nach und kam zu dem Ergebnis, dass er 1805 geboren wurde. *Vier Jahre vor Abraham Lincoln.* Es war 1967, als ich dieses Bild in der Hand hielt, und ich erinnere mich noch an die überwältigende Wirkung, die es auf mich hatte. Ich sagte mir: »Ich spreche mit einer Frau, die jemanden kannte, der vor Abraham Lincoln geboren wurde.« Hundertzweiundsechzig Jahre: ein Wimpernschlag! Und jetzt, vierundvierzig Jahre später, sage ich mir: »Zweihundertsechs Jahre – ein Wimpernschlag!«

Wie immer, Dein
Paul

Lieber Paul,

vor kurzen stieß ich auf ein posthum veröffentlichtes Gedicht von A. R. Ammons: Alt werden veraltet, sagt er; selbst der Versuch, etwas Neues über das Altwerden zu sagen, veraltet. Ich empfinde überhaupt nicht so, obwohl ich beinah so alt bin, wie Ammons war, als er das Gedicht schrieb. Dinge offenbaren sich mir immer noch, oder sie zeigen sich zumindest schärfer konturiert. Was ich sehe, sehe ich klarer als in jungen Jahren. Mache ich mir etwas vor?

Zum Beispiel Libyen. Wer hätte gedacht, dass sich unsere Aufmerksamkeit, für eine gewisse Zeit, auf Ereignisse in diesem vernachlässigten Winkel der Welt richten würde!

Und wie gut ist es doch für den persönlichen Realitätssinn, dass man miterlebt, wie einer von den übleren Diktatoren der Welt weggefegt wird. Fast als hätten die Götter eine Theateraufführung für uns organisiert, um uns zu vergewissern, dass es trotz allem noch Gerechtigkeit im Universum gibt, dass, wenn wir nur lange genug warten, das Glücksrad sich dreht und die Mächtigen gestürzt werden.

Natürlich (hier kommt der Geist des Ammons'schen Pessimismus ins Spiel) wird die Euphorie auf den Straßen von Tripolis, wie die Euphorie auf den Straßen von Kairo, versiegen, wenn die Realität von nicht gezahlten Gehältern, Stromsperren und ausfallender Müllabfuhr so richtig bewusst wird; und zweifellos wird sich das Regime, das an Gaddafis Stelle tritt, als bestechlich und korrupt und vielleicht auch diktatorisch herausstellen. Aber diese jungen Männer, die in ihren Toyota-

Pickups herumkurven und mit ihren Kalaschnikows in die Luft schießen, werden wenigstens etwas haben, woran sie sich ihr Leben lang erinnern können, was sie den Enkeln erzählen können. Ruhmreiche Tage! Vielleicht geht es bei Revolutionen eigentlich nur darum, vielleicht sollte man nur das von ihnen erwarten: ein oder zwei Wochen der Freiheit, des Jubels über die eigene Stärke und Schönheit (und eine Zeit, in der man von allen Mädchen geliebt wird), ehe die grauen alten Männer wieder die Kontrolle übernehmen und das Leben in normalen Bahnen verläuft.

Die Welt bringt immer wieder Überraschungen hervor. Wir hören nicht auf zu lernen.

Mit freundschaftlichen Grüßen
John